U0448933

THE MONROE DOCTRINE

[美]托马斯·本顿·埃金顿 著　刘嘉 译

门罗主义

美国全球地缘战略的源起

重庆出版集团　重庆出版社

图书在版编目（CIP）数据

门罗主义：美国全球地缘战略的源起 /（美）托马斯·本顿·埃金顿著；刘嘉译． -- 重庆：重庆出版社，2025．4． -- ISBN 978-7-229-19211-2

Ⅰ．D871.29

中国国家版本馆CIP数据核字第2025QX6494号

门罗主义：美国全球地缘战略的源起

MENLUOZHUYI:MEIGUO QUANQIUDIYUANZHANLUE DE YUANQI

[美] 托马斯·本顿·埃金顿 著　　刘嘉 译

出　　　品：	华章同人
出版监制：	徐宪江　连　果
责任编辑：	李　翔
特约编辑：	王宏亮
营销编辑：	刘晓艳　冯思佳
责任校对：	陈　丽
责任印制：	梁善池
封面设计：	@框圈方圆

重庆出版集团
重庆出版社 出版

（重庆南滨路162号1幢）

北京兰星球彩色印刷有限公司　印刷
重庆出版集团图书发行公司　发行
邮购电话：010-85869375
全国新华书店经销

开本：889mm×1194mm　1/32　印张：13.125　字数：260千
2025年4月第1版　2025年4月第1次印刷
定价：68.00元

如有印装质量问题，请致电023-68706683

版权所有，侵权必究

前 言

在一个自治的民族中,数量庞大的统治阶层完全有必要准确地了解自己政府的运行原则和政策。他们很容易掌握落成文字的成文法,但古老的不成文法类似于其他的古老习俗,最终会成为带有巨大不确定性和令人生疑的问题。这些不成文法会经过各种媒介的传播而受到曲解,最终被塑造成各种奇异的形式。

本书的目标是在一定程度上将人们从歪曲美国外交政策的错误做法中解救出来。

此外,本书还想进一步指出与美国外交政策相关的新问题以及对应的解决方法,从而实现我们扮演拯救"拉丁美洲(Latin America)病人"的仁慈的撒玛利亚人①(Samaritan)的角色,同时维护与欧洲国家和谐、友好的关系,因为我们与欧洲国家的关系

---

① 仁慈的撒玛利亚人,基督教文化中一个著名的词语。它源于《路加福音》十章二十五节至三十七节中耶稣讲的话:一个犹太人被强盗打劫,受了重伤,躺在路边。有祭司和利未人路过,但他们对此不闻不问。唯有一个撒玛利亚人路过时,不顾隔阂,动了慈悲心照顾他。离开时,撒玛利亚人把犹太人送进旅店。对以犹太人为主体的听众来说,"撒玛利亚人"一般含有贬义,因为撒玛利亚人受到的宗教约束比较少,他们崇拜偶像,与异族通婚。耶稣用这个寓言说明,鉴人的标准是心而不是身份。——译者注

时常会因误解而变得紧张和疏远。

本书会逐渐引导我们去检验拉丁美洲国家与美国外交政策的关系，同时，还会引导我们最大限度地揭露隐藏在门罗主义阴影下的各种谣言。就像约拿（Jonah）的葫芦藤①枯萎了，就会发现藤条下的害虫。

托马斯·本顿·埃金顿

于田纳西州（Tennessee）的孟菲斯（Memphis）

1904年3月6日

---

① 约拿的葫芦藤，出自《圣经》第三十二卷的《约拿书》。这一典故体现了耶和华公正对待所有人，只要坏人改邪归正，他愿意给他们悔改的机会。——译者注

目 录

第 1 章
神圣同盟
001

第 2 章
神圣同盟与新世界
011

第 3 章
梅特涅、卡斯尔雷勋爵与乔治·坎宁
069

第 4 章
巴拿马大会
079

第 5 章
英属洪都拉斯
087

第 6 章
海湾群岛
095

第 7 章
约翰·M.克莱顿与门罗主义
099

第 8 章
约翰·M. 克莱顿与亨利·布尔沃
111

第 9 章
各方意见
115

第 10 章
美国外交政策的起源
123

第 11 章
殖民化
137

第 12 章
政治纲领
151

第 13 章
孤立主义
157

第 14 章
装煤站和供给站
161

第 15 章
马克西米利安一世统治下的墨西哥帝国
173

第 16 章
委内瑞拉的边界
185

第 17 章
德国与巴西
191

第 18 章
德国与丹麦
201

第 19 章
地峡运河
205

第 20 章
重燃的革命
225

第 21 章
海牙国际仲裁法庭
251

第 22 章
第二次美洲国家会议
283

第 23 章
《海牙公约》和《墨西哥公约》的影响
291

第 24 章
卡尔沃主义
299

第 25 章
卡尔沃主义与公共政策
311

第 26 章
卡尔沃主义与互惠责任
331

第 27 章
卡尔沃主义与无政府主义
335

第 28 章
门罗主义与卡尔沃主义相结合
351

第 29 章
德国、英国、意大利王国与委内瑞拉
359

第 30 章
派系仲裁、联邦制与破产管理
385

第 31 章
对门罗主义的总体评价
399

第1章

神圣同盟

就在一把大火将莫斯科烧毁后，拿破仑（Napoleon）亲自率领的军队覆灭于俄国冬天的大雪中。很快，整个欧洲对法国的政策发生了改变。1814年3月31日，沙皇亚历山大一世（Alexander I）、普鲁士国王腓特烈·威廉三世（Frederick William III）以及反法同盟的几位将军共同率领的同盟军挺进巴黎，此时由于拿破仑战败引发了法国国内局势的持续恶化。

与反法同盟进行几轮谈判后，法国皇帝拿破仑被迫退位。在海外流亡二十年后，前波旁王朝国王路易十八（Louis XVIII）重新登基，反法同盟拨给拿破仑二百万法郎作为补偿款，还将位于地中海的厄尔巴岛（Island of Elba）的统治权划归于他，将此岛作为他的流放地。法国获得的一切利益被反法同盟无情剥夺，并且领土也缩小至法国大革命开始前得到欧洲其他国家公认的范围。

拿破仑在具有象征性主权的厄尔巴岛生活了十个月后，于1815年2月26日逃离了该岛，并于数月后在戛纳（Cannes）登陆。此事在短暂复辟的法国内造成极大震动。这样的事件在法国不平凡的历史中从未发生过。散落在各地的共和国时期和帝国时期的老兵们奋起追随拿破仑。曾被路易十八封为贵族的内伊（Ney）元帅向路易十八保证，他一定会将拿破仑装入铁笼，带回巴黎。尽管内伊身先士卒，发誓要完成使命，但事与愿违，他体内积蓄的旧时革命热情让他倒戈到拿破仑的军队，追随后者挺进巴黎。此时，路易十八和宫廷人员已逃亡到比利时。

●拿破仑在枫丹白露宫签署退位诏书。弗朗索瓦·布肖（François Bouchot，1800—1842）与加埃塔诺·费里（Gaetano Ferri）绘

拿破仑兵败滑铁卢（Waterloo），以及随后被放逐到圣赫勒拿岛（Island of St. Helena），将整个战事的发展推至顶点。1815年7月6日，反法同盟重新进驻巴黎。1815年7月8日，路易十八再次登基。欧洲各国按照1814年签订的《巴黎条约》中的相应条款来处理由上述事件引发的各种问题。

1815年7月11日，亚历山大一世来到巴黎。在法国的废墟上，亚历山大一世利用自己强大的影响力，为达成最终和解做出了巨大贡献。1815年9月26日，亚历山大一世起草了《神圣同盟盟约》，并且将它递交给欧洲各国以获批准。腓特烈·威廉三世和奥地利皇帝弗朗茨一世（Francis I）立刻签署了该协议。此时，除了英国和罗马的教皇国，其他欧洲各国都成了神圣同盟的成员。据说法国曾拒绝加入神圣同盟，但这种说法存在明显错误，因为当时路易十八是怀着愉快的心情签署的这份协议。1816年2月，反法同盟正式发布了《神圣同盟盟约》。

神圣同盟的首要原则是，世界的政治秩序此后要受到基督教教义和日常惯例的指导。毫无疑问，所谓基督教教义和日常惯例都会由各成员的政治信条和处理国际事务的方式所定，整个世界会臣服于正统的封建专制之下。神圣同盟只是求助于基督教，以便让它支持和肯定现存的欧洲封建王朝的专制统治。尤其是盟约中的一项条款规定了任何波拿巴家族成员不能占据欧洲任何一个国家的王座。另一项条款则规定各成员国要保卫各国王室并要求他们联合起来镇压叛乱和革命。

神圣同盟的成立以及与它相关的盟约意味着要彻底消灭欧洲的政治自由。在没有得到英国支持的前提下，欧洲的君主们利用这个盟约将各国联合起来，以基督教的名义建立了"世界政府"。例如，神圣同盟镇压那不勒斯(Naples)和皮德蒙特(Piedmont)的革命，恢复了西班牙君主专制政体。

1818年，神圣同盟的成员在亚琛(Aix-la-Chapelle)参加了由亚历山大一世主持的会议。1820年，神圣同盟在特拉波(Troppau)再次召开会议。1821年和1822年，另外两次会议又分别在莱巴赫(Laibach)和维罗纳(Verona)召开。

拿破仑曾将哥哥约瑟夫·波拿巴(Joseph Bonaparte)送上西班牙王座。在约瑟夫·波拿巴的统治下，西班牙王国唯一的国民议会就将最高立法权置于自己的权力掌控范围内。另外，国民议会还制定出有效约束王权的制约机制。

因此，西班牙王国从君主专制变为君主立宪制。1814年3月，在神圣同盟的干涉下，西班牙前国王斐迪南七世(Ferdinand Ⅶ)重登王位，而且他在约瑟夫·波拿巴执政期间遭到削弱的权力也得以恢复。1822年，在维罗纳会议期间，虽然遭到来自英国的反对，但法国、奥地利帝国、俄国和普鲁士王国仍一致同意武装干涉西班牙王国的内政。神圣同盟要求西班牙王国修改宪法，给予国王更多自由，但遭到拒绝。于是，1823年4月，昂古莱姆公爵(Duke of Angoulême)率领十万精兵进入西班牙王国。君主专制在西班牙王国得以复辟。

借助拿破仑对西班牙的数次征服，南美洲各殖民地完成了

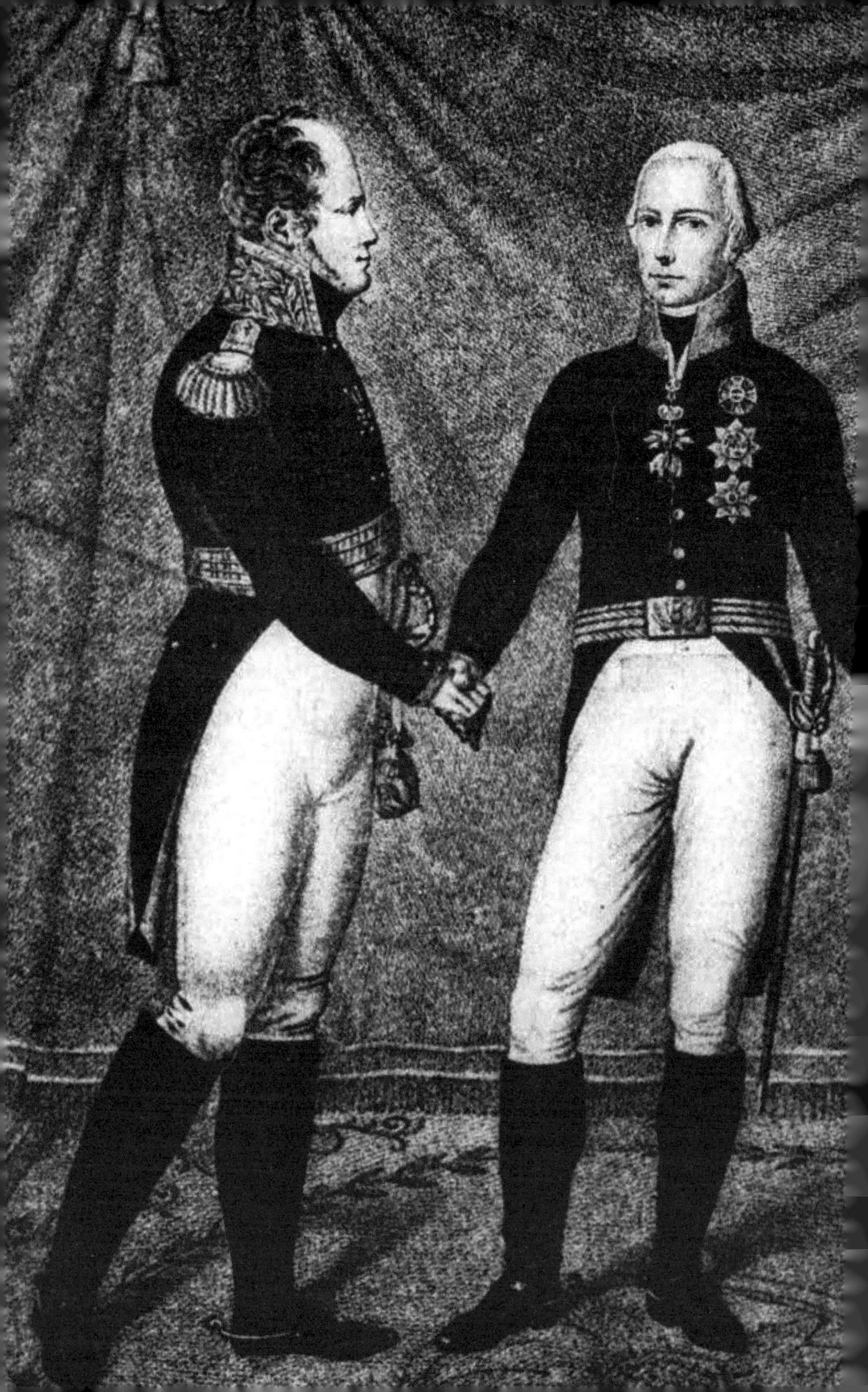

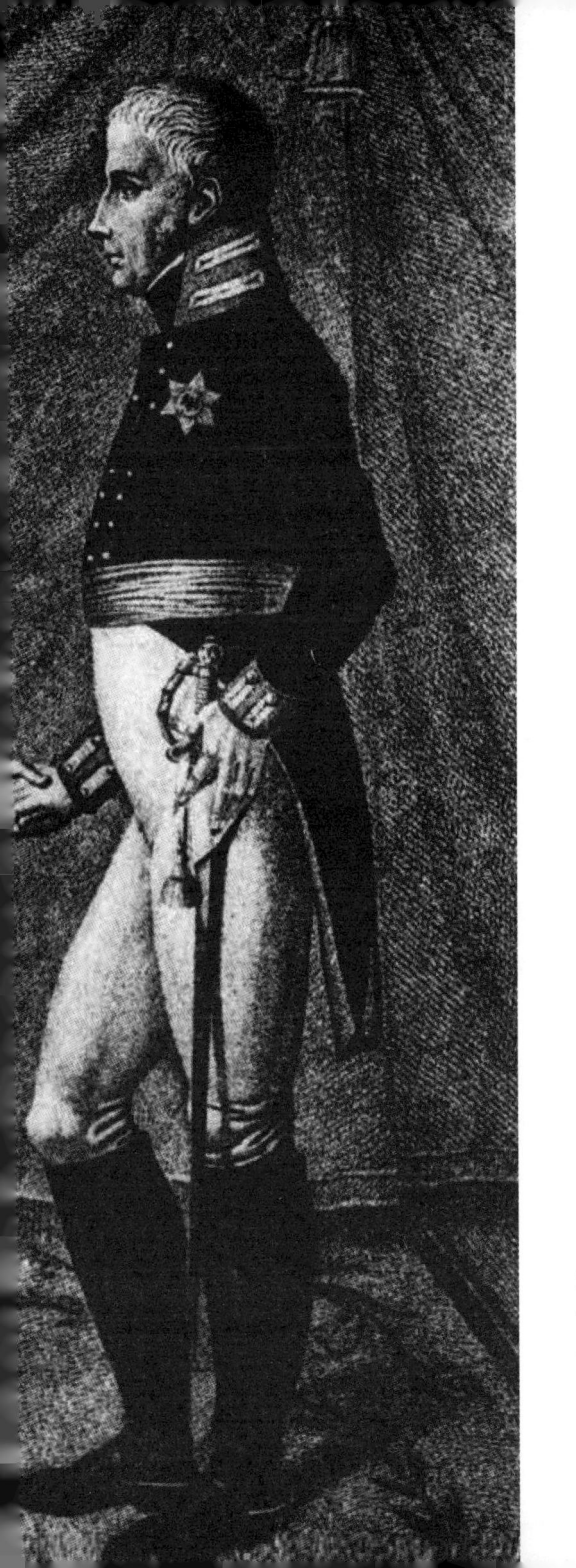

● 1815年9月26日,沙皇亚历山大一世(左)、奥地利皇帝弗朗茨一世(中)与普鲁士国王腓特烈·威廉三世握手,标志着神圣同盟登上历史舞台。绘者信息不详

独立事业。神圣同盟不仅试图在西班牙王国复辟专制主义，还考虑恢复西班牙王国在南美洲各殖民地的统治。但是这些国家的独立只得到了美国政府的承认，却不是欧洲各国政府。只有英国站出来反对神圣同盟的各种阴谋，而门罗主义正是产生于这些纷争中。

其实，神圣同盟的真正发起人是克吕德纳夫人（Madame de Krüdener），她是俄国外交官克吕德纳男爵（Baron de Krüdener）的妻子。她的父亲是威廷霍夫男爵（Baron Weitinghoff），是俄国利沃尼亚市最富有的商人之一。她集智慧、美貌于一身，在丈夫担任俄国驻外大使期间，成了欧洲各国最耀眼的社交宠儿。1803年，她与丈夫分居，独自居住在巴黎，继续开展其文学事业。在晚年，她将精力全部投入规劝有罪之人皈依宗教和体恤底层穷苦之人的事业上。她的人生信条融合了浪漫主义和神秘主义，但是她的这些信条无论是在形式上还是在教义上，都与任何基督教团体相冲突。1814年，在巴黎的住所里，她经常举办宗教集会，与会人士都是社会名流。精神上的亢奋使她具有独特的预见性，她曾在一封信中用隐晦的语言预测了拿破仑会从厄尔巴岛出逃、胜利返回巴黎，以及第二次流放波拿巴家族。亚历山大一世对她非常着迷，所以她在与亚历山大一世的通信中提过此事。1815年5月，亚历山大一世在海尔布隆（Heilbron）接见了她，随后陪同她前往反法同盟指挥部所在地海德堡（Heidelberg）。滑铁卢战役后，亚历山大一世同她去了巴黎。

亚历山大一世也是克吕德纳夫人在海德堡山中小屋中的常客，在小屋中，二人共同阅读和探讨《圣经》。而且在她的谆谆教导下，亚历山大一世内心中狂热的宗教热情如火焰般被点燃。

克吕德纳夫人在巴黎的画室造价昂贵，光彩夺目。拜访画室的来宾都出身高贵，其中最为尊贵的便是她的朋友——俄国沙皇亚历山大一世。

她会见宾客时，首要话题便是恢复和平，以及实行让法国服从的条款，恢复法国在欧洲应有的地位。她支持对法国采取宽松政策。因此，在雷加米埃夫人（Madame Récamier）、迪拉斯兼埃斯卡尔公爵夫人（Duchess of Duras and d'Escar）和本杰明·康斯坦（Benjamin Constant）等人的巨大影响力和强烈要求下，她针对法国的政策得到大力支持。她在亚历山大一世周围安排了法国最杰出、最有魅力的人来游说他。另外，她不停地给不易被说服的亚历山大一世灌输各种绝妙想法，如绝对正义、伟大灵魂、宽恕罪行、人类的友情和国家间的兄弟情等。所以，神圣同盟是克吕德纳夫人施加给亚历山大一世强大影响力的产物之一。同时，为了听从克吕德纳夫人的教诲，亚历山大一世是反法同盟中对法国提出最少要求的欧洲君王。亚历山大一世和她在数次谈话中将宗教话题和政治话题相互交织起来，尤其是最终形成《神圣同盟盟约》的书面文件就是深刻吸取了他们各自观点的产物。《神圣同盟盟约》由亚历山大一世撰写，但据说他曾将协议交给克吕德纳夫人修改。综上所述，如果没有克吕德纳夫人，可能就不会有神圣同盟的存在。她在秉持神秘主义和如使徒般辛苦付出方面始终如一。1824年，在去世当年，克吕德纳夫人还同加拉钦公主（Princess Galatzin）合作，要为信众在克里米亚（Crimea）建立一块聚居地。

很可惜，克吕德纳夫人对国家间的兄弟友谊及人类手足情深等积极乐观的希望并没有在神圣同盟中开花结果。因为在实际运作中，神圣同盟本质上是反人类自由的巨大阴谋。

第 2 章

神圣同盟与新世界

1823年，美国政府的政务实际上已经移交到了开国元勋后代手中。此时，约翰·昆西·亚当斯（John Quincy Adams）任国务卿，著名政治家理查德·拉什（Richard Rush）任驻英国大使，他的父亲本杰明·拉什（Benjamin Rush）曾是《美国独立宣言》的签署人之一。

　　1818年7月1日，卡斯尔雷勋爵（Lord Castlereagh）在法国驻英国大使官邸的一次谈话中，告诉理查德·拉什，西班牙王国曾请求英国与神圣同盟合作，调解西班牙王国和发生叛乱的拉丁美洲①殖民地之间的关系。②理查德·拉什回应说，如果合作的基础不是支持殖民地独立，美国将不会参与对殖民地的和平干涉。卡斯尔雷勋爵虽然是英国的外交大臣，但他对奥地利首相梅特涅（Metternich）唯命是从并屈就神圣同盟的计划。人们预计，他会让英国正式加入神圣同盟，但这与英国民众的普遍期望大相径庭。

　　1822年8月12日，正在筹划参加神圣同盟维罗纳会议的卡斯尔雷勋爵突然精神失常，用铅笔刀割破颈动脉，自杀身亡。随后，乔治·坎宁（George Canning）接替了卡斯尔雷勋爵的职务，被任命为新的英国外交大臣。这位新任外交大臣很理解英国人抵制神圣同盟的心情。

---

① 拉丁美洲，对15世纪末到19世纪西班牙王国在美洲拥有的殖民地总称。——译者注
② 赫尔曼·爱德华·冯·霍尔斯特：《美国宪法和政治史》，第1卷，第419页。——原注

● 1822年8月12日7时30分左右,精神失常的卡斯尔雷勋爵在更衣室内用铅笔刀割破颈动脉,自杀身亡。私人医生查尔斯·班克黑德发现他时,为时已晚。乔治·克鲁克香克(George Cruikshank,1792—1878)绘因为1809年进行过决斗，所以坎宁和卡斯尔雷勋爵的关系并不融洽。上任后，坎宁扭转或废除了卡斯尔雷勋爵所有不得人心的外交政策，他是一位更具国际视野的外交家。

坎宁审视世界形势后，找到了让俄国和法国脱离神圣同盟的方法，成功地将英国从这两个如磨盘一样挤压它的同盟中拯救出来。法国希望借助对西属美洲（Spanish America）的重新征服，将这大片殖民地土地归自己所有。但坎宁看到了破坏法国计划的机会，一举将其成功打破。他深知西属美洲殖民地的起义令巨大的商业利益从西班牙王国转到了英国，因此希望这种状态持续下去，从而使英国继续享有这巨大的贸易利益——他的计划又取得了成功。

为了完成这些伟大事业，坎宁完全放下了对美国、拉丁美洲共和国以及其他共和制国家的热爱和尊重，直接同美国驻英国大使理查德·拉什接洽。就传言中神圣同盟计划要在西半球（Western Hemisphere）有所行动一事，两人进行了面谈。

坎宁写给理查德·拉什的首批信件都标记为"私密"，内容如下：

> 敬爱的先生：
>
> 离开伦敦前，我很愿意以非官方的保密形式，更加明确地向您再次提起我们不久之前会谈时所讨论的问题。
>
> 难道现在不正是到了我们两国政府就西属美洲殖

民地状况达成共识的时候吗？彼此如果相互理解，我们就应该明确订立的各项原则并准确无误地公布出来，难道这不就是对我们最合适，对世界最有益的事情吗？

对我们来说，没有什么是需要隐藏的。

第一，我们认为西班牙收回殖民地毫无希望。

第二，我们认为承认西属美洲殖民地独立只是时间和条件问题。

第三，我们绝不会阻碍殖民地和母国通过友好协商达成协议。

第四，我们的目的不是占领任何殖民地。

第五，我们不会对把殖民地转让给另一个国家的行为坐视不管。

我坚信，贵国政府和我国政府有同样的观点和感受。既然如此，我们为何宁可有所保留，也不愿将各自的观点和感受说出来呢？

任何欧洲强国如果有针对西属美洲殖民地的其他计划，它们就会代表西班牙王国或以西班牙王国的名义，借助强制的方式将西属美洲殖民地变成附属。它们还会利用割让或征服的方式将部分殖民地归为己有。如此一来，贵国政府和我国政府的共同宣言，就会立即成为我们反对欧洲国家计划最高效和最不具攻击性的方式。

同时，共同宣言将结束西班牙王国对它剩余殖民地的觊觎，或平息遍布殖民地的动乱。即便我们决心不通过煽动动乱从中获益，缓和那里的动乱也是人道的。

按照贵国政府最近授予您的权力，您是否有权对该问题展开谈判并签署相关公约呢？如果我的上述提议超过了您的权限，您是否考虑同我交换一下贵国国务卿对此问题的看法呢？

世上没有比我同您在西属美洲殖民地问题上的合作更让我高兴的事情了。我相信，历史上很少有这样的时机，两个友好国家可以毫不费力地产生如此明确的善意，阻止更加广泛的罪恶。

我可能最多离开伦敦三个星期，但不会距离伦敦太远，能在三四天内收到回信并给出回复。

敬爱的先生，竭诚为您效劳，我非常荣幸，您顺从、忠实的仆人——

(签名)乔治·坎宁

1823年8月20日于外交事务办公室[1]

敬爱的先生：

自1823年8月20日给您写信后，因为希望我们各

---

[1] 《马萨诸塞州历史学会》，第15卷，第415页至第416页。——原注

自政府就我上封信中提到的问题达成共识,越早实现共识,就越能随时向世界宣布这个结果,于是我就有了新的动力。

新的动力是这样的,我收到一份正式的通知,但它不要求我立即给予回复或采取行动。因此,尽管我真的不清楚法国人所期望的快速取得的军事成就是什么,但我会向美国国会正式提议或为西属美洲事务召开非正式会议和协商。

我不需要向您特别说明,因为不管如何对待拉丁美洲殖民地问题,都会引发各种复杂问题。

请您使用和上封信一样的保密程度来接收这封信。我敬爱的先生,请您真心诚意地相信我,您顺从、忠实的仆人——

(签名)乔治·坎宁

1823年8月23日于利物浦[①]

坎宁的两封信表明,正是英国最初的一些措施带来了日后的《门罗宣言》。现存的大量可供查阅的外交函件或多或少与现在讨论的问题有关。由于这些外交函件数量巨大,所以这里只介绍部分对门罗主义做出全面历史总结的信函。

---

① 《马萨诸塞州历史学会》,第15卷,第415页至第416页。——原注

●理查德·拉什致国务卿约翰·昆西·亚当斯

尊敬的先生：

星期天，在与坎宁的会面快要结束时，我突然问他，虽然近期有西班牙王国的最新消息，但我们是否真的希望西班牙无法控制住所有局面。我曾提及巴列斯特罗斯（Baltasteros）在安达卢西亚（Andalusia）发动的兵变，这起事件似乎对宪法事业构成新威胁。坎宁的回答很笼统，只是坚定地认为这起事件可能会让西班牙问题变得愈加棘手和危险。

在谈论西班牙问题的过程中，我对此的评价是：如果法国最终能在西班牙问题上达到目的，我至少还能感到些许安慰，因为英国不会允许法国的势力继续深入美洲，染指西班牙的殖民地并将各殖民地牢牢攥在手中。1823年3月31日在法国入侵西班牙之前的谈判中，坎宁写给驻巴黎的英国大使的信中对这个问题表达了他的态度。在信中，英国政府认为，尽管外部环境，以及这些新生国家自身的内部条件可能会加速或延缓英国政府正式承认这些殖民地为独立国家，但近期很多事情发生的时间和进程似乎已经完全能够决定殖民地从母国分离出去的问题。信中同时提到，因为英国国王放弃了将西班牙王国在美洲最后一小块领地占为己有的打算，所以，法国不打算通过征服或要求西班牙王国割让将殖民地归于它的治

下，坎宁对此非常满意。

要理解这封信的意思，我们的思路要足够清晰。尽管法国有这样的企图，但英国政府不会处于被动地位。在我提到的这封信中，坎宁用同样态度询问我："贵国政府对我们两国政府联手应对这件事有什么看法？"他随后又补充道："不仅在当前的情况之下，两国政府联合采取行动会变得很有必要，而且外界都熟知我们两国对这件事情保持同样的态度这一简单明了的事实。凭借我们统一态度的道德影响力，打消法国占领西属美洲殖民地的企图，承认永不会再去考虑它。"坎宁说，这种信念建立在英国和美国都拥有强大的海军力量的基础上。双方无论是现在还是将来都对海洋利益问题持相同看法，这一认识必然会对世界产生影响。

我回答坎宁，我虽然无法预测本国政府会以何种方式来审视这条建议，但会用他提出该建议时轻描淡写的语气同我国政府沟通。但我认为我不应该充分利用这一点，除非坎宁首先让我清楚明白陛下的政府同这些新生国家之间的关系，特别是英国对这些国家独立这一实质问题的看法。

坎宁回答我，英国政府不会再计划借助政府机构或援助等方式来调解西班牙王国与其殖民地之间的争端。如果类似争端再次发生，英国政府不会进行干涉。

据我推测，我认为，西班牙王国想要恢复对其所有殖民地统治的想法早已消失。但坎宁又解释道，他并不是要否定前面的看法，但他深信就政治依附性而言，外界认为整个美洲可能仍会屈服于欧洲，其实这一天早已到来。

坎宁想要表达的意思是，如果西班牙王国和其殖民地能用双方都满意的条约将没有完全解决的争端解决掉，同时确保西班牙王国的商业优势或利益不会扩展到其他国家，那么英国政府在偏袒西班牙王国的情况下，可能会做出妥协。英国政府的要求可能是要同位列在西班牙王国之后的其他国家享受一样的地位，但我委婉地告诉他，即使在这样的基础上此次争端也不可能缓解。坎宁说，维持这样的立场其实并非英国政府的本意，他之前的态度只是为了表明英国政府对陷入争端的西班牙王国持有的态度，而不是为了预测这次争议后的结果。

然而，我希望得到更详细的信息，就追问坎宁英国政府此刻正在采取承认拉丁美洲新生国家的政策还是正在筹划这些政策，因为我觉得这正是美国和英国政府的关键利益所在。

坎宁回答说，英国政府尚未采取任何形式的政策，但会马上采取相应措施，虽然仍未最终敲定细

节，却在紧锣密鼓地准备着。另外，未来一段时间内的事态发展将为英国政府承不承认（西属美洲殖民地独立）留下很大的回旋余地。英国政府现在商讨的措施是派遣一个或多个由政府授权的代表前往南美洲，这虽然不是严格意义上的外交行动，但英国政府授予他们调查委员会的权力。总之，坎宁说，这个调查委员会的权力类似于我们的委员在1817年行使的权力。这个调查委员会取得何种结果在很大程度上取决于英国不可告人的打算。我问坎宁，这次行动会覆盖所有新生国家还只是其中几个。坎宁说，到目前为止，这个计划只限于墨西哥（Mexico）。

此时，坎宁回到了最初的观点，再次说道，如果（伊比利亚）半岛（Peninsula）的事态发展有利于法国，它也不会以西班牙王国的名义将势力扩展到南美洲，控制这些殖民地，但这实际上还是为了它自己的私利。如果法国要认真盘算这项政策的话，美国和英国共同反对这项政策的共识定会在提防法国采取行动方面施加影响。对此，坎宁感到非常满意。他认为，这种提防会带来好处，和平前景也会更光明。关于以何种方式将这一共识传达给法国甚至欧洲其他国家，坎宁简要地说道，正式对外公布之前，要先制定出不会招致反对声音的方法。

我再次告诉坎宁，我会将提议转达给您，以供门罗总统参考，还会把我收到的任何答复告知他。在我看来，坎宁的提议纯粹是随机而发，但我觉得他还是饶有兴趣地考虑这项提议。他似乎也很愉快地接受了我向他保证会让门罗总统考虑这个问题的提议。我觉得自己不能对这个提议提出反对意见，而且还要小心翼翼地发表赞同意见。

在会面中，坎宁向我提到，他看了涅谢尔罗迭伯爵（Count Nesselrode）写给利芬伯爵（Count Lieven）的保密信。我想这封日期大概为1823年6月的信中含有俄国关于《北美西北海岸敕令》[1]的各项声明。这些声明显示俄国大概不会使用令他国不满的方式实施这条敕令，特别是根据俄国首次公布该敕令后发布的命令——在任何情况下都不得启用《北美西北海岸敕令》。

继续为您效劳，非常荣幸，您忠实的仆人——

（签名）理查德·拉什[2]

1832年8月19日

于伦敦

敬致国务卿约翰·昆西·亚当斯

---

[1] 《北美西北海岸敕令》，又被称为《1821年敕令》，在该敕令中，俄国宣布了对北美洲西北部领土的主权，范围大致包括今阿拉斯加，以及北美西北部太平洋地区的大部分领土。——译者注

[2] 《马萨诸塞州历史学会》，第15卷，第412页至第415页。——原注

● 理查德·拉什致国务卿约翰·昆西·亚当斯

尊敬的先生：

昨日，我收到坎宁于1823年8月31日写的另一封保密信。在此我附上一份复本供门罗总统参考。从这封信中可以看出，坎宁还不确定英国政府是否会立即承认南美洲国家的独立。在下次见面时，我会向坎宁重提这方面的主张。如果坎宁仍回避这个问题，我将不会按照他第一封信中的建议行事，更不会觉得自己可以随意以我国政府的名义去承认这些国家，而是要在对等的基础上完成我的工作。正如我对这个问题的考虑，两国政府之间的对等就在于英国政府立刻并完全承认所有或部分国家。

今晚，我将把这封信寄往利物浦(Liverpool)，相信它能搭上当天起航的邮船，这样一来，我就会一分钟不耽误地将坎宁和我之间就这个敏感问题的所有通信，或者现在看来可能进行的通信交给您。毕竟，我们有可能在西班牙王国军事或政治事务中看到转机，从而减轻这个问题带给我们的紧迫感。

继续为您效劳，非常荣幸，您忠实的仆人——

(签名)理查德·拉什

1823年9月8日于伦敦①

---

① 《马萨诸塞州历史学会》，第15卷，第417页。——原注

敬致国务卿约翰·昆西·亚当斯

●理查德·拉什致门罗总统

敬爱的先生：

坎宁原打算1823年9月11日从乡下旅行回来，但我仍没收到他回伦敦的消息。同时，我正积极地展开各项调查，从而让我对各项问题做好准备。这些问题也正是经过我同英国政府谈判之后得到上级指示做出的相应安排。我始终觉得这些问题的重要性，需要时刻关注。

我期望在坎宁回城后能立刻收到与他面谈的邀请。毫无疑问，我们会继续探讨拉丁美洲的事务，我也打算敦促坎宁让英国政府立刻并清楚无误地承认拉丁美洲的新生国家。我没有任何理由接受坎宁向我提出的建议。如果坎宁还在考虑新的提议，我还会以心平气和的态度加以接受。现在的世界正处在特殊的节点之上，虽然我无法漠视这个问题，但实际上我肯定会对英国政府直接或间接地向我提出的各种提议存在一定的怀疑。

我们最近的确看到了英国的贸易政策，特别是整个对外贸易政策，采取了比以往任何时候可能都自由的态度。英国政府可能会继续推行这项政策，因为不得不承认，商业世界不断变化的环境迫使它采取不可

抗拒的政策。关于政治自由原则，无论是对英国还是对其他国家，我们很难从英国政府的行为中发现其在政治自由方面令人欣喜的改变。尽管有迹象表明英国即将开始政治自由变革，但英国政府做出改变的动机根本不是要激发出我们现有的信心和双方的合作。我们亲眼见证了英国政府以无数的财富和鲜血为代价发动了二十年战争。但据英国说，二十年战争是为了支持其他国家独立，因为它们的独立受到法国人民革命运动的威胁。我们也看到了，在战争结束时，英国政府抛弃了这些国家人民的广大利益。显然，英国政府只是担忧各位君主被推翻。同时，我们看到英国政府实际上已经成为神圣同盟的一员。英国政府虽然在形式上无法成为神圣同盟的成员，但在实际行动上却支持神圣同盟的各项原则，直至神圣同盟对那不勒斯发起进攻。虽然英国政府与神圣同盟仍藕断丝连，以及支持君主制原则，但我们发现它已立下誓言，它的舰队已做好准备，不再对那不勒斯人民施加新的极端暴行或迫害，也不再骚扰那不勒斯王室。自今年开始，英国政府对外宣称自己在法国对独立的西班牙王国发动进攻这件事上保持中立。正如人类历史记载，法国对西班牙王国的进攻，是由一个合法的国王在正统贵族的怂恿下，对另一个国家的人民发动的不公正、邪恶、残忍的行为。因此，英国政府从一开始就或积极或消极地助长了邪恶势力。而神圣同盟借助这样的邪恶势力，以基督教为幌子，影响了旧世界，现在也波及了新世界①。

就在这最后的努力之下，我们在亲眼所见之后被迫做出如此推断：……因为同样的正统贵族正牢牢地掌控着英国政府的各项事务。英国政府现在做出政策调整正是来自降临到它头上的深深的焦虑感。这种焦虑感触及了英国的影响力，它不得不经历欧洲大陆各个强国令人生畏和咄咄逼人的快速发展。英国政府可能最终感受到，即将到来的危机给它在大西洋彼岸的商业发展和全球的政治影响力带来灾祸。因此，最近英国政府的忧虑可能是出于这个原因。虽然英国在上一次二十年战争大部分时间里，得到了盟友帮助，但那场战争已大大地动摇了它的基础，给它的生存带来威胁。英国在欧洲没有盟友相助的情况下，如果再爆发同上次时长一样的战争，可能不会有第二次滑铁卢战役来结束这场战争了。类似的潜在威胁不可能不引起英国政府的关注。

我已对英国政府的本性，以及指挥和影响它所有行动之人的性格做出了判断，但这会让我担心，因为我们不太可能看到过去五十年里，每当自由事业岌岌

---

① 新世界，指西半球的众多地区，尤指美洲大陆。——译者注

可危时英国政府在全世界扮演的角色有任何实质性改变。1774年，英国在北美洲殖民地扮演的角色，也在欧洲一直发挥着作用。今天，在爱尔兰又上演了同样的一幕。我发现很难消除自己对英国政府的怀疑，因为在这个危急时刻，英国政府各部门的大臣向我提出了一项迄今都没有向美国政府提出过的协调政策。虽然这项政策完全来自英国大臣们的算计，但我真心希望他们能真正关切人类的权利和自由。然而，无论政策背后的动机是什么，只要英国政府的大臣们保证这项政策会产生好的效果，而且美国政府不论从原则上和政策上都会为这样好的结果欢欣鼓舞，我就会冷静客观、真诚友好地同他们交流，这就是我履行当前职责的目标。

就在我驻伦敦的公寓里，我为您呈现给我留下深刻印象的英国政府上述各种意见的汇总过程中，并不想要人们由此推断出我会刻意认为英国政府内阁会把任何背后的邪恶动机归咎于美国，就像现在组成英国内阁的大臣们所持的同样观点。我相信即使是格雷伯爵（Earl Grey）和他的同僚上台执政，我们也不会在即将到来的谈判中获得比坎宁和他的同僚们执政的更好的条件。另外，对弗朗西斯·伯德特（Francis Burdett）爵士和霍布豪斯（Hobhouse）先生组成的内阁，我抱同样的看法。如果坎宁和利物浦勋爵（Lord Liverpool）在任上采取以前从未有过的积极、公开地全面支持对美国采取更亲密、更友好的政策——无论出于什么动机,这种偶然事件并非不可能——我大胆地做出预测,最终我们会看到辉格党和改革者成为这项政策的坚定反对者。例如,对于废除私掠船这条仁慈的法规,我不太指望辉格党会成为它的支持者,因为我来伦敦后就听说,在会议中,詹姆斯·麦金托什(James Macintosh)爵士公然抨击过该法规。

敬爱的先生,向您致以最崇高的敬意,您忠实的仆人——

(签名)理查德·拉什

1823年9月15日于伦敦①

●**理查德·拉什致国务卿约翰·昆西·亚当斯**

尊敬的先生:

虽然我以前在信中说过,派遣一位同事过来可能会为谈判带来明显优势——我一直持这样的想法,现在也这样认为,但如果门罗总统决定不派遣同事来协助谈判,我也会准备好独自完成任务。

根据您在第七十二号信中的指示,如果加勒廷(Gallatin)返回欧洲,或者您任命一位替代他的人选,我

---

① 《马萨诸塞州历史学会》,第15卷,第420页至第422页。——原注

可能就会有一位新同事，所以我决定暂时放下手中的工作，直到收到您对此事的进一步指示。我在前天同坎宁的会面中，就将注意力完全集中在南美洲的问题上。结果坎宁并没有提及这件事。我向坎宁宣读完您在第七十二号信件中的意见反馈后，又向他说明了您派遣新同事的事情。我对坎宁说，虽然我有理由期待新同事的到来，但是此事尚无定论，所以我等待一段时间直至此事彻底确定下来，这不仅是我分内之事，也是我的责任所在，或收到我国政府进一步指示，因为我觉得很快就会收到明确的答复。

我觉得就英国政府以何种方式或何种程度来展开谈判，坎宁尚未做好准备，同时他几乎没有回应我之前向他提出的众多复杂的问题。

1823年9月6日晚上，休斯（Hughes）先生抵达伦敦，但1823年9月12日便离开了。他停留的时间很短暂，并且我们都公务缠身，所以我无法在私人会面中向他传达您最新指示中所包含的各项事务。然而，我明白您在第七十二号信中所提的这方面要求，究其根本，大意就是要让我给予休斯先生了解当前形势的机会，所以在我看来，除了将这些指示亲自送给他之外，别无他法。因此，1823年9月9日早上，我小心翼翼地将信送到休斯先生的住处，以供他方便时细读。他离开前，又将信安全地返还给我。这些信包括您寄来的第六十四号到第七十二号信及所有附件。

向您致意——

(签名)理查德·拉什

1823年9月20日于伦敦①

●理查德·拉什致国务卿约翰·昆西·亚当斯

尊敬的先生：

1823年9月26日，我和坎宁在他离伦敦不远的格洛斯特小屋(Gloucester Lodge)内进行了会晤。

坎宁邀请我来的最直接的目的是，让我看他刚收到的英国驻法国大使查尔斯·斯图尔特(Charles Stewart)爵士的来信。信中记录了近期关于西属美洲问题的一次会议，以及查尔斯·斯图尔特与我国驻法国代办谢尔登(Sheldon)先生的简短对话。查尔斯·斯图尔特想借此次会议向谢尔登说明法国和神圣同盟在西属美洲的计划。谢尔登回应说，美国政府已意识到法国和神圣同盟的所有计划并对它们持否定态度。坎宁一方面推断我国代办谢尔登的回复是基于美国政府的指示和形势分析，另一方面暗示了谢尔登的答复也许有助于我同意他于1823年8月20日提出的建议。坎宁补充道，查尔斯·斯图尔特爵士事先没有同他就该问题有

---

① 《马萨诸塞州历史学会》，第15卷，第419页至第420页。——原注

过任何交流，只是单纯根据自己的想法写成该信。

我回答道，无论美国驻巴黎使馆对此问题做出任何指示或提供任何情报，我都无法给出肯定的答复。但我几乎无法相信有其他人接触过该问题，这对我来说太不寻常了。除了向坎宁提过的一般性指示，我毫无准备，也从未想过要去应对他认为即将到来的危机。然而，我愿意本着包容的精神，在我早已陈述的条件基础上复议坎宁的建议，共同应对危机。

坎宁宣称，英国政府现在处于非常难堪的境地，这对美国来说并不常见。他问我，是否同意英国承诺未来承认拉丁美洲新圣国家独立的建议。对此，我立即拒绝了。我们接下来的谈话虽然断断续续——日后我会详细汇报此事——但还是进行了下去。坎宁说，他还会再次邀请我前去面谈，随后我们的会谈结束。

直到现在，我还未收到坎宁邀请我会面的消息，所以我不敢有延误，决定将1823年9月26日我们的谈话内容转述给您听。我不打算接受坎宁的建议，除非本届英国政府效仿在它之前的我国政府，利用官方完全承认新生国家独立的方式，并以此为基础明确承认这些国家的独立。我认为，我国政府承认新生国家的行为方式是最佳典范。我相信，当我开始使用我国政府的名义时，只有谨慎地表示赞同——最终我应该会这么做，才能使我方不会发生任何严重的例外情况。

我充分意识到，在整个交流过程中，英国政府一直在争取自己的利益。然而，在拉丁美洲的问题上，如果英国政府的利益能保证所有拉丁美洲新生国家的安全和独立，我只能说服自己赞同英国政府的行为。但实际上，英国政府始终支持让欧洲陷入水深火热之中的神圣同盟——至今仍如此。如果英国政府最终决定在美洲继续维持其令人畏惧和专横的统治，我国政府似乎就要将英国政府的这种行为归咎于它的外交政策，以及它的整个政治系统的运行规则。无论英国政府背后的动机是什么，我国政府都要抵制英国政府的影响。

会谈结束时，坎宁希望我无论是以口头形式还是以书面形式将会面内容告知我国政府时都要保密；如果英国政府没有采取行动，就更应保密。我当前的想法就是英国政府不会有任何行动。

继续为您效劳，非常荣幸，您忠实的仆人——

(签名)理查德·拉什

1823年10月2日于伦敦①

●理查德·拉什致国务卿约翰·昆西·亚当斯

尊敬的先生：

---

① 《马萨诸塞州历史学会》，第15卷，第422页至第424页。——原注

1823年10月8日，我与坎宁的会谈中，他除了提到大概会在1823年10月向新生国家派去领事之外，对西属美洲问题只字未提。我便问坎宁，派去的究竟是领事还是商业代表？坎宁说，最好称呼他们为领事，因为英国政府会赋予他们权力，同时他们要肩负起属于领事职位的重任。我追问道，领事们是否会被尚未与英国政府建立政治或外交关系的新生国家的政府认可。坎宁说，他对此并不确定，但愿意相信领事们会被这些新生国家接受。

1823年10月9日，我在外交事务办公室，又见到了坎宁。此次，坎宁对南美洲问题仍是只字不提，其实他如果打算继续就此问题谈下去，昨天的场合就非常合适。所以我觉得，我们之间对南美洲问题的谈论要暂时告一段落了。我认为，1823年7月4日，西班牙王国的特派员和布宜诺斯艾利斯（Buenos Ayres）的官员举行会议，以及1823年8月3日莫拉莱斯（Morales）率领的哥伦比亚皇家军队的残余力量遭到全歼，这两条消息改变了我们讨论中涉及的问题。1823年9月26日，这两条消息传到了英国，这天恰好是我和坎宁就南美洲问题进行最后一次会晤。

考虑到当初坎宁是如何热情、主动地同我展开协商，所以我认为现在结束讨论多少有些突兀。这一系列的会谈并非由我主动发起，而且我也没有继续下去的打算，所以如果我真的接受了坎宁的建议，就应该努力在门罗总统面前用他满意的方式表现自己。我相信我如此处理这件事的出发点肯定会得到您的首肯。现在整个拉丁美洲问题摆在我国政府面前，但如果没有得到进一步指示，我不打算继续就这个问题进行深入讨论。我认为，如果为一个实际上尚未实施的行动步骤去寻找支撑它的理由，这明显是不合适的。

坎宁没有接受我的提议，而我也没有采纳他的建议。因此，除了我们中间进行的几次协商可能会让人们对英国政府这一主要问题的态度和政策有所认识外，我们现在的状态几乎回到了原点。英国政府似乎预见了在此问题上想要达成的目的，所以一直以来就想借助我作为美国驻英国公使的职位帮助其实现目标。但从美洲新生国家的利益出发，这些国家的独立似乎是英国外交中的另一个问题，所以它不愿刻意夸大法国的威胁，也不一定非要解放南美洲。不愿刻意夸大法国的威胁这一信条，或许完全足以作为英国永久的政治信条回归到它的政治体系当中。由于我尚未接到要将英国的上述信条也纳入我国外交政策的指示，所以我一直克制自己不给出无意义的见解。在这种情况下，我本应不假思索地向坎宁提起这些信条，只是为了报答英国政府在权力范围内给我的恩惠。来自英国政府的这种恩惠或许会结束新世界里这些新生

国家的苦难，照亮它们光明的前景，还会通过强大的道德链条同我国的命运相连。

我不清楚法国对加的斯(Cadiz)失守的任何新的解释是否成为坎宁突然中止我们之间协商的原因。我可能永远都不知道如果事态真的发展到这一步，英国政府是否会觉得没必要寻找美国的帮助来进一步推动其制约法国和俄国的计划。我从未怀疑过英国政府及其统治集团会从心底对西班牙王国的宪政体系的失败感到高兴，因为只要这场发生在西班牙王国内的祸事不会成为横亘在英国追求其利益和野心路上的障碍就可以。现在，英国凭借共同联合的力量对人民权利和自由的同情，比不上英国在美国列克星敦(Lexington)平原上对人民权利和自由的同情，比不上英国于法国大革命在欧洲进行过程中对人民权利和自由的同情，更比不上1815年维也纳会议结束时对人民权利和自由的同情，更不用提它最近在那不勒斯王国对人民权利和自由的同情，因为英国政府宣布，除了保障欧洲各国王室的安全，它要在其他事件中保持中立。直到最近，虽然英国政府对法国和神圣同盟粉碎西班牙王国的自由一事置之不理，但又因为法国和神圣同盟要用不正当和邪恶的理由粉碎自由，这就使英国政府的各位大臣无地自容，陷入两难境地。一方面他们投机取巧地在口头上对法国和神圣同盟表示抗议，另一方面允许它们开展全面行动。由于英王受制于手下的各大臣，英国贵族同时又拥有巨额财富及膨胀的傲慢，再加上所谓上议院本质上由贵族组成并受其影响，所以实际上英国政府从未以满意的态度看待国内外人民享有的平等权利。因此，英国不论是主动发动战争还是被动应对同神圣同盟成员国间的战争，它都按照自己既定利益的轨道行驶，如果只为神圣同盟的利益，英国绝不会为它们开战。

1823年9月26日，在格洛斯特小屋与坎宁的会晤中，他告知我英国政府已向墨西哥派出三位特使，他们肩负着我之前给您的信中提到过的使命。坎宁说，这三位特使到达墨西哥后，如果英国政府认可整个事态的进展，其中一名特使会获得担任公使的临时资格，另两名特使将担任公使秘书和第三领事。坎宁还提到，对三位特使的任命，以及前往新成立的拉丁美洲国家的商务代表和各领事，无论他们是什么身份，最终可能都会产生英国邀请所有这些新生国家进一步同英国接触和交流的效果。如果这些国家提出要同英国接触，英国会根据局势，来实现它们的要求。

坎宁的这一番话或许能提供一定的猜测空间：为什么英国政府要跳过其他西属殖民地，偏偏喜欢墨西哥成为临时外交代表的去处？我曾听到过这样的谣言，英国政府的目的就是要从墨西哥煤矿中获得好

处。虽然刚刚独立,但墨西哥在国内稳定方面的努力显然少于我们在其他新生国家中看到的情况,这确是事实。坎宁在一次对话中就认为,选择墨西哥作为一个国内存在动乱的突出例子再合适不过。不管前面提到的谣言是英国乐于向墨西哥派遣外交代表的关键原因,还是因为墨西哥紧邻我国领土,一段时间后答案可能会揭晓,也许是因为墨西哥拥有庞大的人口和丰富的资源。

坎宁也告知我,如果西班牙王国议会没有为1823年1月颁发给英国政府的贸易许可证延长期限,英国政府会下令西印度群岛(West Indies)的英国小型舰队去保护同西班牙殖民地进行贸易往来的英国国民,必要时会进行一定程度的报复。我们记得西班牙王国同月在报复的威胁下通过的科尔特斯(Cortes)法令,该法令解决了英国政府占领西班牙领土的要求,开放了沿海省份长达十年的对英国的贸易。英国在十年期限将要到期之际,意图恢复其小型舰队进行报复的命令,除非西班牙王国再次延长贸易期限。这是英国在当前极端条件下针对西班牙王国的措施。接下来我们会看到,西班牙王国的前殖民地会加入,希望在这种快速简洁的补救措施中分得一杯羹,而英国在这一方面为其他国家开了先例。因为坎宁告知我,博卡奇卡(Bocachica)要塞基于这样的理由——停泊在卡塔赫纳湾（bay of Carthagena）的英国船舶发动了所谓入侵而采取行动，如果哥伦比亚政府没有进行迅速补偿，英国政府会下令封锁博卡奇卡。坎宁评价道，由于哥伦比亚共和国其他的补救措施已遭到英国政府的拒绝，所以封锁只限于博卡奇卡，以此作为对当地英国人的补偿。同时，坎宁还希望通过一位驻哥伦比亚的中立国公使向它（哥伦比亚）解释封锁港口的影响。最后，坎宁补充说，他的愿望就是美国公使成为英国和哥伦比亚沟通的桥梁。虽然坎宁没有详细说明这次所谓侵犯的具体细节，但从哥伦比亚共和国驻伦敦大使拉文加（Ravenga）先生的叙述中推断，我认为过错方为英国。

因为提到了封锁港口这件事，所以坎宁问我，我国政府会以何种方式看待法国舰队在加的斯海域前逼停美国公使纳尔逊（Nelson）先生和罗德尼（Rodney）先生所乘的护卫舰。我说我并不知道。然后，我反问坎宁，在类似情况下，英国政府会做出何种反应。坎宁的答复中充满了自我满足的意味，他说道，英国在这个关键节点上，一直都有逃避开这种困境的好运，并且这样的问题会被像我们一样优秀的人才解决。

接下来我又问坎宁，在同样的情况下，英国实施封锁的舰队会如何对待中立国的护卫舰队。坎宁说，他会坦诚地回答这个问题，因为经多方考虑，英国并没有摒弃海上或战争的各项条例。坎宁说下面这个案

例比较特殊，因为丹麦国王是现代历史上唯一一个遭到包围的国王。事情的经过是这样的：当时，一艘中立的俄国护卫舰试图进入英国舰队包围的哥本哈根（Copenhagen）港。俄国护卫舰舰长声称，他随身携带一封给丹麦国王的信。俄国护卫舰舰长认为英国舰队司令一定不会允许他的护卫舰因这个原因而进入海港，他甚至认为在任何情况下因为任何目的，英国舰队司令都不会允许俄国护卫舰经过。坎宁虽然说自己没有全面或精准地考察这个问题，但这的确是坎宁的真情实感。

我回答坎宁说，我尽管对该问题很有兴趣，但对此一无所知。我完全是出于个人兴趣粗略地翻阅了一些海军书籍，希望从中找到线索，但一无所获。在该问题上，我倾向于认为书本上的知识是匮乏的，要解决该问题还得回归到国际通行的准则上。对此问题，我们没有再做进一步讨论。我必须承认，就在我们进行协商谈判的过程中，我从坎宁那里获得的信息并不会对我们将要到来的谈判产生有利的影响。

在讨论西属美洲事务的整个过程中，我始终觉得将正在进行的所有事情秘密地告知拉文加先生是合适的。借此机会，我要说自己同这位先生的私人交往，以及我为他的国家做的努力都使我感到愉悦。

与坎宁会晤结束时，我对他说，如果他不介意的话，我很高兴收到一份涅谢尔罗迭伯爵就俄国敕令问题写给利芬伯爵的书信的复本。我在第三百二十三号信中提到过这份敕令。坎宁回复说，他很乐意答应这一要求。尽管坎宁已征求过利芬伯爵的许可，但后者说自己无权将一份带有针对俄国敕令的复本给我。

继续为您效劳，非常荣幸，您忠实的仆人——

（签名）理查德·拉什

1823年10月10日于伦敦①

以下是1823年10月22日理查德·拉什致门罗的信：

坎宁以极不寻常的方式放弃了西属美洲这一议题。自1823年9月26日我们在格洛斯特小屋会面后，坎宁没有就此议题和我有过任何交谈。在给国务院的信中，我详述了此事。现在，坎宁已离开伦敦，要在外待到1823年10月。我将不会继续谈论该议题，也不期待坎宁会继续这一议题，除非得到我国政府的进一步指示。②

● **理查德·拉什致国务卿约翰·昆西·亚当斯**

尊敬的先生：

---

① 《马萨诸塞州历史学会》，第15卷，第422页至第424页。——原注
② 《马萨诸塞州历史学会》，第15卷，第428页。——原注

1823年11月24日，在外交事务办公室，我与坎宁举行了会谈，其间，他给我提供了一些西属美洲事务的信息。我现在将这些信息告知您。

坎宁开始说，我们在格洛斯特小屋就西属美洲事务的谈话（1823年9月26日）使他得出结论，认为我们之间无法达成一致意见是因为我曾认为英国政府需要立刻承认从前的殖民地（独立）。坎宁认为不能再浪费时间了，所以在没有同我国达成一致意见的前提下，英国将单方面同法国达成和解。坎宁觉得这次行动非常有必要。坎宁会见了法国驻英国大使波利尼亚克（Polignac），向他表明英国政府和法国政府应在西属美洲问题上相互理解，所以坎宁打算通过波利尼亚克或英国驻巴黎大使查尔斯·斯图尔特，利用官方照会的形式向法国宫廷传达英国政府的立场，或者利用同波利尼亚克进行口头会议的方式传达英国政府的立场。而波利尼亚克认为不论哪种形式都是合适的。经过考虑后，波利尼亚克决定采用口头会议的方式。谨慎起见，双方会详细记录下谈话内容。各自政府在事先得到双方认可的前提下，还会保存一份获得通过的会议记录。

坎宁为推动这项计划的进程，于1823年10月初同波利尼亚克进行了多次会议。双方在数次会议中都明确表示了各自政府对这一公共事务（西属美洲问题）的观点立场，最终还商议了一份包含他们意见的书面备忘录或文件。

坎宁提到的这份文件具有独特性，所以他不便给我文件复本。但自从坎宁上星期回到伦敦后，他虽然没有将这份文件展示给全部公使看，但仍有部分国家公使看到了它。因此，在这个星期，坎宁将我请到外交事务办公室，要将这份文件念给我听。

于是，坎宁向我宣读了这份文件。尽管坎宁之前没有给我这份文件的复本，但在他读完整份文件后，我对他说，文件中的内容与我们之前就同样问题的口头交流或书面沟通的内容高度重合，以此作为我们对拉丁美洲问题讨论协商的定期总结，而且告知我国政府前几个阶段的详情也是我的特殊责任所在。对此，坎宁回应道，他很乐意将文件中涉及英国政府立场的内容的复本给我，但事关法国利益的内容，他觉得自己没有权力做决定，对此，我没有再做任何评论。

我这样就无须再向您简要叙述文件中代表法国立场的内容，但我仍期望收到表达英国立场的文件复本。文件中特别吸引我的是出现了几个全新的要点，现在即便没有收到文件复本，我也能向您传达这些要点。第一，英国政府会宣布承认西属美洲殖民地独立，以防法国利用武力重新征服这些殖民地；第二，西班牙王国如果恢复了旧时的殖民系统，英国政府会

试图中断同西班牙王国殖民地的贸易。文件中没有提及英国政府除承认西属美洲殖民地独立之外会有什么具体行动，但我们大概推断英国政府的行动只能由随后的事态发展决定。1810年，英国政府就声称自己有权与西班牙王国殖民地进行贸易，前提是得到西班牙王国的许可，这等于英国政府在那时就主动提出要为西班牙王国和其殖民地进行调解。至于西班牙王国殖民地作为独立国家所需的政府形式，有人倾向于君主制，但不知是否可行。

除了前面提到的几个观点，我想起文件中并没有英国政府关于拉丁美洲的政策或意图等实质性内容，并且我从1823年8月19日开始与您的通信中也没有提过这个问题，我在第三百二十五号信、第三百二十六号信、第三百三十号信、第三百三十四号信和第三百三十六号信中也没有持续关注英国政府的政策。1823年3月31日坎宁写给查尔斯·斯图尔特的书信仍被认为是英国政府政策的基础。

坎宁只为我通读了一遍法国在西属美洲事务上的立场。我本打算尽量忠实地向您汇报文件内容，但由于我不甚了解法国在西属美洲问题上的立场，或许就会觉得这份责任带有一定风险。因为担心在细节上犯错误，所以我不打算向您说明法国的立场。即使坎宁没有将文件全文复本给我，我也有信心能够通过其他渠道将文件送到您的手中。我不明白坎宁故意掩盖文件内容是出于什么动机。毕竟不久后，欧洲的公共杂志就会精准地向我们介绍文件的全部内容，特别是伦敦的各种周刊在这个星期就开了一个好头。

说了这么多，我继续努力阐明文件中能够展示法国政策的各个观点。

第一，文件表明法国同英国立场一致，认为西班牙王国不可能收回殖民地。

第二，文件表明法国不会协助西班牙王国重新征服殖民地的决心（我认为这个词比较恰当）。

第三，文件表明法国愿意看到母国和殖民地之间通过友好协商来解决争端。

第四，法国放弃在殖民地获得独家商业利益的所有想法，声明只想和英国一样，位列西班牙王国之后，获得最惠国待遇。

第五，法国认为在西属美洲殖民地并不存在任何可被承认为独立的东西，所以法国将所有政府的存在都看作是一个笑话。对此的理解是法国就是想要达到这样的效果。

第六，文件努力体现召开代表大会的必要性。英国政府应成为会议的一员，只不过它拒绝了。这次代表大会能使西属美洲从过去的错误中恢复过来，以达成对双方都有利的政策，在双方都满意的基础上解决

殖民地与母国的争端。

这些是我想到的文件中阐明法国立场的所有要点。我认为，陈述其中部分要点是为了进一步探讨它们的真正含义，但我只是提出了此时无法得到解答的问题。除此之外，我记不清是否法国会放弃对西班牙王国的一切援助（不会动用武力）。但至少从目前来看，鉴于法国停止在西属美洲扩张，英国的担忧似乎彻底缓解了，可以肯定的是，英国政府现在预计欧洲和平不会因此而迅速中断。

尽管坎宁主动向我说出这样的担忧，但英国政府是否真有过这样的担忧，还是法国因为担心将来会与英国发生冲突，便暂时抑制其野心勃勃的计划的实施。因此，在这两点上仍有很多不确定性。法国现在对英国政府使用的语言显然与1823年春天法国军队进入西班牙时发表的宣言不一致。因此，法国在整个伊比利亚半岛战争中的表里不一，开始体现在令人印象深刻的警戒线声明中，又到现在的口是心非，这种情况和它的野心一样都是危险信号。

英国在官方文件中提到了我国政府在西属美洲问题上的兴趣，法国却发布了一份声明，不承认自己知道我国政府在这个问题上的观点，而这恰恰与召开代表大会紧密相关。在坎宁读完文件后，我想再阅读其中几个段落，这也许可使我在谈话中更准确地掌握整份文件。但我没有机会这样做，因为坎宁读完文件后还有其他活动安排，我说不准这是不是他之前就计划好的。

虽然法国的声明能让人感到平静，但似乎俄国所持立场就是神圣同盟认为自己有义务在整个西班牙王国统治范围内监督各项事务，这一点我们可以从刚公布的博尔哥伯爵写给斐迪南七世(Ferdinand Ⅶ)的信中推断出来。

继续为您效劳，非常荣幸，您忠实的仆人——

(签名)理查德·拉什①

1823年11月26日于伦敦

●理查德·拉什致国务卿约翰·昆西·亚当斯

尊敬的先生：

1823年11月26日，在第三百四十六号信中，我向您提过坎宁向我宣读过一份体现法国和英国对西属美洲事务立场的文件，同时我向坎宁请求得到文件复本。坎宁回复我，他会尽可能给我文件中与英国立场相关的内容复本，但其中关于法国观点的部分内容，他觉得自己没有权力决定。实际上，坎宁没必要在西属美洲殖民地问题上与法国划清界限，并且他会发现

---

① 《马萨诸塞州历史学会》，第15卷，第430页、第433页。——原注

在实践中这其实很难做到。因此，1823年12月12日，与坎宁会面时，我又一次提及上述文件，要求他提供整份文件复本。坎宁说，现在他觉得自己能答应我的请求，因为法国已经向其他国家提供了文件复本。坎宁答应几天后给我寄一份完整的复本。在与您的通信中，我并未向您提及坎宁的承诺，我更愿意在收到复本后再跟您提及。

1823年12月27日，我收到了文件复本，里面还附有坎宁的一张写有"机密"二字的日期为1823年12月13日的便条。在便条里，坎宁告诉我可随时将文件传达给我国政府，但只能将其作为机密文件，不能在美国国内公开。普兰塔（Planta）先生在1823年12月26日的便条上用短短几行字解释了坎宁迟迟没寄给我复本的原因。1823年12月27日，我又收到了一张坎宁标记日期为1823年12月13日、写有"私密"二字的便条。在便条里，坎宁重提了1823年夏天我们就西属美洲问题交换过的意见，说明了他没有得到我同意就继续行动的原因，希望美国和英国现在不要强烈反对他最近采取的计划。从坎宁第二张便条中，我们可以感受到他再次焦虑起来，希望我国将整个问题视为机密。我分别回复了坎宁同一天里的两张便条，附上了我与他所有的通信复本。您可以看到，在坎宁的便条中，他说是1823年12月12日将这份文件读给我听，但这与事实明显不符。坎宁其实是在1823年11月24日将文件读给我听的，因为1823年11月26日我在与您的通信中提过此事。这个出入其实并无大碍，只是被我注意到而已，要不然您可能会推断坎宁又将文件读了一遍给我听，但事实并非如此。

在我看来，英国政府之所以极度关切保密问题，显然是因为不愿意承担与神圣同盟友好关系受损的风险，尽量规避可以避免的危险。尽管西属面临的所有严重危险现在都已结束，但我认为当下没什么可以阻止英国政府和神圣同盟恢复迄今为止存在的有效的友好关系。最近极具权威性的事件使我们有理由认为，任何对欧洲自由的侵犯都不会使英国政府脱离神圣同盟，也不会损坏它对君主制原则的同等忠诚。我今天向您传达的英国政府的真实文件显示，英国政府在西属美洲问题上出现的前后矛盾的态度，其根源不仅在于英国政府就神圣同盟对暴政采取的新措施感到不安，还在于英国各级议会中存在严重焦虑，因为法国或其他大陆国家对说西班牙语的美洲国家（Spanish American States）的干预已达到足以让英国这一商业帝国陷入停滞的程度，英国政客们也从未停止过充满警惕性地监视这个商业帝国。从文件中可以看出，对于说西班牙语的美洲国家的基本权利、内政和政府组织形式等问题，英国外交大臣竟然允许法国大使制

定出最令人反感的政策，却没有任何反对或非难之言。在我第一次听坎宁向我宣读文件的时候，以及向您汇报文件内容的过程中，有些问题就开始萦绕在我的脑海中，而且在我仔细地研究文件后，这些问题仍未得到完全解决。

1823年12月12日，我与坎宁会面时，他提到欧洲大陆国家曾打算召开一次会议。正如这些欧洲大陆国家所称，它们会通过商议和提议的形式去协助西班牙王国恢复对美洲殖民地的最高统治，而不会使用武力强迫。然而，西班牙王国的提议就其性质而言是要让欧洲大陆国家的美好愿望落空。

最近，通过法国驻马德里（Madrid）大使，神圣同盟表示愿意提供如上协助。而西班牙王国借助同样渠道简单地做出了回复：除了为重新征服美洲殖民地提供军舰、军队和资金，西班牙王国不需要法国、俄国和其他盟国提供其他帮助。西班牙王国准备利用从殖民地获得的利益来回报各同盟国。但法国驳回了西班牙王国的建议，认为这条建议不值得考虑。因此，按照坎宁的推断，召开神圣同盟代表大会的计划已不复存在。坎宁还说，现在还有一个征服这些殖民地的方案，但他补充说，这个方案比以前的方案还要欠缺考虑。这个方案首先让大量的资本家和银行组成私人公司形式的联合会，然后从西班牙王国获得会章，这样的话，获得神圣同盟各国资金支持的公司就会为重新征服殖民地去雇用船只和军队，也可以在一些贸易专有权中寻求报酬或将墨西哥和秘鲁（Peru）矿山的权益转让给神圣同盟的成员国。神圣同盟修改了这个富有远见的计划，在欧洲新闻报纸上引发了关注，但这个计划至少在英国引发了人们对它的嘲笑。

在新一届国会开幕式上，门罗总统的演讲对所有粗暴干涉美洲新生国家的行为做出了最有力的回击。在这个时间节点上，英国人正怀着极大的兴趣寻找门罗总统的演讲稿。

我听说，1823年12月初，离开纽约（New York）的英国邮船奉命等待这篇演讲稿，然后全速把它带回英国。可以肯定，1823年12月24日，这艘邮船会首先到达法尔茅斯。在伦敦，这篇演讲稿的内容迅速传播，所有西属美洲证券的信誉立刻上升。人们现在认为，拉丁美洲国家的安全将不再受欧洲胁迫。

继续为您效劳，非常荣幸，您忠实的仆人——

(签名)理查德·拉什[①]

1823年12月27日于伦敦

---

① 《马萨诸塞州历史学会》，第15卷，第434页、第436页。——原注

● 谢尔登致国务卿约翰·昆西·亚当斯

尊敬的先生：

1823年12月18日，在寄给您信后不久，英国驻法国大使告诉我，他曾和法国两位大臣——德·夏多布里昂（de Chateaubriand）和德·维莱勒（de Villele）就西属美洲殖民地一事展开协商。他告诉我，英国的目标始终是阻止法国施行与西属美洲殖民地相关的措施，始终坚持应在英国、法国和美国共同协商后再采取措施，所以在这个特殊的时间节点上，欧洲大陆各强国的利益是次要的。两位法国大臣向他保证，他们不会擅自行动，只会提出该问题供双方考虑。今日，法国的《辩论报》（Journal des Débats）会刊登一份完全肯定这条原则的部长级文件。然而，法国很可能坚持同欧洲大陆国家协商，而将美国完全排除在外。没有法国的大臣向我提起过这个问题，但该路线方针的背后动机非常明显。美国已承认西属美洲殖民地独立，所以不希望欧洲国家同意或批准不以这一结果为基础的方针政策。尽管很难想象英国会赞同西属美洲殖民地再次回到西班牙王国统治下的计划，但欧洲各国尚未准备好走到那一步。无论如何，欧洲国家不可能匆忙或立即采取与新独立国家相关的行动。的确，还需要一段时间去处理母国的各种事务。《辩论报》刊载的文章宣布法国的温和派议会最终给斐迪南七世留下了一些印象。斐迪南七世现在采取的路线不仅使外交部感到吃惊，还让原比外交部官员更强硬的西班牙王国政客们感到惊慌。甚至俄国也被迫坚持温和路线。同时已经前往马德里的博尔哥伯爵打算运用影响力，削弱斐迪南七世打算采取的政治体系，但斐迪南七世的秉性难以捉摸，所以劝他放弃这套体系存在很大难度。

先生，竭诚为您效劳，我非常荣幸，您顺从、谦卑的仆人——

(签名)谢尔登[①]

1823年10月30日于巴黎

●乔治·坎宁致理查德·拉什

敬爱的先生：

我已收到您对我两张便条的回复。无论我们之间密谈的实际效果如何，对您如此热诚待我的精神，我都感到由衷的高兴。

我认为，除您需要获得一些具体的权力，以及您在获得这些权力之前或许会有所耽搁之外，我们之间的会谈要取得明显有益的实际结果并不难，况且在我们会谈期间，还会出现各种事情。

如果您觉得自己有权对任何正式提议加以考虑，

---

① 摘自华盛顿特区国务院的《门罗文件》，载于《马萨诸塞州历史学会》，第15卷，第429页。——原注

在不用咨询本国政府的前提下对提议做出决定，我可以在返回伦敦后立即召集我的同事开会，从而可以借政府名义向您提交我所阐明的我自己和同事们的观点。但考虑到未来可能的延期，我觉得主动地、无条件地把自己束缚在任何事情上都是不合理的。如果有这样一条建议，既符合贵国认同它的可能性，又能适应可能发生变化的外交状况，那么我希望我们整个问题的沟通像我希望的那样果断和坦诚。

我不是说希望外部环境发生变化，因为这会改变第一封信中我向您表明的立场，也不是说您给我回信后，我感觉到贵国政府的想法在本质上有任何不同。

但我们决不能将自己置于这样一种境地，即当其他国家要求我们就某个问题发表意见时，我们不仅不能对我们所想和所感，也不能对我们在该问题上所做的或正在做的事情给出清晰和明确说明。所以为满足这样的要求，我们要能够回应说美国和英国都一致认可这样做就最好不过了。但如果借助一项具有同样效力的自发声明来实现这一要求，效果可能会更好。

不得不说的是，我们同美国政府一直有通信往来，但我们对其他欧洲国家没有确切的了解，这会使我们处于不利境地，因为我们的行动将受到其他欧洲国家的限制，同时我们还尚未与贵国确定协议。

因此，在我看来，最明智的做法是您应该从我的非正式通信中看到积极正面的发展，足以让您除了在其他方面已得到的指示和授权之外，有理由要求贵国政府在这点上给予您一定的权力和进一步指示。您不必将我们之间的交流视为向您提出的提议，而是作为我希望向您提出的具有建议性质的证据，如果我觉得您具有了接受建议的权力，我就会向您提出建议。

先生，竭诚为您效劳，我非常荣幸，您顺从、忠实的仆人——

(签名)乔治·坎宁①

1823年8月31日于威斯特摩兰郡（Westmorland）的斯托斯（Stores）

1823年12月1日，理查德·拉什给门罗写了一封信，具体内容如下：

以我之见，英国在南美洲问题上的行为已被证明缺乏公正、底线缺失，甚至缺乏真正的远见和智慧。

英国最终会宣布承认拉丁美洲新生国家的独立，原因不在于它们实际上已独立并有权争取自己的独立，而在于英国考虑到法国或西班牙王国可能执行错

---

① 《马萨诸塞州历史学会》，第15卷，第418页至第419页。——原注

误的政策会威胁到它。①

乔治·坎宁给理查德·拉什写了如下一张便条。类似于以往的便条，这张便条同样标有"私密"二字。

敬爱的先生：

就在我给您送达法国驻英国大使波利尼亚克与我就西属美洲问题的会议备忘录的复本时（我昨天有幸将它读给您听），我自然就想起来今年夏天我和您就该问题展开的磋商。

如果您那时有权力考虑将要采取的措施，您就会知道，我为能够提议这样的联合行动而感到何等高兴。但事态发展的速度和各方压力不允许我们对该问题无限期的搁置，以防止他国可能在某天对该问题立即展开讨论。因此，在我们上次互寄保密信后的几周内，我国便采取了相应措施，结果就摆在您面前。您会明白我国不是没有注意到您想让我们听到的诉求，但我自认为，您和我都不必对几个月前就已确定的特别计划提出反对意见。

我确信您会感受到，也相信贵国政府会感受到，我充分信任您。1823年8月，我们的沟通交流虽然没

---

① 《马萨诸塞州历史学会》，第15卷，第433页。——原注

取得任何实质性结果，也没成为我们各自政府讨论的议题，但它们却是建立在彼此的荣誉感和谨慎判断力基础上。

我用这种方式将文件递交给您，以便您再将它转交给贵国政府时不会有任何困难。

亲爱的先生，竭诚为您效劳，我非常荣幸，您顺从、忠实的仆人——

(签名) 乔治·坎宁①

1823年12月13日于格洛斯特小屋

● 詹姆斯·门罗写给托马斯·杰斐逊的便条

尊敬的先生：

我将最近在华盛顿收到的理查德·拉什寄来的两份涉及美国最高利益的邮件转交给您。这两份邮件中包含两封坎宁的信件，均暗示了神圣同盟反对南美洲独立 (Independence of South America) 一事，提议英国和美国相互合作支持南美洲独立，对抗神圣同盟的成员国。首先，坎宁提出的英国和美国合作对抗神圣同盟的计划只表达了某种抽象意见，但坎宁希望通过击败神圣同盟来产生巨大的政治影响。随信还附上理查德·拉什的回复，您会从中看到他对该问题的看法，以及他

---

① 《马萨诸塞州历史学会》，第15卷，第433页至第434页。——原注

在该问题上取得的进展。同时，坎宁的计划还牵扯了很多需要考虑的问题。第一，假设拟订的协议导致我们将自己完全置于欧洲政治和战争之中，站在任意国家的一方来反对其他国家？第二，如果在这样一种情况下，即在这种情况下，我们可以并且应该抛弃一种完美的行动准则，现在的情形不正符合这种情况吗？第三，英国必须选择站在欧洲君主一边还是美国一边，由此引出英国是支持专制主义还是自由主义，这个时期难道还未到来吗？英国政府意识到这种必要性，便抓住当前局势，认为这是宣布和标志这一事业开始的最佳时机。难道我们不能这样认为吗？

我个人认为，我们应该响应英国政府的提议，表明我们要把欧洲国家干预西属美洲殖民地，特别要将它们对殖民地的进攻看作对我们的进攻。假定欧洲国家成功干涉各殖民地独立，之后它们就会来干涉我们的独立。尽管我意识到这个问题的严重性和艰巨性，但很乐意听听您和麦迪逊（Madison）先生对这个问题的看法。我不希望因为一些小事给二位添麻烦，但当前问题非常棘手，因为涉及我国最高利益。长久以来，我们共同为美国国家利益团结一致地并肩奋斗。请向麦迪逊附上这两快信并说明动机。

敬启

詹姆斯·门罗[①]

1823年10月17日于奥克希尔（Oakhill）

在下面这封信中，国务卿约翰·昆西·亚当斯向理查德·拉什表明了美国政府的立场。

先生：

我昨日信中给您下达指示，让您对外交大臣坎宁在1823年8月20日机密信中的提议给出明确答复。这封信是向您传达门罗总统对南美洲事务做出的整体考虑，信中所表达的立场和观点，不仅有利于我国政府的利益，而且还可以根据您的判断，用于英国政府就该问题与您的进一步沟通交谈中。

门罗总统斟酌了坎宁先生的各项建议，以及您在信中和会议上对这些建议的讨论，非常满意地提到，根据英国政府的建议，美国与英国就美洲从前受西班牙统治的国家在观点、行动方面秘密地达成了一致。正如坎宁在信中表达的五个立场，他在阐明英国政府的原则时，除了承认南方国家（Southern Nations）独立仍是时间问题和条件问题，我们觉得其他建议是能够接受的。我们相信英国想要保持政策一致性就必须承认这

[①] 摘自华盛顿特区国务院中托马斯·杰斐逊的手稿。——原注

些南美洲国家，时机就在眼前，但我们又意识到英国或许希望将所有南美洲国家独立的功劳留给自己，并且英国政府似乎在自发情况下要比在外国敦促下，更容易做出承认新生国家的举动。在您与坎宁的通信和会议中，都真实地强调过这一点。另外，在昨天的快件中，我明白无误地表明，在重要的利益点上，两国政府间的合作必不可少，所以门罗总统觉得您不必太纠结于此。对您快件中特别说明的措施，坎宁表现出的反对意见如此无礼，更何况您已十分准确地回答了他的各项提议。在明确表明态度后，为使两国政府间的目标最终完全一致，我们最好的做法也许就是将坎宁始终保留的承认新生国家的时间留给英国各部大臣决定。

到目前为止，我们收到坎宁的各种提议，而且还按照他的要求，将与此相关的所有信息视为"机密"。英国政府首次对两国外交事务提出此类要求，所以我们将以诚恳的态度对待它，而这也是我们最坦率的行为。美国的外交政策始终保持独立，脱离欧洲复杂政治的干扰，所以坎宁对您上述回复的评价非常重要，我们内部已经对其中涉及的问题进行过多次讨论。作为欧洲大家庭中的一员，英国同其他欧洲国家都有千丝万缕的联系，但美国却与它们没有任何瓜葛。而且，美国不干涉欧洲国家事务的决心从未改变。但是，无论是北美大陆还是南美大陆在内的美洲事务都不能将美国的干预排除在外，所有与美洲相关的政策问题都与美国的利益有直接关系，不能让美洲政策受欧洲强国的原则和利益所驱使和支配。此刻，我们意识到共同目标和联合议会的重要性。在这种情况下，除非英国承认南美洲国家独立，否则我们看不到与英国政府建立和谐一致措施的基础。只要英国政府依旧不承认南美洲国家的独立，我们可能，当然也会同意英国的建议，不愿意将美洲仍属于西班牙王国的殖民地转让给其他欧洲国家。只要是招致我们两国共同反对的原则仅仅基于偶发的利益重合，如果从国家角度来讲，双方只是从各自利益出发。一旦欧洲政治的各个方面发生变化，这些原则就会消解。由于英国不会受制于永久的共同体原则，只会遵从与我们偶发的利益重合，它可以随时同神圣同盟和我们就美洲事务展开谈判，也还可以随意改变它的政策，从而适应任何权力分配和领土划分，而这些都是半个世纪以前欧洲政治安排好的最终比例。虽然我们与英国交往，只是因为它和我们的利益目标暂时一致，并且我们也将自己排除在和欧洲同盟的所有谈判之外，但我们仍能看到欧洲主权国家可以在不同我们、也不同任何美洲国家协商的前提下来处理美洲利益。因此，南美洲国家的命运也受到欧洲国家专横的监督和控制。

坎宁向您提过，如果欧洲召开会议决定对南美洲问题采取何种措施，他会建议您代表美国受邀参会。假如大会拒绝向您发出邀请或您拒绝接受邀请，英国也会保留拒绝参会的权利。即使大会向您发出邀请，门罗总统也会支持您不去参会的决定。如果参会邀请发给我国政府，我们其实并不清楚在何种情况下适宜授权一位美国部长参加这样的会议，但我们定会拒绝出席会议，除非南美洲各国政府作为独立国家受邀派代表出席会议。我们不会批准出席欧洲君主处理各美洲共和国（American Republics）事务的任何会议。如果欧洲君主举行这样的会议，目标是采取任何针对南美洲的敌对行动，那么我们一定会对这次会议提出强烈抗议，同时反对本次会议产生的一切令人悲伤或灾难性的结果。我们衷心希望英国也会这样做。

我们仔细审查了您与坎宁之间书信往来和会晤的整个过程，发现坎宁没有透露自己不久之前就掌握了神圣同盟介入南美洲事务的具体细节。因为在他将这些信息告诉我们之前，他本可以保证或要求与您一起采取他所建议的措施。同时，您的一句评价引起了我们更多的关注，您说，坎宁首次向您提出解决南美洲问题的建议时，那么认真和严肃，可在上次会面时，他对此问题显得冷淡和漠不关心。坎宁的提议如果一开始就得到了大家的信任，那么它可能就会产生让人满意的结果，也能给进一步协商提供更清晰的思路。现在我们提出这一建议是为展望未来，表明我们愿意毫无保留地满足和恢复这份信心。

由于加勒廷个人的原因，他拒绝此时回到欧洲。门罗总统认为事态的发展要求我们立即恢复同法国的谈判，所以任命詹姆斯·布朗（James Brown）执行这项任务，预计他很快就会开始履职。

敬启

（签名）约翰·昆西·亚当斯

1823年11月30日于华盛顿国务院

以下是杰斐逊写给门罗的回信：

我们首要且基本的原则是永远不要卷入欧洲的各种动乱。

我们的第二条原则便是决不允许欧洲干涉另一侧大西洋的事务。不论是北美洲，还是南美洲，都拥有独属于自己，不同于欧洲的特定利益。因此，美洲应有一套独立于欧洲之外的体系。虽然欧洲正努力成为专制主义大本营，但我们应尽力确保我们美洲成为自由发源地。

最重要的是，有一个国家（英国）本可以在我们追求自由的道路上干扰我们。但现在英国却在这条道路

上帝领我们，给予我们帮助和陪伴，如果我们接受了英国的提议，就可以从它对我们的束缚中解放出来，将它巨大的能量纳入自由政府的范畴之中，一举解放整个南美洲，否则南美洲依旧会在疑惑和困苦中徘徊。

目前的提议可能引起我们注意的是，结果应是我们希望得到的，而不是英国希望得到的。我们期望的结果是要维护我们的原则，而非要抛弃它。我非常同意坎宁的建议，就是要阻止战争而不是挑起战争。①

门罗在1823年12月2日的年度国会演讲中宣布了最终成为《门罗宣言》的主张。

在上届国会开幕时，我就表明，西班牙王国和葡萄牙王国正在努力改善人民的生活条件，但又表现得异常谨慎。对此，不必进行过多评价，因为到目前为止，两国政府努力的结果与当时的预期大相径庭。我们同欧洲大陆正在发生的事情有千丝万缕的联系，况且我们也源于那片大陆。所以我们对欧洲发生的事件一直抱有旁观者的心态，既焦虑又饶有兴趣。

---

① 摘自约翰·昆西·亚当斯的手稿，载于《马萨诸塞州历史学会》，第15卷，第389页至第392页。——原注

美国公民对大西洋彼岸同胞的自由和幸福怀有最友好的情感。

我们从未置身于欧洲国家的战争中，这样做其实不符合我们的政策。只有当我们的权利受到侵犯或严重威胁时，我们才会憎恨伤害，或为保卫我们的权利做准备。

我们有必要将自己与美洲大陆的独立运动直接联系起来，所有理性客观的观察者都清楚其中的原因。

神圣同盟成员国的政治体系本质上不同于美国的政治体系。这种政治体系的差别正是它们各自政府的差异性。我们的国家是在付出无数鲜血和财富后换来的，在最开明的公民智慧引导下走向成熟。在这样的国家中，我们享受着无与伦比的幸福。因此，为了保卫国家，全国上下会团结一心。

因此，由于美国和欧洲国家间坦诚和友好的关系，所以我们宣布要警惕欧洲国家将政治体系扩张到美洲任何区域的企图，以防对我们的和平与安全构成威胁。

我们从未干涉过，也不会去干涉欧洲国家现有的殖民地或附属国，但对已宣布独立并维持独立的殖民地政府，我们经过深思熟虑，本着公正原则，承认它们独立。我们把欧洲国家旨在压迫它们或以任何方式控制它们命运的干涉看作是对美国敌对态度的表现。

在新生国家的军队与西班牙军队作战期间，我国政府在承认这些国家独立时就宣布了我们的中立政策，并且会始终将其保持下去。但根据本届政府主管当局的判断，不得以任何变动对美国的安全政策做出相应变动。

最近，西班牙和葡萄牙的国内局势表明欧洲仍动荡不安。没有比这一重要事实更有力的证据，即神圣同盟成员国联军认为在令自己满意的原则下，用武力干涉西班牙王国的内部事务是可以的。

在同一原则下，神圣同盟成员国干涉西班牙王国到何种程度是所有不同政府的权力机构关心的问题，即使是政府形式最不相似的国家也对此感兴趣，当然没有哪个国家比美国对此问题更感兴趣。

在战争初期，我们便采取了对欧洲的政策，尽管战争使欧洲民众感到不安，但我国的政策从未改变：我们不干涉任何欧洲国家的内政，将事实政府认定为合法政府，同此合法政府培养友好外交关系，以及用坦诚、坚定和果敢的态度维护这项政策。在任何情况下，满足每个国家的正当要求，不受任何国家的伤害。

考虑到每块大陆间的情况各有不同，神圣同盟成员国不可能在不威胁我们和平与幸福的条件下将它们的政治体系延伸到美洲。如果让我们的南方兄弟自己做决定，没有人相信它们会自愿接受欧洲的政治体系。

因此，我们同样不能对任何形式的干涉熟视无睹。如果我们看一看西班牙王国和新生国家之间的相对实力和资源，以及它们之间的地理距离，就会十分清楚，西班牙王国永远无法征服它们。

美国的真正政策就是要让各方自己做主，希望其他国家会采取同样的路线。①

门罗的演讲赢得了英国新闻界的极高赞誉。从英国报纸编辑评论的语气中可以明显看出，门罗的演讲，丝毫没有受到坎宁的影响。门罗主义是英国和美国秘密联盟中为外界可见的一部分，尽管这个联盟并未真正形成。但直到上届总统克利夫兰（Cleveland）任期，索尔兹伯里勋爵（Lord Salisbury）和理查德·奥尔尼（Richard Olney）就委内瑞拉（Venezuelan）边境问题展开外交文书时，公众才知道美国和英国未结成秘密联盟的事实。

1824年1月20日，众议院议长亨利·克莱（Henry Clay）在全体众议员会议上对门罗的年度国会演讲提出了下列决议：

经美国参众两院在国会大会上通过的决议，已宣布和确定独立并得到美国政府正式承认的国家，在没

---

① 詹姆斯·D.理查德森：《总统的信息》，第2卷，第217页。——原注

有严重骚乱的情况下，这些新生国家的人民不会看到欧洲神圣同盟的成员国代表西班牙王国对它们进行武装干涉，从而让美洲大陆上的国家重新沦为欧洲国家的附属国。①

但这一决议至此再未被提起过。门罗的宣言对外公布后不久，便立刻遭到了立法机构的否定。

1825年，作为神圣同盟真正的领袖、中流砥柱和支持者，沙皇亚历山大一世在一场反对他、支持自由政府的斗争中去世。他的弟弟沙皇尼古拉一世（Nicholas I）实际上被迫为王位而战。

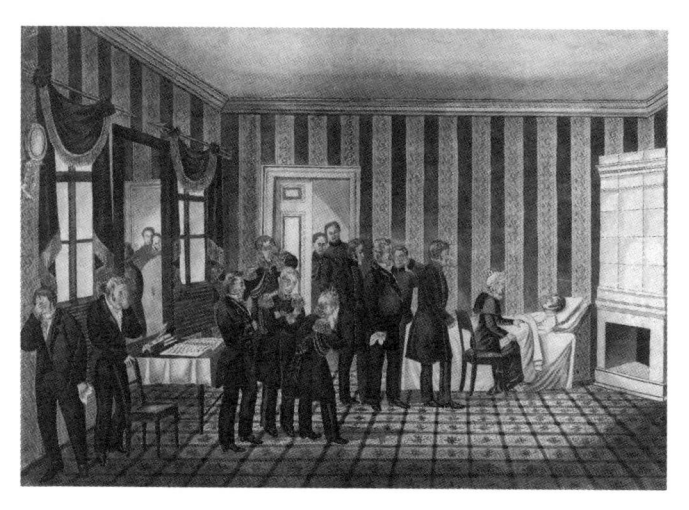

●亚历山大一世去世。绘者信息不详，绘于19世纪

① 乔治·福克斯·塔克：《门罗主义》，第21页。——原注

1830年7月，法国爆发七月革命，表明神圣同盟已是明日黄花。神圣同盟的使命因英国和美国之间努力建立秘密联盟而告终，而这个秘密联盟最终因《门罗宣言》的发布而结束。在多年后的西半球，悄无声息消失于公众视野的《门罗宣言》才开始重新出现。

第 3 章

梅特涅、卡斯尔雷勋爵与乔治·坎宁

美国独立战争、法国革命，以及欧洲各国同拿破仑之间的战争为欧洲争取宪法自由注入了强大动力。拿破仑的失败为欧洲大部分国家引入宪政带去了光明前景。腓特烈·威廉三世曾给予普鲁士人民自由，激励他们努力抵抗拿破仑领导的法国，也确实允诺过普鲁士人民颁发一部宪法和组建国民议会。亚历山大一世也曾决定将议会制引入波兰，甚至希望过一段时间将改革措施扩展至俄国。1815年维也纳会议通过的《联邦法案》（Federal Act）宣布，德意志邦联中的各个主权邦都应制定一部宪法。然而，先后担任奥地利首相和外交大臣的梅特涅因抵制自由解放运动而坚决不认同这一做法。

1814年1月19日，拿破仑在写给梅特涅的信中，提议双方停战，但在回信中，梅特涅说，他坚信停战对双方都没有好处。

拿破仑对这封回信一番嘲弄之后谈道："梅特涅幻想自己控制了欧洲的命运，实际上却受制于其他强国。"[1]

拿破仑那时做出的评价是否客观值得怀疑，但可以肯定，从1814年起大约到1825年，梅特涅的确是欧洲外交的主导者。

如上所述，尽管神圣同盟根植于宗教狂热和爱国热情，但亚历山大一世既没有理解到也没有预见到它的反动倾向。

梅特涅全力支持君主专制政体，他主持了维也纳会议，以

---

[1] 乔治·里普利、查尔斯·安德森·达纳：《新美利坚百科全书》，第11卷，第431页。——原注

及1820年10月在特罗堡召开的神圣同盟会议。亚历山大一世在执政早期，曾是一个坚定的自由派和改革派，但在梅特涅的强势影响下，他开始极力支持专制主义并赞同后者的观点。

卡斯尔雷勋爵是英国在维也纳会议中的全权代表。但人们很快发现，梅特涅早已将卡斯尔雷勋爵玩弄于股掌中。卡斯尔雷勋爵全力支持梅特涅在维也纳会议期间的所有政策。

卡斯尔雷勋爵同样参加了1818年在亚琛举行的神圣同盟会议。虽然他并不想让英国成为神圣同盟的一员，但与会人员一致认为他早已签署《神圣同盟盟约》。卡斯尔雷勋爵竭尽全力使英国同欧洲其他强国关系和睦，渴望英国有一天也加入神圣同盟。

1823年10月初，坎宁和波利尼亚克召开了数次会议。在会议中，波利尼亚克就某些核心问题发表了以下声明：第一，法国政府认为西属美洲不可能重新成为西班牙王国的殖民地；第二，法国宣布放弃利用当前殖民地局势或本国对西班牙王国的政策去侵占西班牙王国在美洲的财物，以及为本国攫取任何专属特权的企图；第三，法国像英国一样，乐于见到西班牙王国通过友好协议占据良好的商业优势，愿意像英国一样，排在西班牙王国之后，享受最惠国待遇。

最后，法国公开放弃使用武力做出不利于西属美洲殖民地的行为。①

---

① 《马萨诸塞州历史学会》，第15卷，第431页至第432页，以及第428页的注释。——原注

理查德·拉什曾拒绝坎宁提议两国政府发表抵制神圣同盟的联合声明。之后，坎宁告诉波利尼亚克，英国政府决不允许法国干涉西属美洲事务。于是，波利尼亚克针对坎宁的表态，做出了上述回应。1823年10月22日，理查德·拉什给门罗写了一封信，信的部分内容如下：

> 坎宁以极不寻常的方式放弃了西属美洲事务议题。自1823年9月26日我们在格洛斯特小屋会面后，坎宁没有就此议题和我有过任何交谈。在给国务院的快信中，我详述了此事。现在，坎宁已离开伦敦，要在外待到1823年11月。我将不会继续谈论该议题，也不期待坎宁会继续这一议题，除非得到我国政府的进一步指示。①

坎宁就英国和美国在西属美洲事务上采取某种形式合作的热情消退，所以促成了他与法国驻英国大使波利尼亚克的会晤。

毫无疑问，这只是影响坎宁对西属美洲事务闭口不提的原因之一，但依据当代欧洲历史，这并非全部的原因。我们或许可以从坎宁让俄国转变对希腊（Greece）的外交政策中找到其他原因。

---

① 《马萨诸塞州历史学会》，第15卷，第431页至第432页，以及第428页的注释。——原注

1821年，在希腊反抗奥斯曼帝国的统治时，梅特涅站在奥斯曼帝国一边，既确保了同卡斯尔雷勋爵和亚历山大一世的合作与承诺，又维持了针对希腊的政策。然而，事实上，俄国五十年来一直与希腊密谋，确保反抗斗争的胜利。卡斯尔雷勋爵曾向梅特涅许诺会出席1822年在维罗纳举行的神圣同盟会议，但在准备参会时，卡斯尔雷勋爵自杀了。

坎宁接任卡斯尔雷勋爵成为英国外交大臣，其早期举措是坚决支持希腊摆脱奥斯曼帝国的束缚，相继促使亚历山大一世和梅特涅在希腊对奥斯曼帝国的斗争中保持中立。因此，在尼古拉一世统治早期，英国、法国和俄国的联合舰队在纳瓦里诺湾（bay of Navarino）歼灭了奥斯曼帝国和埃及的舰队，确保了希腊独立。

●纳瓦里诺湾战役。安布罗瓦·路易斯·加纳雷
（Ambroise Louis Garneray，1783—1857）绘

1822年，坎宁派遣威灵顿公爵（Duke of Wellington）参加维罗纳会议。"铁公爵"（Iron Duke）让与会人员感到很惊讶，他对整场会议漠不关心，既不积极参加会议的各项议程，也不进行投票。

在滑铁卢战役中，战无不胜、老派硬朗的威灵顿公爵曾摧毁了法国，使欧洲大陆国家组成神圣同盟成为可能。此时，出乎所有人的意料，他却将英国置于同整个神圣同盟公开为敌的境地，与会者由最初的吃惊变为惊愕。这种大胆的外交举动超出了欧洲大陆国家的预想。因此，通过理查德·拉什和约翰·昆西·亚当运作，坎宁成为《门罗宣言》的真正发起人。

英国如果继续沿用卡斯尔雷勋爵的反动政策，即使作为欧洲强国也必将招致灭顶之灾。如果依靠卡斯尔雷勋爵的政策，英国的国力会像现在西班牙王国一样受到削弱，退回到金雀花王朝（Plantagenets）时期，那时的英国在欧洲诸国中将低人一等，显得无足轻重。卡斯尔雷勋爵和坎宁是平生宿敌，但又都是皮特（Pit）的朋友。皮特曾借助二人去反击善于雄辩的福克斯（Fox）和谢里登（Sheridan）。

拜伦（Byron）在诗歌《爱尔兰的化身》（Irish Avatar）中将卡斯尔雷勋爵描绘成"一个可怜的，除了诅咒和嘲笑外，没人知道他的名字"。

下面是拜伦讽刺卡斯尔雷勋爵的短诗：

哦，卡斯尔雷勋爵！你现在是爱国者，

加图①为他的国家而死,你也是如此;
他消亡了,没有看到罗马被奴役,
你要是切断你的喉咙,英国可能就得救了!
……
所以卡斯尔雷勋爵切断了他的喉咙!
最糟糕的是,他的喉咙并不是第一个被切断的。
……
所以最终他切断了自己的喉咙!
他,是谁?
就是很久以前切断他祖国咽喉的那个人。

拜伦写给卡斯尔雷勋爵的墓志铭因含沙射影而粗俗不堪,这里不做过多引用,但我们能从中明白这首诗的寓意。

身为贵族的卡斯尔雷勋爵讨厌民众,而民众也很厌恶他。作为一个普通女演员的儿子,坎宁坚决抵制专制主义,捍卫宪政自由。他使英国成为世界强国之一,间接加强了美国的外交政策。恰恰就是坎宁的政策将哈布斯堡家族(house of Hapsburg)从墨西哥帝国的皇位上赶了下来,同时保卫了苦苦挣扎的美洲共和国,让它们免于被专制主义、强大的神圣同盟摧毁。

在神圣同盟的指示下,尽管西班牙王国从君主立宪制回

---

① 加图(Cato)是罗马共和国末期的保守派议员,他为人正直,坚决抵制罗马共和国末期的腐败现象。为了保存共和体制、反抗恺撒的独裁统治。公元前45年,小加图自杀。——译者注

到专制政体，但法国并未从昂古莱姆公爵率军入侵西班牙王国的行动中得到补偿。据史料记载，法国曾希望通过获得西班牙在美洲的土地得到补偿。在《坎宁传》①中，斯特普尔顿(Stapleton)做出如下说明：

> 如果法国政府内阁的计划按照人们认为的那样，要通过获得西属美洲的土地来补偿自己在入侵西班牙王国的费用。根据波利尼亚克同坎宁的声明，我们可以得出结论：因为坎宁在此事上坚定、毫不妥协的态度，使法国的计划在很大程度上已被搁置。但不论法国政府是否放弃这个计划，它都深信要将西属美洲退回到以前同西班牙王国的关系是毫无希望的，而且任何用武力讨伐殖民地的计划将被搁置。这一计划的搁置，对英国政府承认这些殖民地的独立具有极高价值。如果各方对此都非常满意，坎宁就解决了这个问题。

1823年11月26日，理查德·拉什的信件确认了坎宁和波利尼亚克的会晤日期。在信中，拉什说，1823年10月初，坎宁就西属美洲问题同波利尼亚克召开过几次会议，双方同意签署一份充分表达他们立场的文件。据拉什说，坎宁将这份

---

① 斯特普尔顿：《坎宁传》（*Life of Canning*），第2卷，第32页至第33页。——原注

文件念给他听。随后，拉什提供了这份文件中法国的几个观点，它们是在1823年10月初波利尼亚克与坎宁的会晤中得以确定的。

除此之外，文件还包含了这些提议：

第一，文件表明法国同英国立场一致，认为西班牙王国不可能收回殖民地。

第二，文件表明了法国不会协助西班牙王国实现重新征服殖民地的决心。

上述事件发生在世界各地之间还在利用蒸汽轮船和电报作为通信工具之前，所以大量时间都消耗在各国对不同问题的讨论中。

完整看完坎宁和拉什之间的外交文书，我们可以肯定门罗发表著名的《门罗宣言》的时候，距神圣同盟威胁美洲已过去近两个月。

坎宁确保了法国、俄国、英国的同盟关系，让它们共同为希腊的独立去对抗奥斯曼帝国和埃及。坎宁一方面努力维护英国因西属美洲独立而获得的巨大贸易利益；另一方面努力打破神圣同盟的内部平衡，通过开创新秩序来吸引欧洲各国的注意力。坎宁代表希腊同法国和俄国联盟，从而成功实现上述目标。

坎宁在施展纯熟的外交手腕前，瞬息万变的形势迫使英国要么选择加入神圣同盟，要么选择与它对抗。毋庸置疑，选择与神圣同盟对抗意味着英国必须打破欧洲大陆的力量均衡。这一切都需要果敢、大胆和极具技巧性的外交手段，而坎宁完全能够胜任。

第4章

巴拿马大会

大哥伦比亚共和国总统西蒙·玻利瓦尔（Simon Bolivar）准备在巴拿马（Panama）召开全体南美洲共和国参与的大会，目的是联合这些国家共同防御欧洲强国的进犯。为签订条约，与会各国的全权代表将于1826年6月22日在巴拿马会面。然而，玻利瓦尔的政治对手表示，玻利瓦尔的真正目的是要将整个南美洲组成一个联邦制共和国，将自己推举为最高统治者。

日后成为美国总统的现国务卿约翰·昆西·亚当斯和未来国务卿亨利·克莱，赞同派遣外交大使代表美国参加巴拿马大会。因此，1825年12月26日，约翰·昆西·亚当斯发表声明，表示允许美国代表出席巴拿马大会的适当性，具体内容如下：

> 每个与会国都会用各自的方式对抗将来在本国境内建立欧洲殖民地的行动，因此，可以考虑在它们之间达成一项协议。门罗向全世界宣布作为美国外交原则的门罗主义已有两年，这项原则也正是源于北美洲和南美洲的解放。
>
> 门罗主义的原则或许可以很好地扩展到新成立的南方各国，它们也觉得门罗主义对实现独立必不可少。①

随后，美国国内旷日持久地讨论是否派遣代表出席巴拿马

---

① 詹姆斯·D.理查德森：《总统的信息》，第2卷，第339页。——原注

●西蒙·玻利瓦尔。何塞·吉尔·德·卡斯特罗（José Gil de Castro，1785—1840 或 1841）。绘于 1825 年

大会成为美国历史上一段特殊时期。派遣全权代表参加巴拿马大会的提案遭到了众多参议员的反对，这些议员分别是密苏里州（Missouri）的本顿（Benton）、佐治亚州（Georgia）的贝里恩（Berrien）和科布（Cobb）、南卡罗来纳州（South Carolina）的海恩（Hayne）、纽约州（New York）的范布伦（Van Buren）、弗吉尼亚州（Virginia）的约翰·伦道夫（John Randolph），以及路易斯安那州（Louisiana）的布伦特（Brent）。

参议员的发言主要涉及这项提案对当时联邦中依旧维持奴隶制各州的影响。议员们可能看到或认为已经看到，西半球国家联合对抗西班牙王国会让古巴（Cuba）从它的控制中解放出来。这样一来，古巴就会发生黑人起义。同时，由于古巴靠近美国蓄奴州海岸线，所以类似叛乱也可能会在美国发生。参议员不仅阻挠派遣全权代表出席巴拿马大会，还反对在原则上将结盟视为一个抽象问题。此外，有发言者指出，这些种族混杂的人口缺乏美国众多盟友中理应具备的稳定性和高素质。本顿说：“我们不可能同军中有黑人将军和国会中有穆拉托人①担任议员的共和国结盟。”②

约翰·伦道夫评论道：“美国革命的原则与当前在南美洲的半岛③、危地马拉（Guatemala）和新西班牙（New Spain）发挥作用

---

① 穆拉托人是一种血统分类上的冒犯性称谓，指由白人父母和黑人父母生育的人，或者由混血儿父母和任何肤色的父母生育的人。——译者注
② 西奥多·罗斯福：《本顿传》，第65页。——原注
③ 即瓜希拉半岛，位于哥伦比亚北部、委内瑞拉西北部，是南美洲最北部的半岛。——译者注

的革命原则相比，如同光明与黑暗，如同完美和理性的自由与不加约束和放纵的法国大革命，如同果敢的理性虔诚与盲目的狂热，完全不同。"时间已证明伦道夫此话的正确性，因为拉丁美洲从那时起直到现在，在无政府主义和军事独裁间不断变化。

反对派认为，约翰·昆西·亚当斯和亨利·克莱都想在巴拿马大会上缔结攻防条约，在该条约的框架内将西半球各共和国联合起来。对此，二人否认计划让本届政府违背在西班牙王国和其殖民地之间保持中立的原则，同时放弃了试图以联盟的方式抵抗欧洲入侵的想法，因为这种想法完全超出了美国的实力范围，也不符合美国的自身利益。但约翰·昆西·亚当斯和亨利·克莱似乎希望至少能使门罗主义的含义和理念成为西半球所有共和国秉持的信条和政策，在特定条件下，实现某种形式的通力合作。

反对派要求亨利·克莱解释他寄给驻墨西哥大使波因塞特（Poinsett）信中的一段话，内容如下：

> 大约三个月前，当时的墨西哥政府认为法国正考虑入侵古巴，所以想通过您要求美国政府履行门罗总统1823年递交给国会声明中的承诺。

1826年3月29日，亨利·克莱在递交给众议院的报告中表达了自己对墨西哥政府所提要求的态度，他认为美国政府只会对本国利益坚守承诺，不会忠实于任何外国政府。

反对派尽管没有完全接受亨利·克莱的解释，但乐于接受约翰·昆西·亚当斯的保证：除非参加巴拿马会议的与会国做出互惠承诺，保证会在他们本国范围内充分利用各种方式去履行门罗主义，否则在任何情况下，美国政府都不会做出任何承诺。

1825年12月26日，约翰·昆西·亚当斯在演讲中提名了肯塔基州（Kentucky）众议员理查德·C.安德森（Richard C. Anderson）和宾夕法尼亚州（Pennsylvania）众议员约翰·萨金特（John Sergeant）作为特使和公使参加巴拿马大会。经过国会长时间的讨论，二人的提名最终获得参议院批准，并且国会还拨款作为他们的差旅费。这次参议院投票的划分是以政党为标准而非以选区为标准。

玻利瓦尔最初只邀请说西班牙语的美洲共和国派代表参加巴拿马大会，然而，时任大哥伦比亚共和国副总统的桑坦德尔（Santander）将受邀国范围扩展至所有美洲国家政府，包括海地共和国（republic of Hayti），以及中立国和交战国。1825年3月6日，在桑坦德尔寄给玻利瓦尔的信中，解释了自己这样做的原因。他在信中将玻利瓦尔提议举行巴拿马大会看作是自罗马帝国覆灭后，人类做出的最伟大壮举。[①]桑坦德尔似乎表达了西半球各国大使对巴拿马大会的普遍看法。

---

① 《奈尔斯纪事报》，第29期，第184页。——原注

法国政治学家德·普拉特(de Pradt)神父在自己的作品中极力拥护此次会议，并且将它称为"巴拿马大会"。

"巴拿马大会将是我们这个时代最伟大的事件之一，影响力会波及子孙后代。"①

1826年6月22日，巴拿马大会召开，但与会国只有大哥伦比亚共和国、中美洲联邦共和国②、秘鲁共和国和墨西哥合众国。佩德罗·高尔(Pedro Gual)和佩德罗·布里塞尼奥·门德斯(Pedro Briceno Mendez)代表大哥伦比亚共和国出席大会；佩德罗·马利纳(Pedro Malina)和安东尼奥·拉若萨瓦尔(Antonio Larrozabal)代表中美洲联邦共和国出席大会；何塞·马里亚诺·米切莱纳(José Mariano Michelena)和何塞·多明格斯(José Dominguez)代表墨西哥合众国出席大会；智利曾许诺派遣大使出席会议，但由于内战没有履行承诺；阿根廷(Argentine)共和国政府拒绝参与巴拿马大会。

我们的大使之一，时任大哥伦比亚共和国公使的理查德·C.安德森从波哥大(Bogota)前往巴拿马的途中病逝于卡塔赫纳(Cartagena)。

国会对派遣巴拿马代表团的长时间讨论、参议院对这两位

---

① 休伯特·豪·班克罗夫特：《中美洲历史》，第510页；德·普拉特：《巴拿马大会》，第171页。——原注
② 中美洲联邦共和国，1821年中美洲各国脱离西班牙王国独立建立的国家，初名中美洲联合省，包括现在的萨尔瓦多、危地马拉、洪都拉斯、尼加拉瓜和哥斯达黎加等国。1841年，中美洲联合省解体，分裂成现在的中美洲各国。——译者注

特使和公使的任命，以及支付差旅费的拨款表决等因素不断推迟美国的参会时间，约翰·萨金特的出发时间一再被推迟，直到大会休会时他才抵达目的地。各国出席会议的特派员签订了一些盟约，为构建抵抗神圣同盟的联盟，各国需建立陆海军分遣队。特派员还就需要提交给几个盟国采纳的要点达成了一致。

第一次会议结束，随后与会代表们在靠近墨西哥城（City of Mexico）的塔库巴亚村（Tacubaya）再次召开会议。遗憾的是，巴拿马大会通过的每项决议或措施都没有得到真正的实施。因此，这场有史以来最"伟大"的会议无疾而终。

在玻利瓦尔寄给派斯（Paez）将军的信中，着重表达了自己对巴拿马大会无疾而终的失望之情。之后，玻利瓦尔回国，将注意力集中于镇压国内的另一场革命。

第5章

英属洪都拉斯

因为安的列斯群岛（Antilles）的海盗活动减少，所以早在美国独立战争爆发前，英国就在尤卡坦（Yucatan）东海岸建立了一个叫伯利兹（Balize）的定居点。有人认为，伯利兹这个名字是从一个叫华莱士的苏格兰海盗那里得来的，但西班牙人通常将"Wallace"念作"Walice"或"Balice"；又有人认为，伯利兹来自法语单词"Balise"（灯塔）。法语的派生词或许更准确，因为海盗每当受到追赶时，就常在海岸线会合，然后躲到海湾周围呈点状分布的暗礁内，而大型帆船难以驶入。海盗会点亮灯塔，为海盗船进入暗礁内引航。在海盗肆虐的时代，伯利兹成了名副其实的"灯塔"之地。

伯利兹定居点的英国人砍伐墨水树，从中获得染料，然后将其出口到国外。这片区域实际属于西班牙王国，是讲西班牙语的尤卡坦省的组成部分。

虽然西班牙王国没有过多干涉这块英国殖民地的地方政府事务，只将英国伐木者看作它的承租人，并且强迫他们接受西班牙王国的商品进出口法，特别是反走私法，以及很多西班牙国内的法规。除此之外，西班牙王国要求英国伐木者将他们的活动限定在一定范围内。实际上，英国人并没有严格遵守后一条规定，他们的活动范围经常超出划分的边界。伯利兹定居点本身具有的扩张性，以及西班牙对它的警惕，导致了这片区域的定居者与相邻区域的定居者时常爆发冲突。这里就不必大量引用矛盾冲突的例子了。

我们应当审视一下英国针对伯利兹定居点的各项条约

和多次谈判，从而确定英国在如今称为英属洪都拉斯（British Honduras）的地方上享有什么权利，或它一直在享用的权利。

按照英国和西班牙王国在1763年签订的《巴黎条约》[①]的规定，英国人应拆除在洪都拉斯湾和美洲其他西班牙殖民地上修建的防御工事。英国虽然做出让步，并且承认西班牙王国在这片领土及其他所有领土上的权利，但在1763年的《巴黎条约》中，英国还是从西班牙王国获得了下列特权：

> 无论在何种情况下，西班牙国王不希望英国人在砍伐和装运墨水树的地方受到任何干扰。为实现这个目的，英国人可以在不受外部阻碍和干扰下建造房屋和堆放货物的仓库。西班牙国王向英国人保证，他们在西班牙所属海岸和区域内享有所有优惠政策和权力。上述规定于1763年《巴黎条约》得到批准后，马上生效。[②]

为了保证条约得以履行，英国政府派遣威廉·伯纳比（William Burnaby）爵士同西班牙政府一起，将英国人的伐木活动

[①] 《巴黎条约》，该条约结束了法国与英国及各自盟友间的七年战争。根据该条约，法国放弃了它在北美大陆上的几乎所有殖民地，而英国接管了其中大片的殖民地。作为该条约的一部分，英国与西班牙王国签署条约，给予伯利兹定居点一定的地位，允许英国定居者在此区域砍伐及运输墨水树，同时确定了西班牙王国对此区域的主权。——译者注

[②] 乔治·里普利、查尔斯·安德森·达纳：《新美利坚百科全书》，第2卷，第527页。——原注

限定在一定区域。威廉·伯纳比爵士为定居者起草了一部准则条例——《伯纳比法典》（Burnaby Code）。根据《伯纳比法典》，英国定居者将长时间掌管该地区。

1763年缔结《巴黎条约》后，英国殖民者继续侵入周边新的区域，变本加厉地从事走私和其他非法活动。西班牙人对英国定居者的不当行为感到震惊和愤怒，所以组织了大规模的武装力量并在1779年9月15日突袭了这个定居点，一举将其摧毁。西班牙人将该地所有英国人当作犯人押往梅里达（Merida），随后又将他们押解到哈瓦那（Havana）。在哈瓦那，大量定居者死亡。1782年，存活下来的英国定居者得到释放，被允许前往牙买加（Jamaica）。幸存者为了获得补偿，向英国政府提出强烈抗议，但西班牙人有理有据的控诉让英国政府驳回了这些赔偿要求。

伯利兹定居点此时已闲置了两三年。但1783年，一些之前的定居者连同大量新投机分子又回到该定居点，重新开展砍伐和出口墨水树的贸易活动。

1783年9月3日，英国和西班牙王国签署新的《巴黎条约》，规定："为尽可能多地防止因砍伐墨水树或其他树木导致的争端，经双方一致同意，伯利兹河和里奥翁多河（Rio Hondo）将作为不可变更的边界，这片区域里的英国人有权砍伐、装载和运输墨水树，并且将这两条河当作不可变更的边界。所以在这一前提下，西班牙领地上又新建和扩大了几个

英国定居点。"①

1783年新协议中的条款进一步规定，西班牙王国做出的让步"不能被认定为是西班牙王国失去了对争议区域的主权"。

尽管新协议中的条款十分清晰，但伯利兹的事态并没有朝着和平的方向发展。1786年，西班牙王国和英国签订《伦敦协定》，重申西班牙国王是"本着对英国国王陛下和英国的友情"才签订了这个条约。②

根据1786年《伦敦协定》③，除1783年条约中批准的区域外，西班牙王国又额外划给英国塞本河（Siboon）、哈隆河（Jabon）与伯利兹河之间的土地。因此，西班牙王国批准给英国的区域涉及从南纬17°20′的塞本河到北部里奥翁多河之间长达九十英里④的海岸线，以及相邻岛屿和海湾。

区域的延伸伴随着十分严格的活动限制。1786年协议中有这样一条规定：英国人可以砍伐或出口树木，采摘和出口野生的水果，"但明令禁止英国定居者借助这项规定建立蔗糖、咖

---

① 乔治·里普利、查尔斯·安德森·达纳：《新美利坚百科全书》，第2卷，第527页至第528页。——原注
② 乔治·里普利、查尔斯·安德森·达纳：《新美利坚百科全书》，第2卷，第527页至第528页。——原注
③ 《伦敦协定》，该协议是英国和西班牙王国针对中美洲莫斯基托海岸英国定居点问题签订的。根据该协定，英国同意从莫斯基托海岸撤离所有的英国定居者。作为交换，西班牙王国同意扩展英国伐木者在尤卡坦半岛的活动区域。——译者注
④ 英里，1英里约合1.609千米。——译者注

啡或其他作物种植园"①，"存在争议的岛屿都应毫无争议地归属西班牙王国，不允许英国人或追随他们来到这里的人在具有争议的岛屿上定居"②。

条约中的另一项规定，禁止英国人修建任何防御工事，建立政府或军事制度。

英国定居者由于距离英国本土太过遥远，并未严格遵守1786年协议的规定，他们给周围的西班牙人造成了极大困扰。而西班牙人想借助这一事件，彻底消灭英国定居者。

英国定居者加固了圣乔治·科伊港（St. Georges Coy）以外的一座小岛上的工事。同时，奥尼尔（O'Neill）将军指挥"默林"（Merlin）号单桅战舰启航前往伯利兹，并且于1789年7月10日抵达目的地。在战舰的协助下，英国定居者击败了聚集在坎佩切（Campeachy）的两千名西班牙人组织的武装力量。

这是西班牙人最后一次试图驱逐英国定居者，而这些定居者从胜利中获得了新的底气。狂热的记者将击败西班牙人看作英国的一次征服行为，认为英国能在此区域建立起永久统治。但完全接受这种观点的人忘记或有意忽略了重要的事实：按照1814年英国与西班牙王国签订的《友好同盟条约》，重新恢复

---

① 乔治·里普利、查尔斯·安德森·达纳:《新美利坚百科全书》，第2卷，第528页。——原注
② 乔治·里普利、查尔斯·安德森·达纳:《新美利坚百科全书》，第2卷，第528页。——原注

并执行了1786年协议中的所有条款。①另外，直到1819年，英国议会通过的各项法案在提到伯利兹时，仍表示这片区域不在英国的统治范围内。

1817年和1819年，在英国议会通过的有关伯利兹的法案中，仍将它看作"国王陛下为特定目的拥有和保护的定居点，但它并不在国王陛下所属领土和统治范围内"。

其实，1786年的《伦敦协定》就已提出"为特定目的"的说法。1814年签订的新条约重新恢复和执行了该原则。就在西属美洲殖民地脱离西班牙王国实现独立后，英国政府因为不清楚伯利兹区域会在哪个独立共和国内，所以英国政府为维护自己的权利，就将1786年协议中的条款划归到同拉丁美洲新生国家订立的所有条约当中，其中就包括1826年同墨西哥签订的条约。②

1786年协议包含在英国政府1831年递交给中美洲联邦共和国驻伦敦代表萨帕杜阿（Zabadua）的条约草案当中，因为萨帕杜阿没有得到足够授权，所以该草案没有通过。③1786年协议也归入英国1825年向大哥伦比亚共和国提交的草案中，但大哥伦比亚共和国驳回了该草案，理由是条约中提到的领土超出了它的管辖范围。

---

① 乔治·里普利、查尔斯·安德森·达纳：《新美利坚百科全书》，第2卷，第528页。——原注
② 乔治·里普利、查尔斯·安德森·达纳：《新美利坚百科全书》，第2卷，第528页。——原注
③ 同上。——原注

因此，除上述引用到的条约中列出的权利之外，英国在伯利兹并没有其他权利。伯利兹在政治上仍是一个"为了特定目的，受到英国国王陛下保护，但不在英国国王陛下统治范围内"的定居点。

1850年，时任总统泰勒（Taylor）政府国务卿的约翰·M.克莱顿（John M. Clayton）同英国大使亨利·布尔沃（Henry Bulwer）敲定《克莱顿-布尔沃条约》中的所有条款时，人们才开始考虑英国对伯利兹或现在称为英属洪都拉斯所有权的性质和特征。

第6章

海湾群岛

海湾群岛（Bay Islands），这个名字从1850年起就适用于洪都拉斯湾的罗阿坦（Ruatan）、瓜纳哈（Guanaja）、海伦娜（Helena）、莫拉（Morat）和乌蒂拉（Utila）等岛屿。海湾群岛拥有得天独厚的海港，无论是在商业上还是在军事上，拥有这里的海港就会具有绝对优势。以前，海湾群岛是大批海盗的庇护所，他们经常从这里起航去抢夺危地马拉、古巴以及圣多明哥（San Domingo）的商船。

伯利兹或英属洪都拉斯问题，也牵涉海湾群岛。

英国与西班牙王国分别签署于1763年的《巴黎条约》、1783年新的《巴黎条约》和1786年的《伦敦协定》，以及旨在恢复和重新执行1786年条约的1814年《友好同盟条约》，所有条约都适用于海湾群岛，除非英国政府承认海湾群岛是其殖民地及英国人在海湾群岛的权利得到明确。

1783年条约规定，英国人应放弃依附于英国的陆地和海湾群岛，但将伯利兹排除在外，因为英国定居者在伯利兹拥有一定的特权，正如我们在上一章已经看到的那样。这种特权只能在靠近伯利兹海岸的部分岛屿上行使，无法在不以砍伐墨水树为生的英国定居者占领的较远岛群上行使。

尽管签订了1786年条约，西班牙王国仍坚持要在条约中增加更严格的条款。依据条款，英国人应撤离莫斯基托（Mosquitos）和整个中美洲地区，以及所有邻近岛屿。事实上，除伯利兹之外，英国不仅放弃了海湾群岛，还放弃了整个沿海地区。

两国签订1786年《伦敦协定》后，海湾群岛始终处于西班牙王国的占领下，一直相安无事。1822年，中美洲各省实现独立，此时的海湾群岛处在洪都拉斯共和国的管辖之下。

洪都拉斯加入中美洲联邦共和国后，其共和国称号不存在争议。1830年，伯利兹的英国总督袭击了罗阿坦，代表英国王室占领此地，以此作为对罗阿坦拒绝归还逃跑奴隶的惩罚。之后，英国政府否认了这次行动。1838年又发生了类似事件。1844年，英国政府又否认了此事。

1850年，乔利（Jolly）上校指挥战舰"百慕大"（Bermuda）号侵占了这几个岛屿。乔利上校召集当地居民开会，宣布他们现在归英国统治。这次英国突然占领领土遭到了大法官威廉·菲茨吉本（William Fitzgibbon）的强烈抗议，他抗议的主要依据是这次行动违反了英国在1786年和1814年同西班牙王国签订的条约。另外，菲茨吉本还争辩道，占领海湾群岛同样违反了1850年美国和英国签订的《克莱顿-布尔沃条约》。

菲茨吉本据理力争，认为海湾群岛的主权毫无争议，应归属洪都拉斯共和国。尽管遭到了菲茨吉本的抗议，但有"百慕大"号的火力作为后盾，查尔斯·格雷（Charles Grey）爵士[①]任命的官员们仍驻扎在海湾群岛上。

1852年3月20日，英国颁布了皇家命令，以"海湾群岛殖民地"为名，将这些岛屿组建成英国殖民地。美国政府立即向

---

① 即格雷伯爵。——译者注

英国政府表示强烈不满。美国驻伦敦大使布坎南（Buchanan）和克拉伦登勋爵（Lord Clarendon）分别于1854年、1855年和1856年展开了紧密的外交文书往来，但并没有取得令人满意的结果。

克拉伦登勋爵秉持的立场在于海湾群岛本来就从属于伯利兹。但英国殖民地大臣格雷伯爵曾展示过一份追溯至1836年11月13日的议会文件，该文件规定了伯利兹的界线和属地，从而推翻了克拉伦登勋爵的论点。海湾群岛其实并不属于伯利兹，而且按照格雷伯爵的界定，伯利兹的边界也不在任何一座海湾群岛的六十英里范围内。布坎南和克拉伦登勋爵的商议不仅没取得令人满意的结果，还开始呈现出剑拔弩张的态势。

英国匆忙加强了在加勒比地区的海军力量，美国也紧随其后加紧军事准备。两国政府的和平关系一度取决于几个海军指挥官的判断力，但他们要依据含糊不清的命令行事。

在这个关键时刻，洪都拉斯政府派遣公使前往了伦敦。这位公使坚定地认为，当前，洪都拉斯政府只关心一个问题：要求英国以正义的方式对待自己，归还海湾群岛。美国和英国两国政府都已下定决心不再做出改变或退让，但又很满意洪都拉斯公使提出的这个解决方案。之后，英国与洪都拉斯签订公约，将海湾群岛置于洪都拉斯的管辖下。

第 7 章

约翰·M. 克莱顿与门罗主义

1853年3月，在总统富兰克林·皮尔斯（Franklin Pierce）的任期内，关于《克莱顿-布尔沃条约》在美国参议院经历了一次激辩，如穿越了烈火的洗礼，辩论的一方是伊利诺伊州（Illinois）参议员道格拉斯（Douglas）和身兼外交委员会主席之职的弗吉尼亚州参议员梅森（Mason）；另一方是为政府构建《克莱顿-布尔沃条约》的约翰·M.克莱顿。

泰勒总统去世后，约翰·M.克莱顿没有留在菲尔莫尔（Fillmore）总统的内阁中，而是以特拉华州（State of Delaware）参议员的身份重回参议院。克莱顿在参议院公开讨论了一项决议，目标是要重新审视《克莱顿-布尔沃条约》①、门罗主义和英国在中美洲的行动。

1850年4月18日，泰勒总统将《克莱顿-布尔沃条约》递交给参议院。4月19日，《克莱顿-布尔沃条约》没有经过太多讨论就以四十二票赞成、十票反对的投票结果获得参议院的批准。密歇根州（Michigan）参议员刘易斯·卡斯（Lewis Cass）可能就是投反对票的参议员之一，他们认为英国已经放弃了对伯利兹或英属洪都拉斯的所有要求。

英国政府命令亨利·布尔沃同美国政府交涉，说明英国政府早已批准《克莱顿-布尔沃条约》，并且明确表示该条约不涉及英属洪都拉斯。

在约翰·M.克莱顿给布尔沃的回信中说，美国政府已获悉

---

① 《国会记录附录：1852年第二次会议》，第3卷，第245页。——原注

英国的立场。

时任外交委员会主席的威廉·金(William King)证实，1853年经参议院激烈争辩的《克莱顿-布尔沃条约》早在三年前就已提交给了参议院。

约翰·M.克莱顿借助地图和地理书籍向参议员们展示伯利兹并不位于中美洲，因此，也就不能将其包括在《克莱顿-布尔沃条约》中。克莱顿继续争辩说，门罗演讲的目的是为争取国会发表声明或通过决议。他还说到，只有经过国会参众两院的投票以及总统签署文件，美国政府才可以采取行动。

门罗提交的外交提案遭到了国会的强烈反对，因为国会没有做出或不打算做出这样的宣言。作为门罗政府热情支持者的亨利·克莱，此时向众议院提出一项决议，打算起草一份宣言，即使是这样也遭到了拒绝。

他的这项决议的内容是，这些(拉丁美洲)国家早已宣布并确立了各自的独立政府，它们的独立还得到了美国政府的承认，所以，在没有动乱的情况下，这些国家的人民不愿看到欧洲国家代表西班牙对他们进行武力干涉，从而将这些国家重新变为欧洲的从属国。

即使众议院通过了这项决议，也只是对该决议采取消极的回应。这项决议没有采纳门罗的用词方式，也只是将我们感到的不安限制在神圣同盟为援助西班牙强行干预这件事上。克莱的决议在众议院受到削弱，未获得通过，但还是得到了门罗和韦伯斯特(Webster)在这个时刻所施加的影响的支持。①

约翰·M.克莱顿援引詹姆斯·K.波尔克(James K. Polk)针对美国政府派代表参加巴拿马大会时发表的演讲,具体内容如下:

> 当美国前总统门罗的宣言被传达给国会时,人们认为,该宣言原本应该作为美国政府的观点被提交给国会考虑和审议。门罗设计此宣言的目的就是要对神圣同盟产生影响,他认为神圣同盟可能有意干涉西班牙王国与前殖民地的战争。
>
> 该宣言的影响很可能由某种外部条件造成,假如果真如此,它已经完成了使命。
>
> 门罗无权用这样的承诺去约束美国。
>
> 比如,门罗不会派遣大使参加巴拿马协商会议而威胁国家安全。

然后,约翰·M.克莱顿引用以下内容表达了自己对布坎南的敬意:

> 布坎南在著名的巴拿马任务的辩论中,对其持反对的立场。
>
> 谈到《门罗宣言》,布坎南说:"它达到了预期

---

① 《国会记录附录:第三十二届国会参议院第三次会议》,第27卷,第254页至第255页。——原注

的效果，同时威胁到南方共和国独立的外交危机已经消失。"

《门罗宣言》并不包含对外国政府的承诺，但它使我们实现了完全自由。约翰·昆西·亚当斯政府却将《门罗宣言》变为对外国的承诺，虽然它还未同南方共和国结成联盟，但这些国家对美国的尊敬达到了让人警惕的程度。

在这些共和国的问题上，克莱如此极端，以至于在这种特殊情况下，任何有理智的人都会去遵从他的用心而完全不顾及自己的判断力。①

克莱顿先生在演讲中进一步说：

布坎南针对克莱的指责只是为了显示克莱简单的头脑。同时，布坎南还指责克莱曾指派波因塞特照会墨西哥政府，告知对方：美国政府曾许诺禁止其他国家干涉说西班牙语的共和国 (Spanish republics) 政府的独立和组成形式。

---

① 《国会记录附录：第三十二届国会参议院第三次会议》，第27卷，第254页至第255页。——原注

在演讲中，克莱顿还说到以下内容：①

波尔克执政期间，英国人对中美洲的侵犯日益增多。1848年，英国的攻击行为就发生在我们签订获得加利福尼亚（California）的《瓜达卢佩—伊达尔戈条约》（treaty of Guadalupe Hidalgo）六天后。英国封锁了我们通往太平洋的通道。此时，我们同墨西哥人的战争已经结束。泰勒的军队处于待命状态。如果我们想对英国人证明门罗主义的真实性，就可以从英国占领军中挑选几个理智的人，他们会做出令人信服的论证。

下面的内容摘自克莱顿1853年3月在参议院发表的演讲：②

请允许我再用几句话来结束对门罗主义的论述。1826年4月20日，众议院正式通过一项决议修正案，宣布国会可以在必要时拨款让约翰·昆西·亚当斯向巴拿马派遣公使，众议院这样做完全符合实际情况。但这项修正案同整个门罗主义的主张大相径庭，投票完

---

① 《国会记录附录：第三十二届国会参议院第三次会议》，第27卷，第254页至第255页。——原注
② 同上。——原注

全受党派投票操纵。原属于杰克逊党[①]的所有党内领袖投票时反对《门罗宣言》，支持这项修正案，而所有支持约翰·昆西·亚当斯政府的头面人物都投票反对这项修正案。

这项修正案是对《门罗宣言》的扼杀，它成功赢得了九十九张参议员赞同票。这些议员包括：布坎南、福赛思（Forsyth）、休斯敦（Houston）、英厄姆（Ingham）、麦克达菲（McDufifie）、麦克莱恩（McLane）和波尔克等。显而易见，作为当前政党的雏形——民主党（Democracy）拒绝承认《门罗宣言》，并且以乔治·华盛顿的"不干涉主义"为原则上台执政。坊间一直流行着这样的传言，而且我们也有足够理由相信，门罗提出《门罗宣言》时，担任国务卿的约翰·昆西·亚当斯理应是该宣言的发起者。卡尔霍恩（Calhoun）在参议院曾多次表达过这一想法。亚当斯执政期间，《门罗宣言》是国会主要讨论的议题。人们普遍认为，波因塞特收到的指示以及亚当斯的支持者在支持巴拿马会议中采取的方式过程中，都重申了门罗主义，这反倒造成了亚当斯的下台，确保杰克逊当选总统。杰克逊当选后不久，就将他的政党改名为民主党。在杰克逊

[①] 杰克逊党，即以美国总统安德鲁·杰克逊（Andrew Jackson）为代表的民主党。该党于1824年从民主-共和党中分离出来，但又不同于现代的民主党。——译者注

众多狂热的支持者当中，就有范布伦。作为民主党内伟大的"领唱者"(Corypheus①)，范布伦在参议院的一次演讲中，强烈反对巴拿马使命(Panama mission)和门罗主义，内容如下：

我大胆断言，参议院没有参议员会公开表示愿意订立规定去抵制企图在美洲殖民的欧洲国家。如果我犯了什么错了，我希望别人能指正我的错误，但没有，我没有犯错！感谢上帝，我没有犯错。我坚信，在参议院，一项违背所有美国人民意愿的政策，一项如此有损美国真正利益的政策，没有人会认同它，至少没有人会支持它。

自从平克尼(Pinckney)回复威廉·金的信息，范布伦的演讲算得上是在国会中最有感染力的一次。我可以从海恩、里弗斯(Rives)、麦克莱恩和卡尔霍恩，以及所有民主党早期领袖等反对门罗主义的演讲中找到很多论据，但我不想因介绍他们的观点而消磨你们的耐心。密歇根州参议员卡斯曾说过《门罗宣言》自诞生以来，就已成为我们档案中容易被人忽略的政策，在这点上他完全正确。在上次国会的会期中，卡斯试图通过决议案来恢复门罗主义，

---

① Corypheus，是指在古希腊戏剧中，担任合唱团领唱角色的人。在现代英语中，该词一般指领导者或佼佼者。——译者注

却终结了它的历史。决议遭到了党内的强烈反对，这使我们确信，愿意主动实施门罗主义的总统不能在总统的职位上得到善终。因此，所有类似的决议、提案及宣言都一同安置于埋葬所有卡帕莱特家族①成员的墓穴中。②

参议员克莱顿将范布伦当作民主党的"领唱员"。古代雅典剧院里的"领唱员"不仅是合唱团的领唱，还是提词员、布景师及场景转换员。但随着时间推移，希腊人的品位日益提高，剧院里产生了劳动分工，所以"领唱员"仅是戏剧合唱团的领唱。

很遗憾在这里无法详细引用有"小巨人"之称的道格拉斯的演讲。道格拉斯多数演讲的观点并不在本章的论述范围内，如《海斯条约》和已经讨论过的海湾群岛问题。然而，为了支持《门罗宣言》和废除《克莱顿-布尔沃条约》，道格拉斯采用了强硬的方式。这位个子矮小、身材健壮的西部人坚决维护《门罗宣言》，极力反对《克莱顿-布尔沃条约》并寻求终止该条约。无论是在国会开会期还是在休会期，道格拉斯都在辛勤工作。

---

① 卡帕莱特家族（Capulets），出自威廉·莎士比亚戏剧《罗密欧与朱丽叶》。——译者注
② 《国会记录附录：第三十二届国会参议院第三次会议》，第27卷，第254页至第255页。——原注

弗吉尼亚州的梅森将批评的火力对准英国政府占领海湾群岛这一行为，他表示英国的行为明显违反了《克莱顿-布尔沃条约》。

克莱顿对波尔克没有对英国占领中美洲的圣胡安港（port of San Juan）和莫斯基托海岸（Mosquito Coast）采取针对性行动的评价失之偏颇。正如克莱顿所说，这次占领行动发生在美国和墨西哥两国政府共同批准《瓜达卢佩-伊达尔戈条约》之后。1848年7月4日，波尔克总统发表和平宣言。1849年3月，泰勒宣布就任总统。

波尔克总统执政期间，由于电报通信尚未出现，海湾群岛也没有铁路，所以英国在此区域采取行动的消息可能从未引起美国政府的注意。

这类事件往往会在正式诉诸武力前，存在长时间的外交谈判。

这里援引一起类似事件。1861年12月，西班牙王国、法国和英国组成的联军占领了墨西哥的韦拉克鲁斯（Vera Cruz）。按照马克西米利安一世（Maximilian I）的估计，联军征服墨西哥后，他就会稳稳地坐上皇位。美国从未正式承认墨西哥帝国政府，并且墨西哥合众国外交部部长和各领事仍持有正式外交文书，受到美国政府的接待。

1865年9月6日，国务卿威廉·亨利·苏厄德（William Henry Seward）和美国驻法国公使比奇洛（Bigelow）就墨西哥帝国和法国占领墨西哥等问题进行了首次外交文书沟通。外交文书的措辞同

美国理应采取的外交政策无关，而是表达了法国军队占领美国邻国，两国间存在爆发冲突的危险。

1865年11月6日，苏厄德在写给比奇洛的信中，更明确地表示："法国的军队驻扎在墨西哥，以及维护墨西哥帝国政权的行动，引起了美国政府的巨大关注。但美国政府针对的不仅是法国，还包括法国维护的墨西哥帝国政权。墨西哥帝国政权直接同本届政府的政策及依据的原则相抵触。"

这次外交通信持续了将近两年时间，大约到墨西哥帝国皇帝马克西米利安一世被执行死刑时才结束。他被枪决发生于1867年6月19日，地点在克雷塔罗（Queretaro）。

尽管法国占领墨西哥，以及随后的有关墨西哥帝国等事件持续了大约六年时间，但外界从未对林肯（Lincoln）政府就这些问题的处理做出公正评价。

在提交给国会的声明中，波尔克表示，自己致力于门罗支持的各项原则，但这些原则只适用于北美大陆，他不会将其扩展至整个西半球。①

安德鲁·杰克逊的支持者拒绝让美国政府按照条约规定履行在巴拿马大会上的责任，而克莱顿对此行为的批评有失公允，因为美国政府和南方各共和国组成抵御欧洲的攻防联盟，可能会成为本届政府做出的最愚蠢和最疯狂的行为。

这种联盟可能会成为一场阴谋，因为美国会全力以赴去战

---

① 《总统的信息》，第4卷，第398页、第540页、第582页。——原注

斗，招致无数憎恨和灾祸。当有人来分析这件事时，正如苏厄德对比奇洛所说的，人们称为"门罗主义"的外交政策不仅是本届政府的政策，也是本届政府的政策所依据的原则。

第 8 章

约翰·M. 克莱顿与
亨利·布尔沃

美墨战争结束后，扎卡里·泰勒将军成为美国民众眼中的战争英雄。士兵们亲切地称呼他为"机灵的大老粗"。泰勒虽然是正规军的军官，但从未在西点军校（West Point）或其他军事院校接受过教育。实际上，泰勒除了能勉强阅读和书写，几乎没受过教育。

1848年6月1日，在费城（Philadelphia）举行的辉格党①全国代表大会上，韦伯斯特和克莱的支持者都坚定地拥护这两位杰出的政治家，他们描绘了韦伯斯特和克莱如何因泰勒持续高涨的支持率而受到不公正待遇。韦伯斯特将泰勒称为"一个无知的前线陆军上校"。泰勒没有处理国内事务的经验和知识，并且据他所说他已有四十年没有参加过任何投票活动。

泰勒的总统提名得到确认后，马萨诸塞州的亨利·威尔逊（Henry Wilson）和另外一些代表退出了辉格党全国代表大会，他们的理由之一是泰勒的才能和经验都不足以胜任美国总统这一职位。正如韦伯斯特在随后的公共演讲中认为的，"提名泰勒根本就不合适"。

尽管如此，泰勒还是就任了美国总统。执政一年后，他突然离世，这使他是否有杰出才能成功引领美国渡过暴风骤雨的年代，成为一个谜。

泰勒或许没有许多批评者说的高修养，但他矢志不渝的忠

---

① 辉格党（Whig）是美国一个已经消失的政党。1833年至1856年，辉格党活跃于美国政坛，主要反对安德鲁·杰克逊，以及他创立的民主党订立的政策。具体来说，辉格党拥护国会立法权高于总统的行政权。——译者注

心、良好的判断力、勇气和爱国情怀都足以弥补这一不足。

就任总统后，泰勒任命特拉华州参议员克莱顿为国务卿。克莱顿受过良好教育，一直从事法律工作，担任过三年特拉华州大法官。在被任命为国务卿之前，克莱顿还在参议院工作过大约十四年。在泰勒内阁短暂任职后，1853年，克莱顿又一次代表特拉华州入选参议院，并且一直工作至1856年逝世。早些年，作为一名律师，他就因在陪审团审判和刑事案件中交叉提问证人的高超技巧而为人熟知。同时，他凭借对公共问题讨论的技能确保了自己在参议院众多领导者中占据一席之地。

布尔沃比克莱顿小五岁，他的封号是达令和布尔沃男爵或达令勋爵。他是一个拥有优良血统的贵族，像哥哥布尔沃·利顿（Bulwer Lytton）一样，还是一名杰出的作家。布尔沃曾在军中短暂服役，退伍后投身政界。1827年，他进入外交界，并且从那时起直到1865年，一直从事外交工作。作为一名外交能手，布尔沃是那个时代最聪明的外交家之一。

1849年，在作为公使被派驻华盛顿前，布尔沃担任过六年驻西班牙公使。因为他巧妙地处理了同西班牙王国的事务，英国政府授予他许多荣誉。作为一个极度老练之人，布尔沃善于察言观色，却又置身事外；他不时提高警惕，但又稳如泰山。布尔沃代表英国与美国政府缔结了自美国建国以来签订的所有条约中最让人不满的一份。他似乎让给了我们所有权益，但实际上什么都没有给我们，同时还夺走了我们本来拥有的权益。虽然美国受制于《克莱顿-布尔沃条约》，但布尔沃效忠的政府反倒开始违反条约。在两国政府共同制定和批准《克莱顿-布尔沃条约》后不久，英国公然违反了条约中的相应条款，占领海湾群岛。

美国政府始终没有宽恕英国违反条约的行为，但英国政府完全无视美国政府因其占领海湾群岛而发出的诉求和抗议。不过，因为洪都拉斯政府派遣了一位驻伦敦大使与英国谈判，避免了英国和美国之间爆发战争。在没有美国参与的情况下，洪都拉斯派出大使与英国展开了多轮谈判，最终确保英国让出海湾群岛，但美国政府却遭遇了前所未有的失败。

适用于条约的法律规则明确了，只要条约一方实质性违反条约，另一方就有权视整个条约无效。英国由于占领了海湾群岛，实质上违反了《克莱顿-布尔沃条约》，这让美国政府有权认定《克莱顿-布尔沃条约》无效。

第 9 章

各方意见

范布伦总统曾是美国参议院议员，参与过国务卿约翰·昆西·亚当斯就巴拿马任务引发的超长辩论。

范布伦认为，门罗不仅承诺美国不会参与任何行动，也从未打算让美国参与行动。[①]其他政治家也表达过类似观点。根据这些人的看法，华盛顿的《民族导报》(National Intelligencer)的一位记者得出以下结论：

第一，1823年的《门罗宣言》分两个阶段提出，它起源于美洲两个大陆上的几个国家（尤其是西班牙殖民地解放运动兴起以来）之间已经变化的关系和新的责任。

第二，只要涉及神圣同盟使用武力威胁干预说西班牙语的美洲国家，《门罗宣言》就会适用于这类特殊情况。只要情况允许，门罗主义便会继续坚持下去。

第三，只要涉及欧洲国家在美洲大陆进行殖民活动，《门罗宣言》就会支持美国去保卫新世界的土地免受欧洲国家殖民。同时，作为美国公共政策重要原则的门罗主义也指出，只要在其适用范围内，"每个国家都可以利用自己的方式去抵御未来欧洲殖民地的建立"。这意味着美洲大陆只能以发现和定居的名义进行占领，不再是任人随意殖民的无主土地。

---

① 《1863年年鉴》，第643页。——原注

第四，从各方面讲，门罗主义并不承诺美国政府永远遵守它在宣布时似乎适宜和必要的政策方针之外的任何政策。正如范布伦明确说明的，"行政分支的任何声明都不会产生这样的作用"，并且"门罗也没有这样打算"①。

智利同西班牙交战时，特别是瓦尔帕莱索 (Valparaiso) 遭西班牙舰队轰炸和被大火燃烧后，美国驻智利公使贾德森·基尔帕特里克 (Judson Kilpartrick) 给国务卿苏厄德寄来快信并收到了以下回复：

致贾德森·基尔帕特里克

尊敬的先生：

我已收到您1866年5月2日寄来的第七号快信。本届政府对智利和西班牙之间战争进程的持续关注应得到足够理解和体谅。我深知您的焦虑，然而，获得深刻体会的艰难之处在于智利的特殊情况。我们期待智利政治家和人民像其他国家的政治家和人民一样，从自己的利益和愿望出发，不仅要考虑到智利作为独立共和国的权利，还要知悉其他国家的合法地位

---

① 《1863年年鉴》，第643页。——原注

和义务。

在过去的五年中，美国针对说西班牙语的美洲国家的外交政策获得详细阐释，现在已经或应当为人熟知。我们极力避免在各种事件中鼓励人们给予我们过高期待，因为瞬息万变的国际争端会让我们觉得无法实现目标。同时，我们渴望因菲言厚行为人称道，而不是失信于人。

但我们凭借与现在秉持的中立政策相兼容的决心和精力，维护和坚信这些国家的人民接受的共和政体不应受到任意践踏，也不该为欧洲国家的"一场正义战争"颠覆。因此，我们要给予这些共和国真诚的和自由的道义支持，表现出我们的友谊精神。我们在与外国的必要交往中，如果不遵守自己的程序和国际法律的公正规则，就不能要求外国对我们的政治、道德和实质性原则做出让步。

因此，我们承认每个国家缔结和平条约或发动战争的权利是正当和明智的，而不是出于政治考量或政治野心。

如果同我国保持友好关系的国家间爆发了这样的战争，只要不像法国在墨西哥将战争推进至前面所提到的政治野心，我们就会保持中立，不会给予交战双方任何东西，亦不会答应交战双方任何条件。

一直以来，我们认真又友善地处理每一起智利官

员就西班牙试图违反美国中立原则的投诉，也公正地调查智利官员违反中立原则的投诉。因为从一开始，我们就获得了西班牙政府的保证，我们很肯定地认为这是我们友好行为的体现。所以在当前战争中，西班牙对智利的敌视状态在任何情况下都不会超过我先前描述的界限。如果一切同当前的预期相反，我们觉得有必要准备好在现在及随后的时间里将西班牙限制在相关条约的框架内。在这种情况下，我们认为对智利采取行动肯定不是敌对行为。我们认为，为了阻止战争，对双方进行公正斡旋是一种友好行为。我们已经考虑过，我们要发挥积极友好的作用，确保智利在不受辱或蒙受损失的条件下，利用同样公正的方式促成双方的和平协定。

有人认为，美国会以盟友的身份加入同我们保持友好关系的共和国所参与的战争。但这些人忘记了和平是美国永恒的利益和毫不动摇的政策，也忘记了我们的美洲朋友参与战争的高频率和多样性已完全摆脱了我们的控制或建议。我们既没有发起侵略战争的军队，也没有作为统治者的野心。我们的宪法不是一部帝国宪法，它禁止政府行政机构参与任何战争，除非经过美国国会深思熟虑的法案授权。

美国联邦政府由三十六个在多方面自治的州组成，它不会出于同情或野心，轻易地让各州议员将自己置于国外战争中。如果美国拥有比其他国家更具标志性的特征，那就是从华盛顿时代起所坚持不动摇的不干涉原则。这项原则坚定地拒绝寻求或接触错综复杂的联盟关系，甚至同最友好的国家都不结盟。

美国政府欣喜地看到，智利政府和人民开始理解我国政府对他们的态度和情感。我们也不担心令人心寒的误解会长期在智利有觉悟和有思想的民众当中扩散。

先生，我是您顺从的仆人——

威廉·亨利·苏厄德[①]
1866年6月2日于华盛顿

格兰特（Grant）将军担任总统时，拓展了门罗主义的适用范围，从而拒绝外国政府将这个大陆上的领地转让给另一个外国政府的权利。1870年5月28日，在格兰特针对圣多明哥问题的演讲中，谈到以下内容：

一直以来，门罗发表的宣言得到了所有政党的遵守。现在我认为，从今往后，这个大陆上的领土都不能再被视作可转让给欧洲国家的对象，我们要将这条原则置于同门罗主义同等重要的地位，显然这样的主

---

① 《1866年年鉴》，第267页。——原注

●格兰特总统的就职典礼。马修·本杰明·布雷迪（Mathew Benjamin Brady，1822—1896）拍摄

张是合适的。①

现在这条原则可能已被纳入门罗主义当中，并且作为其中重要的部分供人参考。

在演讲中，格兰特提到的"这个大陆"指的只是一座小岛，而门罗指的"这块大陆"却是整个西半球。1845年12月2日，波尔克在演讲中，也谈到了这条原则，但他使用的语言表明这条原则仅与美洲这块大陆有关。

---

① 《总统的信息》，第3卷，第61页。——原注

第 10 章

美国外交政策的起源

1865年11月6日，在写给美国驻法国公使比奇洛的信中，时任国务卿苏厄德谈到了以下内容：

> 法国的军队驻扎在墨西哥，维护着墨西哥帝国政权，这引起了美国政府的巨大关注。但美国政府针对的不仅是法国，还包括它所维护的墨西哥帝国政权。墨西哥帝国政权直接同本届政府的政策及依据的原则相抵触。①

这一庄重宣言是由美国培养的最伟大的外交家做出的。结果便是，我们称为门罗主义的政策和美国的历史一样古老，它也是构建我们各种制度的基石之一。我们无法在《美国独立宣言》（Declaration of Independence）、《邦联条例》（Articles of Confederation）或《美国宪法》（Constitution of the United States）中看到落于书面的这些原则，尽管关于这些原则的灵感可以追溯至"五月花"（Mayflower）号和威廉·佩恩（William Penn）建立的殖民地。

每个国家中未被写成文字的那部分历史往往是最好的历史，对美国来说，尤其如此。我们珍藏的只是激情年代出现的过眼云烟，而历史上最宏伟的成就逐渐消失。

苏厄德遇到的事情，让他比同时代的人更了解美国外交政策的起源。在门罗发表著名的《门罗宣言》时，苏厄德是一名

---

① 《1865年年鉴》，第320页。——原注

执业律师，深刻地了解美国历史。在国家处于危难时刻，他出任国务卿。他经常在国务院档案中查找美国政府从形成到现在的外交先例。

历史片段很好地将苏厄德的主张保留了下来。之后，我们将历史片段同史实公正、忠实地结合起来，就能很好地证明门罗主义的真理性。

华盛顿构建了不干涉原则。大约三十年后，门罗用更宽泛的形式将它公布于众。华盛顿主张对欧洲事务保持中立，这本身就是我国外交政策的基础。中立政策带有的隐含意义与本届政府允许欧洲国家干涉新世界事务的政策相反。

法国在援助我们十三个前殖民地实现独立的过程中，做出了很大贡献。因此，当法国向英国宣战时，华盛顿想继续维护中立似乎是不可能的。1793年3月或4月，宣战的消息传到美国，我们同法国签订的条约为当下我国与法国之间的关系带来更多复杂的问题。这些条约规定我国要偿还法国的债务，同时保卫法国在美洲大陆上的领土，以及建立防御同盟。

华盛顿指出法国与英国间的战争不是一场保卫战，因此，他不会让美国成为法国的盟友。华盛顿不仅考虑到法国内部动荡不安的局势，也考虑到从君主制向共和制的转变过程中法国政府可能缺乏持久性。这些条约因带有殖民色彩而具有历史遗留的痕迹，美国政府现在完全可以搁置它们。

法国大使吉尼特（Genet）不仅在查尔斯顿（Charleston）准备了私掠船去抢夺英国人的商船，而且有口头攻击和侮辱我国政府等不当行为，这些都是华盛顿为中立于欧洲事务政策奠定基石过程中遇到的困难。一开始，华盛顿就胆识过人，积极地奉行中立外交政策，他的继任者约翰·亚当斯（John Adams）同样坚定地遵从了中立外交政策。于是，古老的殖民精神和目标都破碎了，美国完全从欧洲事务中脱离了出来。

与中立原则相得益彰的便是扩张主义原则。早在杰斐逊完成路易斯安那购地（Louisiana purchase）前，亚历山大·汉密尔顿（Alexander Hamilton）就支持控制密西西比河（Mississippi）和西南地区。汉密尔顿曾希望通过武力获得杰斐逊通过购买方式获得的土地。另外，华盛顿政府最早提出要让美国主导西半球事务。

汉密尔顿在《联邦党人文集》（The Federalist）的一篇文章中写道："我们当前的局势要求并催促我们实现在美洲事务中占主导地位的要求。"我们只有消除欧洲在美洲大陆的影响才能实现这个目标。显而易见，我们对欧洲事务保持中立要同欧洲对美洲事务或整个新世界事务保持中立的原则相结合。《门罗宣言》也只是用另一种形式重申了美国政府最早和最根本的政策。

法国和英国的战争并非华盛顿提出中立于欧洲事务思想的根源。在成为总统前，华盛顿曾写信给爱德华·纽厄纳姆（Edward Newenham）爵士，内容如下：

我希望美国将来能脱离欧洲政治和战争的迷宫；
我也希望用不了多久，通过建立善良的政府，美国可

以获得全世界的尊重,从而使海洋大国,特别是占有新世界或西印度群岛领土的国家,不再用带有侮辱和蔑视的态度看待美国。美国的政策应是在不参与欧洲国家的争斗前提下来满足自己的利益。如果我们能继续保持团结及忠于自我,世界上最高傲和最懂礼貌的人都无法阻止我们成为一个伟大的、受人尊敬的和商业化的国家。①

在宪法获准前,华盛顿写信给杰斐逊:"一个充满活力的中央政府(general government)一定要预防部分州卷入欧洲各国的政治纷争当中。"②

大约担任总统一年后,在写给拉法耶特(Lafayette)侯爵的信中,华盛顿表达了如下观点:

> 我们正逐渐从战争留给我们的焦虑中恢复过来,朝着民权政府的目标稳步前进。我们不纠缠于欧洲尔虞我诈的政治斗争。除了必须实现在密西西比河自由航行,我们别无他求。如果我们仍是一个国家,我们一定会得到密西西比河。③

---

① 亨利・卡伯特・洛奇:《乔治・华盛顿传》,第2卷,第133页。——原注
② 丹尼尔・科伊特・吉尔曼:《詹姆斯・门罗》,第166页。——原注
③ 亨利・卡伯特・洛奇:《乔治・华盛顿传》,第2卷,第165页。——原注

在华盛顿和汉密尔顿的领导下，老联邦党使新共和国完全脱离了欧洲旧体系，而以前的北美殖民地也一直是其中的一部分。尽管我们早已签订和平协议，获得了独立，但殖民思想和各种偏见依旧占据着他们的头脑，这给他们造成了这样的印象：在一定程度上，他们仍属于欧洲政治体系。

除了商业领域，华盛顿和汉密尔顿将全方位把美国同欧洲隔离开来，用这种方式向美国人的惯性思维发起革命。华盛顿和汉密尔顿实现的不止于此，他们还为各项事业的开展设定进程，包括国家的稳步前进、持续扩张，以及驱逐欧洲各国政府参与新世界事务。

苏厄德态度明确地谈道，法国在墨西哥行使的权力与本届政府的政策和原则相抵触。

美国政治家的普遍共识是，美国真正的外交政策就是要与欧洲国家相隔绝，并且从中脱离出来，这一点不存在疑问。这点共识或多或少被大致了解美国事务的英国政治家熟知，其中就有托马斯·波纳尔（Thomas Pownall）。1753年，他从英格兰移民到北美。1757年，他被任命为马萨诸塞湾殖民地（Colony of Massachusetts Bay）的总督。1760年，他被任命为新泽西（New Jersey）殖民地副总督，之后又成为南卡罗来纳殖民地总督。1761年，他回到英格兰，担任神圣罗马帝国军队总审计长。1768年，他成为英国议会议员，并且在此职位工作长达十二年。波纳尔一直反对英国政府对殖民地采取的措施。1780年，他退休。1781年，波纳尔出版了《回忆新世界与旧世界日理万机的欧洲君主

们》(A Memorial to the Sovereigns of Europe on the State of Affairs between the Old and the New World) 一书。

在该书中，波纳尔提到，"美国必须避免与欧洲政治关系复杂化"和"除商业交往外，美国应避开纠缠不清的同盟关系，不要同欧洲有联系"[①]。

约翰·亚当斯于1797年3月4日的就职演讲和1798年12月8日的第二次年度国会演讲中，立场坚定地抵制纠缠于外国事务。特别在第二次年度国会演讲中，他高度赞扬了美国，因为"防备外国威胁与侵犯的民众情绪已在我国高涨起来"，以及"充满男子汉气概的国家荣誉、尊严和独立也已出现"。

除了美国对法国应尽义务之外，华盛顿并未因他的中立政策遭到过任何反对。杰斐逊虽然比华盛顿更能容忍能言善辩的法国大使吉尼特的行为，却更坚定支持美国从欧洲纷争和结盟关系中抽身出来。1801年，杰斐逊在写给托马斯·潘恩(Thomas Paine)和威廉·肖特(William Short)的两封信中，表达了自己的立场。

1820年8月4日，杰斐逊在写给威廉·肖特的信中赞同"所有美洲国家真诚的兄弟情"，还顺便提到"将所有美洲国家纳入美国政策体系中的重要性，因为美国政策体系完全独立和脱离于欧洲体系"[②]。

---

① 丹尼尔·科伊特·吉尔曼：《詹姆斯·门罗》，第165页、第167页。——原注
② 丹尼尔·科伊特·吉尔曼：《詹姆斯·门罗》，第171页。——原注

法国大革命爆发前的1762年，法国就将路易斯安那①转让给了西班牙。但拿破仑利用一项秘密条约迫使西班牙将该地区重新转让给法国。这份条约制定于1800年10月。但在几个星期前，拿破仑早已同我们缔结了条约。

路易斯安那的西班牙官员没撤离，也没等来法国的官员。总之，西班牙已让出路易斯安那，但法国政府还未正式接管。当西班牙将土地转让给法国的秘密大白于天下后，美国国内群情激奋。

杰斐逊在写给驻巴黎大使利文斯顿（Livingston）的信中谈道："这次土地转让完全颠覆了美国所有的政治关系，会在我们的政治进程中形成新纪元……地球上有这样一个关键的地点，谁占有这个地点就会成为我们的对手，这个点就是新奥尔良（New Orleans）。"②

1802年12月29日，亚历山大·汉密尔顿在写给平克尼的信中说："您清楚我对西方世界的总体看法。我始终坚信，西班牙的统一和我国的最高利益要求我们为美国获得包括新奥尔良在内的密西西比河以东的所有领土。"③

汉密尔顿曾署名"佩里克莱斯"（Pericles）在《晚邮报》

---

① 路易斯安那地区，法国是在路易十六统治期间开发这片区域的，但由于缺乏足够的人力和财政支持，该地区没有得到太大发展。1763年，法国将路易斯安那地区的东部割让给了英国，将该地区的西部割让给了西班牙王国，作为其失去佛罗里达的补偿。——译者注
② 约翰·巴赫·麦克马斯特：《美国历史》，第2卷，第620页。——原注
③ 冯·霍尔斯特：《美国宪法史》，第1卷，第184页。——原注

(Evening Post)上刊登过一篇文章,在文中提出以下观点:

> 现在有两条路摆在我们面前。
>
> 第一条,双方会谈,美国尽全力购买密西西比河以东的所有领土,如果行不通,就要诉诸战争。
>
> 第二条,火速占领佛罗里达(Floridas)和新奥尔良,然后再去谈判。

1802年4月18日,杰斐逊在写给利文斯顿的信中说道:"法国占领新奥尔良的那一天,就是它与美国长久友谊的终结之日,我们必然会同英国结盟。"[①]

1802年12月15日,杰斐逊在演讲中说到了以下内容:

> 在美法短暂冲突后期,西属路易斯安那被割让给法国。此次割让如果得以实施,会使我们的外交关系方面产生重大变故,而且毫无疑问,我们的外交关系问题将在国会审议中占有重要地位。

1803年1月11日,在参议院演讲中,杰斐逊谈到了以下内容:

---

① 约翰·巴赫·麦克马斯特:《美国历史》,第2卷,第620页。——原注

参议院的诸位先生，割让西属路易斯安那及佛罗里达①给法国，以及暂停我们在新奥尔良的货运费，都是美国政府的首要关切。针对这两种情况，我们要迅速采取措施，因为相应措施很可能会消除当前的困难局面，也可以防止将来的不安定因素。这些措施的目标在于获得密西西比河西岸领土。在我国有关当局同意的情况下，或者至少在防止任何可能削弱我们行使权利的变化下，我们可以获得密西西比河以东的领土。我虽然对驻巴黎的大使利文斯顿充满信心，但仍在思考，如果从国内直接派遣一位助手给他，让他体会到国内人民在近期事件的激发下产生的爱国情感，以及让他充分了解全国上下对这个棘手问题充分讨论后的各种观点。这样一来，我们不仅能获得对取得密西西比河两岸土地的广泛支持，还能让我们改进缔约方法国提出的反对意见，从而产生好的结果。无论结果以何种形式回馈给法国，最终都能确保达到我们想要的目的。②

由于畏惧英国和美国联盟，拿破仑以如此优惠的条件将路

---

① 东、西佛罗里达，在佛罗里达半岛上，西班牙王国和法国殖民者于1559年建立了彭萨科拉，1565年建立了圣奥古斯丁，这两处是欧洲在北美建立的较早的殖民地。17世纪，西班牙殖民者已成功占领整个佛罗里达半岛和附近地区。——译者注
② 《总统的信息》，第1卷，第350页至第351页。——原注

易斯安那出售给美国，面积远超杰斐逊的预期。1803年4月30日，在一千五百万美元出售路易斯安那的协议签订后，拿破仑评论说："美国兼并路易斯安那将壮大它的实力，所以我为英国树立了一个海外对手。美国迟早会让英国降低姿态。"①

英国打算从西班牙购买珀迪多河（Perdido River）以东的狭长区域，也就是现在的西佛罗里达。麦迪逊获知了这条消息，认为它千真万确，内容属实。

因此，麦迪逊利用1811年1月3日的演讲，将国会的注意力转移到这件事上。除此之外，麦迪逊还谈到以下内容：

> 考虑到这几次外交文书的特点和与此相关的事件，珀迪多河以东的安全与宁静与美国紧密相关。出于对美国命运的特殊关切，我建议国会在适当时刻发表宣言：从不同角度判断，如果相邻区域没有严重的动荡不安，美国认为就不存在将该区域从西班牙王国转移到其他国家统治下的深刻、正义的关切。②

国会为落实麦迪逊演讲中的内容，立即通过了下面的联合决议：

> 考虑到西班牙王国和其在美洲各省的特殊情况，

---

① 斯蒂芬：《美国史》，第285页。——原注
② 《总统的信息》，第1卷，第488页。——原注

以及毗邻美国南部边境土地的命运可能对美国安全和商业产生影响，美国国会参众两院一致决定，在当前危机的特殊情况下，如果上述土地的任何部分落入任何外国势力的手中，美国都会深感不安；出于对自身安全的适当考虑，美国必须在某些意外的情况下临时占领上述土地。①

参众两院同时宣布，如果西佛罗里达依旧在西班牙的统治范围内，这就是未来谈判的主题。华盛顿关于中立原则和控制密西西比河的政策，杰斐逊对路易斯安那采取的行动，以及麦迪逊和国会在西佛罗里达问题上的措施，都明确了这个事实：门罗就任总统前，美国政府的外交政策已得到确立。

"门罗主义"只不过是美国政府旧的外交政策换了个新的名称。它是一项得到国会认可，由联邦党和反联邦党共同维系的政策，正如它现在由共和党（Republican）和民主党共同维持一样。

时至今日，有争议的问题在于，门罗和约翰·昆西·亚当斯谁才是门罗主义真正的开创者。只要回顾门罗政府之前的美国历史就会发现，他们都不是这一政策的开创者，他们仅仅是落入历史河流中为时代潮流裹挟前进的浮木。

门罗主义是许多人共同努力的结果，他们就门罗主义的形

---

① 《美国法律总汇》，第2卷，第666页。——原注

式和实质达成了一致。《门罗宣言》正式发表后，缮写员可能将其简化为文字，但这其实已经不太重要了。

在这个问题上，代表英国的坎宁同样发挥了重要作用，促成了如今这项著名政策的公布。坎宁在接手外交大臣任务时，就发现卡斯尔雷勋爵一直将英国的外交政策调转至神圣同盟。坎宁立即决定扭转这种局面。俄国是坎宁做出这种改变不得不面对的重要难题。在坎宁维护俄国利益和采取亲俄政策的同时，还劝说俄国为了希腊的独立同英国联合起来共同抵御奥斯曼帝国。

《门罗宣言》发表后不久，美国与俄国和英国就因为太平洋边界问题关系日益紧张。门罗在宣言中提及神圣同盟之前，用大量篇幅歌颂"希腊人民英雄般的抗争"，并且希望"希腊能成为一个独立国家"。

美国对欧洲事务看似毫无根据的干涉凭借的不过是外交上的微妙辞令。但仅凭它，俄国可能在英国和美国的共同努力之下脱离神圣同盟。

毫无疑问，坎宁促成了希腊的独立，可能还包括与俄国结盟及促使它脱离神圣同盟的成就。拜伦对卡斯尔雷勋爵的厌恶之情就始于后者对希腊独立的反对。坎宁促成了英国和俄国的联盟关系，并且带来了希腊独立这一结果。

即使没有受到坎宁的启发，门罗主义也会至少同他的整体政策相一致。无论是在英国本土还是在欧洲大陆上，坎宁的政策都维护了英国的声望，还确保了英国对西属美洲贸易往来的控制。

坚信"门罗主义始终未得到立法机构批准"[①]的历史学家是错误的。因为有人指出，1811年，为落实麦迪逊的政策，国会迅速做出了相应批示，所以国会没有必要重申一项已经确立的政策。

---

① 乔治·福克斯·塔克:《门罗主义》，第123页。——原注

第11章

殖民化

在1823年12月2日著名的演讲中，门罗没有将自己局限于神圣同盟对南美洲共和国的阴谋当中。

19世纪早期，美国和英国缔结和平条约后不久，俄国就因美国公民与太平洋北岸原住民进行贸易的问题而同美国产生了争端。

1809年，俄国政府表达了要解决这个问题的意愿。随后美国与俄国之间进行外交书信来往，其中，最著名的是俄美公司（Russian-American Company）索要从白令海峡（Behring's Strait）以南直到哥伦比亚河（Columbia River）河口的整条海岸线。俄国极不寻常的诉求得到满足后，双方便立刻结束了谈判。

1821年9月16日，俄国沙皇（亚历山大一世）颁布敕令，禁止除本国商船外的所有商船靠近一百意大利里①内俄国拥有主权的海岸线。俄国政府对北纬51°以南的整条海岸线宣示了主权。

英国政府与美国政府对此表达了强烈不满。针对英国政府和俄国政府的诉求，美国政府把对领土的要求提至北纬54°40′。作为对美国政府和俄国政府的诉求的反击，英国政府对靠近太平洋的广袤区域宣示主权。

1823年12月2日，总统门罗发表演说。他先用前半部分内容说明包括反对神圣同盟在内的几个问题，然后宣布了他的非殖民化政策：

---

① 意大利里，从传统意义来讲是古罗马里的延续，一意大利里约等于一千步的步幅。意大利里大约在中世纪到17世纪使用。——译者注

应俄国政府的要求,并且经俄国沙皇驻美国大使的协调,我国政府已授权并指示美国驻圣彼得堡(St. Petersburg)大使通过友好谈判的方式解决两国在北美大陆西北海岸各自的权利问题。沙皇陛下也向英国政府提出类似提议,同样得到了采纳。美国政府希望通过友好的方式显示我们一贯珍视与沙皇的友谊,并且希望同沙皇的政府建立最好的互谅互解。双方在进行协商的过程中以及在终结协商的安排,我方认为此时非常适合维护涉及美国权益的原则——美洲大陆上的各个国家依靠自身获得并保持自由与独立,任何欧洲国家都不能再将美洲大陆视为未来殖民的对象。①

1845年12月2日,在演讲中,波尔克重点引用了前文中的部分内容,并且立场鲜明地向全世界宣布:应作为美国的基本国策,欧洲各国在不经我国同意下不得在北美大陆建立殖民地或领地。

1846年6月15日,美国政府和英国政府签订了解决边境争端的协议。由于协议规定北纬49°为边界线,所以协议更有利于英国的诉求。这次边境争端解决后,"要不回到54°40′,要不就战斗"的口号不仅仅只会从政治集会听到。

就在门罗发表《门罗宣言》近二十五年后,波尔克在演讲

---

① 《总统的信息》,第2卷,第209页。——原注

中重申了《门罗宣言》，并且逐字引用了它的内容，大意是"任何欧洲国家都不能再将美洲大陆视为未来殖民的对象"。这里所指的殖民对象就是处于殖民国家占领下的美洲殖民地。

某位受人尊敬的权威学者写就的《门罗主义》一文中，引用了《约翰逊百科全书》（Johnson's Cyclopedia）中耶鲁大学校长伍尔西（Woolsey）说的话，"门罗'太超前'了"。

我们的外交政策就是凡拥有美洲殖民地的欧洲国家的政府不能将殖民地转让给其他欧洲国家，同样我国外交政策的基础在于禁止欧洲国家在美洲大陆建立殖民地。这正是我国外交政策的根本原则。

德意志政府鼓励德意志人向巴西南部移民，但这没有违反我们的外交政策，因为移民并不在德意志邦联管辖范围内。尽管移民宣布仍效忠德意志邦联，但巴西仍是独立的共和国。如果德意志邦联将巴西南部置于它的统治下，此时，这种情况便同我国的外交政策相抵触。

正如某些政治学者预料的，殖民化尚未结束。现在美洲大陆已没有未被占领或闲置的土地，同样也不存在能通过意外发现得到的土地。但欧洲各国还可通过合约或协议在获取的土地上实现殖民化，类似这样的殖民化就违背了我国的外交政策。

凡涉及尤卡坦问题，便会出现是否允许欧洲国家殖民的问题。

1848年4月29日，波尔克在特别声明中要求国会注意这个事实：尤卡坦半岛的白种人曾要求美国政府协助抵抗向他们发

起种族灭绝战争的印第安人。如果国会批准援助尤卡坦半岛的白种人，他们就会主动将尤卡坦半岛的"管辖权和主权"移交给美国政府，尤卡坦的白种人"对西班牙王国政府和英国政府"也发出过同样的请求。

波尔克进一步说明，尽管提议收购尤卡坦并非自己的本意，但尤卡坦半岛局势呈现出如此复杂的局面，如果将它移交给欧洲国家会对我们的和平与安全构成威胁。波尔克宣布，根据他们掌握的真实情报，如果美国国会不授权提供援助，欧洲国家就会授权提供援助，从而宣布对尤卡坦半岛拥有"统治和主权"。

尽管此时美国正与墨西哥交战，但波尔克认为尤卡坦尚未宣布独立，我们仍需将它看作墨西哥的一个州。

授权波尔克采取临时军事占领尤卡坦的法案提交至参议院。卡尔霍恩在参议院讨论中表现得很积极，如果说他的演讲不是完全否认，也至少是对门罗主义原则的限制。

卡尔霍恩列出以下几个要点：

第一，欧洲政治体系扩张至美国，将被视作对我们和平与安全的威胁。《门罗宣言》针对的只是神圣同盟，但适用于门罗主义的情况已不存在。

第二，欧洲对新建立的说西班牙语的共和国事务的干涉被看作是对美国的敌视，针对这种情况的门罗主义属于当时的历史。但假设情况并非如此，也没有证据表明，英国或其他欧洲国家为了压迫或改变尤卡坦的命运去干涉它的事务。英国如果干预尤卡坦，那也是应尤卡坦的要求才进行干涉的，不会成为敌对势力。如果英国对尤卡坦宣布主权，这一行为也不适用《门罗宣言》，因为这不会成为改变尤卡坦政府和压迫整个国家的干预行动。

第三，波尔克只是简单地将提案依附于"任何欧洲国家不能再将美洲大陆视为未来殖民的对象"的《门罗宣言》。"殖民化"本质上是母国移民建立定居点，其实就是让已经居住在那里的人"交出主权"。因此，尤卡坦可能会成为英国的一个省或附属地，但绝不是殖民地。

卡尔霍恩接着说，他记得《门罗宣言》中有一部分内容来自国务卿约翰·昆西·亚当斯，但这部分内容从未成为门罗政府考虑的议题。说西班牙语的美洲国家已经主张和维护它们的自由，但是这种说法不准确，因为作为一个整体，情况并非如此。同时，将尤卡坦问题与在此之前的《门罗宣言》结合起来是不妥的，因为根据英国的提议，我们一直以来都同它保持步调一致。正因如此，《门罗宣言》才会冒犯英国，使英国拒绝与我们共同合作去解决俄国问题。①

---

① 乔治·福克斯·塔克：《门罗主义》，第38页至第41页。——原注

威廉·普卢默（William Plumer）先生曾是门罗政府的国会议员，在日记中，他做了如下表述：

> 我有理由相信，《门罗宣言》中与外交事务相关的内容带有约翰·昆西·亚当斯智慧的印记，宣言中假定的理论基础和灌输的信条肯定都是他的杰作。如果亚当斯没有将关于外交的那部分内容写下来（类似英国大臣为国王撰写演讲稿），但我肯定他向门罗递交的书面文件中包含了在宣言中国务院所关注的信息。因此，门罗在准备发言时，不仅遵循了亚当斯的观点，也参照了他的语言特点。
>
> 亚当斯告诉我，门罗曾对神圣同盟干涉拉丁美洲的内容有过疑问，并且说最好将其删除，然后问他是否也这样认为？亚当斯回复说："您了解我在这个问题上的态度，我觉得没有必要做出改变。""那好，"门罗说道："既然已经写好了，那就不改了。"这件事就发生在国会开会前的一两天。①

值得注意的是，卡尔霍恩将《门罗宣言》中有关殖民化的内容归功于约翰·昆西·亚当斯，因为他说过该问题从未成为门罗政府考虑的问题。卡尔霍恩和亚当斯均是当时的政府成员。

---

① 乔治·福克斯·塔克：《门罗主义》，第38页至第41页。——原注

在陈述中，普卢默将《门罗宣言》中关于外交事务的内容归功于约翰·昆西·亚当斯。但在亚当斯的所有文件中，我们找不到能帮助我们确定该问题的相关依据。1823年9月11日，亚当斯尚在马萨诸塞州的昆西（Quincy）。因此，我们无法找到1823年9月11日到11月7日亚当斯的日记。

1823年10月11日，在写给亚当斯的便条中，门罗谈道："请寄出我们今天开会时提到的拉什和坎宁通信的复本，因为我认为这非常重要。"

1823年8月19日，拉什写给亚当斯的信被标注为"1823年10月9日归档"。在能收集到的文件中，似乎还未找到亚当斯写于1823年10月9日之前的信。

文件披露亚当斯首次就殖民化问题同塔利男爵（Baron Tuyll）之间的通信是在1823年10月16日。按照各类手稿的显示，从1823年10月16日到12月，亚当斯非常忙碌。

毫无疑问，在这件事上，卡尔霍恩是正确的，因为在打算讨论神圣同盟以及它在美洲大陆计划的内阁会议中，根本没有谈及《门罗宣言》中带有殖民化内容这一问题。这是因为殖民化是一个独立事件，还未以任何形式出现过。

门罗在他阐述《门罗宣言》的长篇演讲的开头部分，讨论了俄属北美殖民地（现阿拉斯加）与美国的边境问题。西班牙曾对北至温哥华岛（Vancouver's Island）西岸的努特卡海湾（Nootka Sound）提出主权要求。英国对西班牙王国的此项权利提出异议。但两国在1790年10月28日签订了条约，不仅解决了分歧，也解决了

航行、捕鱼及同原住民进行贸易往来等问题，但对各自的管辖权没有做出规定。

按照1819年2月22日《佛罗里达条约》的规定，西班牙王国将北纬42°以北的领土全部割让给美国。因此，美国获得了西班牙王国在指定界线以北太平洋海岸的一切权利。

如前所述，按照条约要求，1819年，俄国对南至哥伦比亚的所有土地拥有主权，但仍将领土主张向南扩张至北纬51°。

1823年7月2日，就英国、俄国和美国的边境争端，亚当斯写信给拉什，内容节选如下：

> 这些独立的国家（南美洲国家和墨西哥）将拥有与自由独立相关的权利，它们的领土将不受附近海域专属航行权的限制，不会任由外国人随意进入，这导致的必然结果就是美洲大陆国家将不再是殖民对象。如果这里居住的是文明开化的民族，那么他们所属的国家就会对欧洲人开放；太平洋也将继续向所有欧洲国家开放，类似于大西洋。①

援引上述这段话是为了表明"自由和独立的条件"在《门罗宣言》中的含义，并且说明亚当斯先前寄给拉什的信中包含了《门罗宣言》中关于殖民化的内容。在一定程度上，这封信

---

① 乔治·福克斯·塔克：《门罗主义》，第12页。——原注

就是证据，可能会表明亚当斯才是《门罗宣言》中关于殖民化内容的真正谋划者。

在国际法中，瓦特尔①奠定了殖民地统治权的原则，如下所述：

> 发现新世界产生了一个重要问题，即一个国家是否可以合法占有广袤大地上的任何地方。在美洲土地上，除少数民族居住的地方之外，其他地方一片荒凉，而少数民族稀少的人口无法占领整个地方。
>
> 我们注意到，确立耕种义务时，少数民族仅在其有必要或有能力定居和耕种的地方占有土地。在广袤的区域里，少数民族居无定所，无法被认定为真正且合法地占有土地。喜欢待在室内的欧洲人发现，新世界的原住民对他们脚下的土地没有特别需求，也没有实际、持久地利用土地。所以欧洲人就有权合法占有土地，并且建立殖民地。
>
> 根据我们的观察，地球属于全人类，为人类提供生活必需品。如果某个国家从一开始就为自己争取到大片土地，但生活在这片土地上的人只依靠打猎、捕鱼和食用野生果实来谋生，那么我们的星球可能无法

---

① 即艾默瑞奇·德·瓦特尔（Emmerich de Vattel, 1714—1767），国际法律师，著有《万国律例》（1758年）。他的作品在当时已十分有名，对美国政治家富兰克林和华盛顿都有影响。——译者注

●瓦特尔。绘者信息不详,约绘于1760年

供养当前十分之一的人口。①

国会通过了《鸟粪岛法》(Guano Islands Act)。该法案的相关章程经修改后得到重新颁布，内容如下：

> 第五千五百七十项条款，只要在没有任何政府有合法管辖权的范围内，以及没有任何国家公民占有的情况下，美国公民无论何时在岛屿、岩石或礁石上发现沉积鸟粪，就可以利用和平的方式占有岛屿、岩石或礁石。然后，根据总统的判断，该岛屿、岩石或礁石就可被认定属于美国。
>
> 第五千五百七十六项条款，任何人踏上岛屿、岩石或礁石，或在其临近水域从事合法行为或违法犯罪行为，都会被视为他是在公海上、商船上或属于美国的军舰上完成的，对违法行为可依据美国关于商船或军舰的法律处罚。为上述目的制定的法律也适用于在岛屿、岩石或礁石上发生的行为。

1890年，在"琼斯诉美国"案（引注案号第137号，《美国报告》②，第212页）中，美国最高法院做出如下判决：

---

① 瓦特尔：《国际法》，约瑟夫·奇蒂编的新版，第101页。——原注
② 《美国报告》是美国最高法院审理过的所有案件的报告。——译者注

按照所有文明国家认可的国际法规定，文明国家可通过发现或占有、割让或征服的方式来获得新领土的统治权。一个国家的公民可以以国家的名义或凭借当局同意，真正、持久及实际占有任何未被其他政府或公民占有的土地，尽管占有这些土地只为从事特殊的商业活动，如捕捉、饲养鱼类或采矿。拥有这些土地的国家可对它获得的土地行使它认为恰当的管辖权和管辖期限。这一原则为国会关于《鸟粪岛法》的确立提供了充分的依据。

美国政府在没有表达抗议或反对的情况下，同意英国政府殖民新西兰（New Zealand）和斐济群岛（Fiji Islands），尽管两地都处于西半球。

经最高法院解释后，国会的《鸟粪岛法》成为有效法律。该法律符合瓦特尔、卡尔沃（Calvo）和其他国际法学家确立的国际法。

马里兰（Maryland）地区的美国巡回法院（Circuit Court of the United States）对"美国诉亨利·琼斯"一案做出裁定，判定琼斯谋杀罪成立。这起谋杀案发生在位于海地以西加勒比海（Caribbean Sea）的纳瓦萨岛（island of Navassa）上。虽然依据国会1856年的法案规定，美国已拥有纳瓦萨岛，但美国对该岛占有权的合法性问题引发了这起案件中的司法管辖权问题。最高法院肯定了下级法院的裁定并根据国际法做出最终判定，即美国公民可通过发现和占有或者割让和征服的方式获得新领土。

这已足够说明，《门罗宣言》中的殖民化内容同国会法案、最高法院裁定以及政府在对外关系中的实际操作不一致。

第 12 章

政治纲领

美国在早期历史中，并没有政治纲领。1832年，民主党在巴尔的摩（Baltimore）召开全国代表大会，会上提出了第一份也是当年唯一一份全国性的纲领。在这次会议上，杰克逊和范布伦分别获得总统和副总统提名。该纲领非常简短，在报纸专栏中最多不会占到二十四行。

之后，随着每四年的总统竞选，政治纲领变得越来越详细。在美国早期历史中，总统候选人就代表了本党的政治纲领。但在之后的几年里，政治纲领超过了候选人的重要性。直到1856年俄亥俄州（Ohio）辛辛那提（Cincinnati）的民主党代表大会提名詹姆斯·布坎南为总统候选人时，门罗主义的相关内容才被纳入政治纲领中。大会决议如下：

> 经一致决定，我国的地理位置和政治地位同美洲其他国家相比，同我国商业利益和日益增长的国力同等重要，这就要求我们将门罗主义当作神圣的原则来遵守。门罗主义的重要性和发挥的作用不容忽视。我们应用百折不挠的韧性去实施门罗主义原则。

1864年，在巴尔的摩召开的共和党全国代表大会再次提名林肯为总统候选人。直到此时，我们才听到门罗主义的相关议题。那时，马克西米利安一世正稳坐墨西哥帝国皇位，驻扎在墨西哥的法国军队维护着他的权力。共和党全国代表大会通过了下列决议：

●巴尔的摩。威廉·亨利·巴特利特（William Henry Bartlett，1809—1854）绘

经一致决定，我们认同本届政府采取的立场：美国人民不能无视欧洲国家通过武力推翻，或利用欺诈手段替代美洲大陆上的共和制度。美洲大陆上的国家会认为，任何欧洲国家试图通过外国军事力量的支持，努力为君主制政府在美国附近获得新立脚点，就是威胁美洲国家的和平与独立。

直到1896年，共和党全国代表大会才将下面一段话添加到政治纲领中。此时，门罗主义有了新内容：

我们要彻底重申门罗主义，以及重新肯定美国实施门罗主义的权利。如果欧洲国家入侵任何一个美洲国家，我们会对它发出的友好干涉的请求做出回应，从而使门罗主义发挥作用。我们没有干涉过，也不会去干涉欧洲国家在美洲大陆上现有的领地，但在任何情况下，它们都不能扩张领地。我们满怀希望地期待欧洲各国能从美洲大陆上撤离，期待这片大陆所有讲英语的国家能在其居民自由同意的情况下最终联合。

1896年，民主党将下列内容加入政治纲领：

门罗主义经过历任总统的宣传和解释，已成为美

国外交政策中的固定内容,并且将一直保持下去。

下列决议的产生紧随委内瑞拉边界问题的解决。

1900年,共和党的纲领中涉及了南非战争[①],其内容包含一句对南非战争问题的论断:"我们郑重宣布,要一如既往地遵守门罗主义政策。"

1900年,民主党政治纲领的内容如下:

> 1900年6月,费城共和党全国代表大会通过的共和党的纲领表示,要一如既往地遵守门罗主义政策,这带有明显的虚伪性和欺骗性。共和党的目的是在东半球的亚洲大陆获得和拥有大片领土与大量人民的主权,这与《门罗宣言》相矛盾,与门罗主义精神背道而驰。
>
> 无论是在书面文字上还是在精神上,我们都会严格维护门罗主义的完整性,这是抵制欧洲国家在西半球美洲大陆上的势力扩张,保持我们在美洲事务中权威性的必要手段。同时,我们宣布:如果美洲人民不愿臣服于欧洲强权,欧洲强权不应用武力威胁他们。

毫无疑问,隶属各党派的美国人都支持门罗主义,或以门

---

① 南非战争,又被称为第二次布尔战争,是英国与德兰士瓦共和国和奥兰治自由邦之间的一场战争。——译者注

罗主义为名的总的外交政策。不过，所有政党已达成共识，不能再以误导人民为目的就门罗主义通过决议，因各个政党现在面对的是欧洲国家而不仅仅是美国选民。门罗主义从最初当地政治集会上的口号转变为世界性外交政策，以后，我们一定要从这个角度考虑和对待门罗主义。①

---

① 援引自1892年之前的政治纲领，详情可以查看托马斯·赫德森·麦基的《1789年至1904年美国政党的全国代表大会和政治纲领：全国代表大会、普选和选举人团》。援引自1892年之后的政治纲领，详情可查看各年的年鉴。——原注

第13章

孤立主义

巴拿马大会没有在西半球大联合的政策上达成一致意见，这使美国不得不独自维护门罗主义。

一直以来，南方各共和国都受益于我们独特的政治体系，然而，它们没有对美国采取任何互惠政策。

如果美国因保护南方各共和国免于欧洲国家的征服而卷入与一个或多个欧洲国家作战的局面中，由于美国政府同南方各共和国没有签订条约，这些国家没有义务协助我们进行防御，让我们免遭覆灭的威胁。

南方各共和国已经宣布的政策根本不具备传统性或合法性，否则它们会对美国做出保证：在美国防止它们被欧洲国家推翻的战争中，它们可以通过各种形式为美国提供物质上的协助或支持。

在这种情况下，为保护自己现在或未来免遭灾祸，美国采取当前立场就无可厚非。

美国如果完全出于利他主义，那么就将追求一种无私的行为方式。这种行为在人类历史和民族之林中几乎从未实现过。

最初决定召开巴拿马大会时，西蒙·玻利瓦尔只是想把脱离西班牙王国独立的共和国组建成以他为首的邦联制国家。

一开始，玻利瓦尔只邀请了说西班牙语的美洲共和国派代表出席巴拿马大会。正如前文所述，时任哥伦比亚副总统的桑坦德尔向美国发出了派遣代表参会的邀请。《门罗宣言》发表后不久，美国政府便收到了邀请函。约翰·昆西·亚当斯和亨利·克莱及时抓住了这个机会，试图同这个半球的所有共和国

签订秘密协议，从而让它们遵守门罗主义。

在写给时任美国驻墨西哥大使波因塞特的信中，克莱似乎证明了其意图，因为他做出了解释：在《门罗宣言》中，门罗是为美国做出承诺而不是为墨西哥政府做出承诺。

亚当斯和克莱都否认了为抵御欧洲进攻，要将所有说西班牙语的共和国组成联盟，但这两位政治家尖酸刻薄的政治对手对他们的解释持怀疑态度。

尽管克莱的解释独一无二，但时至今日，门罗主义一直是美国的主要外交政策。

回顾巴拿马大会结束后的几年时间，美国并没有同出席巴拿马大会的说西班牙语的美洲共和国组成攻防同盟，这简直是上帝的旨意。按照这项政策支持者的设想，问题显而易见，无须争论，因为攻防联盟不会给本届政府带来好处。同样，所有说西班牙语的共和国也不会从协议中获得巨大好处。但拉丁美洲共和国如果认可门罗主义是美国值得奉行的好政策，就最好遵从同样的政策。

谈到本届政府时，克莱说道，这些共和国中的每一个政府都可以向自己保证会坚持门罗主义的各项原则，并且将这些原则作为各自外交政策的行为准则。

多年以来，我们始终能听到欧洲大陆对门罗主义的议论声。这些议论大多来自巴黎、柏林和维也纳的咖啡厅、俱乐部，但在将来的某一天，当美国为维护门罗主义独自与欧洲联军作战时，类似的议论就会出现在欧洲的宫廷中。

本届政府的政策应是劝导这些共和国接受门罗主义作为它们的外交政策。每个共和国都可以通过各自的国会法案或联合决议来完成此事。

在政府授权下，我们在这些共和国的大使可以对这些国家施加影响。美国政府可以撤销门罗主义对这些顽固不化的国家的保护，作为对拒绝遵守门罗主义的惩罚。其实，美国政府只需稍加努力，就能使门罗主义成为所有说西班牙语的美洲共和国的信条，根本不用与它们缔结条约。这将使每个共和国在同欧洲战争起因与发动方面各自承担责任，不会连带其他共和国。只有在欧洲国家推翻一个或多个共和国并在其废墟上建立起欧洲君主制政体时，这些共和国才结盟。

克莱原本打算在巴拿马大会上签订攻防性质的条约，但遭到国会的强烈反对，他的解释为确保合作方法提供了关键线索。从今天的角度来看，这是他政治生涯的又一精彩时刻。

第 14 章

装煤站和供给站

美国刚建国时，使用的战舰依旧是传统帆船，但蒸汽动力的发明改变了这一切，现在主要使用由蒸汽驱动的军舰。

开始转而使用蒸汽动力的军舰后，产生了传统国际法专家做梦都想不到的全新法律问题。

> 现在明令禁止中立国向交战方战舰提供超过能使其驶回最近母港需要的煤炭量。在现代的国际环境中，之前旧条款的规定会被视作侵略行为。①
>
> 这项规定最初是英国在美国内战期间制定的，它还进一步规定：同一艘战舰三个月内只能在英国水域进行一次煤炭补给。②

普法战争期间，美国禁止交战双方的蒸汽船装载的煤炭量超过能使它们回到各自国家最近的欧洲港口的量。③不论交战双方战舰被设计成传统帆船还是蒸汽动力船，只允许它装载足以使其回到距离最近的欧洲港口一半的煤炭量。

在美西战争期间，英国也实行了同样的规定。④世界各地的装煤站能为英国提供足够的煤炭补给，而其他欧洲国家没有这样的条件。

---

① 《美国和英国法律百科全书》，第2版，第16卷，第1165页。——原注
② 《国际法殿堂》，第4版，第221页。——原注
③ 详见美国总统格兰特1870年10月8日的声明。——原注
④ 《美国和英国法律百科全书》，第2版，第16卷，第1165页的注释3。——原注

英国最近对外扩张得如此迅猛，这实际上使太平洋成为美国边界内的内陆海。

除英国外的其他欧洲国家，对在太平洋各海域、西印度群岛及在南美洲海岸上建立装煤站同样很感兴趣，但它们的做法遭到了美国前总统杰斐逊和麦迪逊的反对。1870年5月31日，在演讲中，格兰特通过阐释门罗主义，表明了自己的立场。

> 门罗总统发表的宣言得到了所有政党的遵守。我认为美洲大陆上的领土从今往后都不能再被视作可以转让给欧洲国家的对象，所以现在主张上述重要原则是合适的。

无论是对美国，还是对德国、法国、奥地利及其他欧洲国家，装煤站问题都很重要。

美国在欧洲、非洲、亚洲，以及南太平洋、南大西洋和印度洋等地，都需要拥有装煤站。美国政府应该考虑制定友好互惠的政策，能够让美国和所有欧洲国家在世界各地购买到用于商业或海军的燃料与补给。

《芝加哥纪事先驱报》（*The Chicago Record-Herald*）著名记者威廉·E.柯蒂斯（William E. Curtis）在近期刊登的文章中，总结了美国与几个主要欧洲强国的形势对比。

> 我国海军如果同某个欧洲国家交战，会因难以获

得煤炭而陷入困境。一艘船只能携带定量的煤炭，并且按照战争法的规定，中立国不允许向交战方提供超过其驶回到最近母港必需的煤炭量。

因此，如果我们派遣战舰横跨大西洋发动战争，它们就需要运煤船相伴，并且只要条件允许，运煤船在公海上能为战舰加煤，同时需要强有力的护航舰进行保护以预防海盗和敌对舰队的出现。我们没有战舰能够装载足够多的煤炭来支撑我们完成一次往返大西洋的航程。

美西战争期间，"俄勒冈"（Oregon）号战列舰被迫两次返回圣弗朗西斯科①（San Francisco）补给煤炭。如果战争发生在欧洲，我们就要横跨大西洋，可能因各种原因失去运煤船而陷入孤立无援的境地。

为此，海军装备局的布拉德福德（Bradford）海军上将和其他有远见的人士，一直试图劝说国会接受利比里亚（Liberia）政府在美西战争结束后通过哈策尔（Hartzell）主教提出的建议：利比里亚政府将利比里亚海岸所有港口作为装煤站和维修站提供给美国。美国政府随后对该建议展开调研。如果将这些港口修整得井然有序，包括清淤，建造码头、煤棚、机械修理厂、员工宿舍、存储补给的仓库以及足以保护这些设

---

① 即旧金山。——译者注

备的堡垒等，总计花费不超过三百万美元。但对这一事件的处置一直停滞不前，参众两院各委员会对此没有多大的兴趣。

美国在欧洲、亚洲、非洲、中美洲和南美洲等地都没有装煤站。

除了在大西洋、英吉利海峡(English Channel)和地中海(Mediterranean)等处建立的母港，法国还在非洲大陆北部、东部和西部沿海，马达加斯加(Madagascar)、印度(India)、中国(China)和南太平洋拥有装煤站。

英国除了在本土和殖民地为皇家海军在战争过程中开放具有装煤功能的所有港口，它还有遍布世界的七十五处装煤站，以及大部分煤炭产区，其中，最重要的煤炭产区是不列颠群岛(British Isles)、澳大利亚(Australia)、婆罗洲(Borneo)和新西兰。在西半球，英国在维多利亚(Victoria)、不列颠哥伦比亚(British Columbia)、哈利法克斯(Halifax)、百慕大(Bermuda)、金斯敦(Kingston)及牙买加拥有海军基地。除此之外，英国在多伦多(Toronto)、魁北克(Quebec)、博讷湾(Bonne Bay)、纽芬兰(Newfoundland)、圣卢西亚(St. Lucia)、巴巴多斯(Barbadoes)、特立尼达(Trinidad)、乔治敦(Georgetown)、英属圭那亚(British Guiana)、斯坦利港(Port Stanley)和福克兰群岛(Falkland Islands)等地拥有煤矿。另外，英国还可以从西印度群岛的英属小岛屿中获得煤炭。在智利的科金博（Coquimbo）海岸，英国一直储存有煤炭。英国从地中海到红海（Red Seas）一线的直布罗陀（Gibraltar）、马耳他（Malta）、塞得港（Port Said）、苏伊士（Suez）、丕林岛（Perim）和亚丁（Aden）都遍布装煤站。在印度，英国也有装煤站。在非洲东西海岸，英国拥有十多个装煤站。

中国海域的威海卫（Wei-Hai Wei）、烟台（Chee Foo）和香港（Hongkong），婆罗洲沿海和新加坡（Singapore），以及澳大利亚和新西兰的各个港口，英国也有装煤站。因为紧邻麦哲伦海峡（Magellan Straits），所以福克兰群岛装煤站对英国也十分重要。所有装煤站都是出于战争目的而建，英国与世界上大多数繁荣的商业中心都签订有煤炭合同。

德国在非洲东、西海岸各有一个装煤站，在中国的胶州半岛（Kiao Chu）有一个装煤站，在北太平洋和南太平洋还分布着五个装煤站。除了在大西洋和黑海上的母港，俄国还在鄂霍次克海（Okhotsk）和中国近海有四个煤炭供给站。

如果因为英国、德国和意大利王国近期对委内瑞拉的武力威慑行动导致了美国与这三个国家发生战争，美国很可能由于在东半球没有装煤站和供给站而在海上采取行动时会处于不利境地。

如果德国、意大利王国、法国、俄国和其他欧洲国家，可能也包括英国，同意修改国际法，授权中立国向交战双方销售煤炭和其他燃料及需要的全部军需品，那么类似的协议会给予德国、俄国、法国、意大利王国、奥地利，以及其他欧洲国家在西半球建立装煤站的同等权利，这会使反对门罗主义的国家达成和解。

修改后的国际法对美国最大的利好便是在任何时候和任何情况下发生战争，美国都能在东半球各处购买到煤炭和军需品。如果按照这些协议的规定，装煤站和供给站就没那么重要了，除非这些装煤站和供给站拥有检修战舰的港口。但我们的战舰制造精良、配备完善，大量检修工作完全可以在战舰上完成。

战争期间，这些遍布世界各地的港口就成为更孤立、脆弱和需要保护的地方。

这一完美的国际政策会帮助美国在这个问题上主动采取行动。

一直以来，英国得到了类似坎宁这样杰出的外交家的大力协助，他们凭借智慧和高瞻远瞩的政策使英国更强大。在外交事务中，美国过于依赖英国和其他欧洲强国。德国新闻界和英国新闻界偶尔会陷入误区，无端指责国际法原则中的漏洞都是因为美国政府实施门罗主义时操之过急，而这些漏洞往往有损欧洲各国政府的利益。

英国新闻界和美国新闻界一样，同样擅长利用自由评论这一利器，但其评论往往建构在肤浅的认知和匮乏的常识上。不过，了解真相的英国政府就不会做出上述的无端指责，因为不会犯口是心非的错误。

如果允许森林之王为管理小动物制定规则，那么它给它们的待遇大概不会比海洋女主人给较小海洋国家的待遇差。

美国政府完全没有意识到这个事实，即美国维护着阻碍公海上所有国家发展海军的外交政策。

瓦特尔和宾克斯胡克①的支持者们肯定会大吃一惊，因为他们了解到国际法采纳的许多原则都是最近才提出的。两三个国家间的联盟，也就是人们熟知的"势力范围"是最近才有的概念，在十年或十五年前的教科书中根本没有谈及。如果国际法与海洋一样古老，我们将发现当今作为国际法存在的许多内容都是最近产生的。最明显的就是涉及交战双方船只的国际法原则也只是英国在半个世纪内按照自己的判断制定的。

另外，在美国内战期间，英国还立下规则：限定交战方的船只能在中立港口停留二十四个小时。在美西战争中，英国施行的正是这条规则。②

国际法还尚未最终确定这条原则。1859年和1870年，深陷战争中的法国宣布煤炭不再成为战争禁运品。同时，俄国也采取了类似立场。一直以来，英国和美国都将煤炭视作战时

---

① 即科尔内留斯·范·宾克斯胡克（Cornelius van Bynkershoek, 1673—1743），荷兰法学家和法律理论家。——译者注
② 《美国和英国法律百科全书》，第2版，第16卷，第1165页。——原注

●宾克斯胡克。安布罗瓦·路易斯·加纳雷
（Ambroise Louis Garneray，1783—1857）绘

禁运品，更何况煤炭注定是未来海军的作战基础。

1856年，由英国、法国、俄国、普鲁士王国、撒丁王国和奥斯曼帝国参加的巴黎和会①宣布"对悬挂中立国国旗的船舶装载的敌国货物，除战时禁运品外，不得拿捕"，除了美国、西班牙王国、墨西哥合众国、委内瑞拉共和国，所有文明国家都批准了这一宣言。美国虽然从未接受巴黎和会的宣言，但在美国内战和美西战争期间都依照该宣言行事。②

因为一个强大的海洋国家为交战方立下规则，在较长时间内得到其他国家的遵守，所以这些规则日后成为具有国际法效力和特征的惯例。但人们往往容易忽略或遗忘规则产生的条件。

现存国际法规则大多源于享有学界认可的著名国际法学家的著作。通常情况下，国际法学家们就一条规则达成共识，随后该共识就会被法庭采纳为成文法。格劳秀斯（Grotius）、瓦特尔、宾克斯胡克和普芬多夫（Puffendorf）等都是杰出法学家。无论是1815年的维也纳会议，还是1864年的《日内瓦公约》（Geneva Convention）和1899年在海牙（Hague）通过的公约等，在宣扬和制定国际法规则方面都发挥了重要作用。

实际上，一项旨在改变或确定国际法规则的条约，如果它由所有可能受其影响的文明国家签署，那么它就具有较强的权威性，而由它所宣布的规则可被视为国际法的一部分。

---

① 巴黎和会，此处指1856年在巴黎举行的一次外交会议。召开该会议主要是为了结束克里米亚战争，构建欧洲和平。——译者注
② 《美国和英国法律百科全书》，第2版，第16卷，第1169页。——原注

美国在国际法问题上采取了独特的立场。美国政府虽然对欧洲问题不感兴趣，却是欧洲国家关系的仲裁者。凭借无私和公正，美国使仲裁成为有效的手段，既能避免残酷的战争，又能和平解决各种争端。很容易预测到，在未来，美国会主导世界和平。

修订后的国际法允许中立国不用出让装煤站管理权就能将它们租借给其他国家，这样能满足各海洋国家的基本需求。同样，中立国在不受限的条件下可随时向交战方船只销售煤炭或其他燃料、补给，为此也可以修改国际法。如果修改的国际法得到批准，各国只需拥有少量的装煤站。而且也不需要美国放弃或修改门罗主义。

如果当初英国和美国能采取类似法国和俄国那样比较宽松和自由的政策，装煤站问题就不会如此重要，欧洲抵制门罗主义也不会达到如此激烈的程度。

按照国际法原则，中立国虽然不能贷款给交战方，但没有责任限制中立国国民将钱借给交战方。①

事实上，几乎每场战争中的一方或双方都要依赖外国国民提供的贷款。普法战争中的交战双方都跟英国人借过钱。②

国际法对供给船只煤炭或燃料也有类似规定，这符合公海上交战双方的要求。如果这条规则得以延展，就同样适用于允

---

① 《美国和英国法律百科全书》，第2版，第16卷，第1161页；《国际法殿堂》，第4版，第217页。——原注
② 《美国和英国法律百科全书》，第2版，第16卷，第1161页。——原注

许中立国国民向交战方的战舰出售日常补给品。

出于道义考量，中立国国民既有权贷款给交战国来进行战争，也有权将燃料和食品出售给交战方的船，这其实没有区别。

美国政府如果要在西半球美洲大陆上维持门罗主义外交政策，就要尽力在东半球国家问题上变通一些。

第15章

马克西米利安一世
统治下的墨西哥帝国

1821年，墨西哥脱离西班牙王国独立后便组建了墨西哥第一帝国。根据新宪法的规定，科蒙福特（Comonfort）将军在1855年7月的选举中当选为总统，任期从1855年12月11日起，任期为四年。

1858年1月11日，科蒙福特辞职。军事起义领导者将墨西哥最高权力移交给苏洛阿加（Zuloaga）将军。

墨西哥宪法规定，如果总统职位空缺，就由最高法院首席大法官担任总统。由于科蒙福特已经离开墨西哥，时任最高法院首席大法官的贝尼托·胡亚雷斯（Benito Juarez）在瓜纳华托（Guanayuato）组建了宪政政府。官方正式宣布胡亚雷斯政府成立之前，包括美国驻墨西哥大使在内的外交使团都将苏洛阿加政府视作墨西哥的事实政府。于是，胡亚雷斯与内阁很快在韦拉克鲁斯便建立起新政权（Veracruz）。

苏洛阿加政府遭到了全国各地的坚决抵制，在首都墨西哥城，部分军队已公开反对它，政府已陷入瘫痪。公民大会随后选举代表教会党的米格尔·米拉蒙（Miguel Miramon）将军为新总统，但被米拉蒙拒绝了。在恢复原职后，苏洛阿加任命米拉蒙作为代总统。米拉蒙再次拒绝，继续担任革命党主席。在担任革命党主席的过程中，米拉蒙遭遇失败，之后前往西班牙继续革命事业。

教会在墨西哥拥有价值大约三千万美元的庄园，几乎占整个国家庄园的一半。1859年7月12日，胡亚雷斯颁布法律，没收了教会除教堂及教堂物品之外的所有财产，实行政教分离。

多年的革命和无政府状态使外国公民的人身和财产安全受到严重侵害，特别是欧洲公民的损失最大。没收教会财产时，墨西哥政府没有制定相应条款规定怎么支付被抵押出去的财产的本金和利息，而几乎所有的抵押权人都是欧洲人。此外，墨西哥政府已经拖欠了很久公共债务的利息，其中，拖欠英国债权人的居多。但西班牙王国和法国的索赔理由非常奇怪又可疑。

1859年9月，墨西哥叛乱方同西班牙政府签订协议，承认曾被胡亚雷斯政府否认的部分索赔要求仍然有效。

法国的索赔要求源自米拉蒙于1859年10月29日颁布的法案。该法案授权墨西哥政府发行总价为一千五百万美元的债券。根据指控，米拉蒙与一个处境窘迫的瑞士（Switzerland）银行家杰克尔（Jecker）相勾结，颁布法案的目的是共同获利。

这批债券预计将筹集七十五万美元。然而，1860年5月，杰克尔宣布破产。价值一千五百万美元的债券转移到债权人手中。

由于墨西哥政府1861年以前制定的错误政策，法国提出了总计一千二百万美元的索赔要求。尽管墨西哥政府犯下了很多错误，但法国代表向墨西哥的索赔数额过于庞大。墨西哥宪政派（constitutional party）承认，每个国家的政府都必须履行国际责任，但该党坚称米拉蒙政府不是真正意义上的政府，而是一次失败革命的产物。因此，米拉蒙政府产生的连带债务对墨西哥合众国不具备约束力。

1861年10月31日，英国、法国和西班牙王国在伦敦签订公约。公约包含五项条款。

公约中的第二项条款非常重要，内容如下：

> 各缔约国承诺，实施本公约设想的强制措施时，不会为本国谋求任何领土和特殊利益，不会对墨西哥民族自由选择和组建政府的权利施加歧视性影响。

这三个大国表面上同意的补偿方式是占领韦拉克鲁斯、坦皮科（Tampico）及能进入墨西哥湾（Gulf of Mexico）的其他港口，扣押墨西哥所有港口的海关收入。它们又坚决否认要征服墨西哥或占领墨西哥领土，并且在远征军出发后的很长一段时间里一直重申它们的目的。

1861年12月，西班牙王国、英国和法国的联军以保护本国公民为由，占领了韦拉克鲁斯。这三个国家的公民就是被墨西哥政府没收教会财产的债券持有人和抵押权人。

英国和西班牙王国在迅速调整各自事务后，就撤离了墨西哥。此时，法国正同墨西哥一个强大组织协调行动，所以仍留在墨西哥，占领着墨西哥城，还将马克西米利安一世送上了墨西哥帝国皇位。

1864年年底，除了在墨西哥四处流动的游击队，马克西米利安一世表面上坐稳了墨西哥帝国皇位。虽然我国外交政策禁止推翻与美国关系良好的共和国，禁止欧洲人作为皇帝前来统

治美洲，但美国政府此时尚未表态。

时任国务卿的苏厄德拒绝承认马克西米利安一世政府，理由是墨西哥新政府其实还未完全控制墨西哥全境。因为胡亚雷斯政府依旧牢牢掌控着墨西哥的土地，并且在国内拥有固定的得到授权的政府代表。另外，1864年4月4日，美国众议院通过投票，一致同意，拒绝承认墨西哥的君主制政权。

1864年4月7日，苏厄德写信给驻法国大使戴顿（Dayton），向他解释了众议院针对此事的任何行为都属于违宪，这项决议既不属于众议院也不属于国会，只属于总统林肯。苏厄德进一步表示，林肯目前尚未考虑改变本国政府始终坚持的外交政策。

美国内战刚刚结束，苏厄德便写信给驻法国领事比奇洛，隐晦地表示出对法国在墨西哥行动的不满。

1865年12月16日，在给比奇洛的信中，苏厄德表明如下内容：

> 第一，美国政府真心希望同法国构建真诚、友好的关系。
>
> 第二，除非法国认为停止对墨西哥的武装干预符合本身的利益，否则美国和它的关系将马上面临危险。

在信的结尾，苏厄德说道："即使法国军队从墨西哥撤退,美国政府也不会承认马克西米利安一世政府。"①

苏厄德与比奇洛的外交文书往来持续了近两年。

1864年年初,一年前曾向马克西米利安②公爵献上皇冠的墨西哥代表团依旧带着同样的任务来到欧洲。4月10日,马克西米利安在米拉马尔(Miramar)的宫殿中接见了墨西哥代表团。按照去年的做法,古铁雷斯·德·埃斯特拉达(Giuterrez de Estrada)以墨西哥代表团的名义向马克西米利安致辞。马克西米利安上一次就拒绝了献上的皇位,这次他要求全体墨西哥人民投票将他选上皇位,同时要得到哥哥——奥地利皇帝(弗朗茨·约瑟夫一世)的许可及一定的保障。马克西米利安这些要求正好符合法国的计划。因此,墨西哥部分选区上演了一场选举闹剧,选举结果是马克西米利安以"压倒性优势"当选墨西哥皇帝。

在致辞中,埃斯特拉达不仅说明了马克西米利安当选的事实,还坚信墨西哥贵族、市政当局及所有民众团体都全力支持他。这篇充满溢美之词的演讲谈到了优秀的墨西哥民族对一个人表现出的热烈反应,但这个人他们从未见过,也从未听说过。马克西米利安也写了较长篇幅的文字进行回应:"我完全有理由相信自己是墨西哥人民合法选举出的领导,因此,在1863年10月3日的回信中,我的第一个条件得到了满足。多亏法国皇帝(拿破仑三世)的帮助,未来墨西哥帝国需要的各种保障

---

① 《1865年年鉴》,第321页。——原注
② 1864年4月10日,马克西米利安成为墨西哥皇帝,称马克西米利安一世。——译者注

得以确定。我已获得家族尊贵领导者（弗朗茨·约瑟夫一世）的首肯，他允许我接受赐予我的皇位。在三个世纪前，哈布斯堡家族将基督教君主政体根植于自己的土地上。现在，墨西哥将信心寄托在哈布斯堡家族后人的身上，此举让我动容，我绝不背叛墨西哥。"①

当马克西米利安结束这次接见后，人们欢呼"上帝保佑皇帝马克西米利安一世"来迎接他。随后，的里雅斯特（Trieste）的城堡和市区里传来阵阵礼炮声。

墨西哥代表团集体行屈膝礼，亲吻皇帝马克西米利安一世的右手。随后，交接仪式以官方记录的形式进行，由各方签字生效。墨西哥有了皇帝，一个新的帝国在合众国的废墟上建立了起来。

1864年5月28日，马克西米利安一世抵达韦拉克鲁斯。6月12日，在欢呼声中，马克西米利安一世进入首都墨西哥城。墨西哥历史上，从未见过如此热闹的场面。

马克西米利安一世政府从未得到美国政府认可。在美国政府眼中，墨西哥帝国大使和领事只被当作普通人，禁止从事外交活动；而胡亚雷斯政府的大使和领事，以及其他官员被认为是唯一获得认可的墨西哥政府官员。尽管国务卿苏厄德和法国政府间仍在进行外交文书往来，但美国政府依旧派遣谢里登率军进入与墨西哥接壤的得克萨斯（Texas）。这次大规模军事行

---

① 《1864年年鉴》，第519页。——原注

动表面上的目的是在美国政府和墨西哥政府之间保持中立，维持得克萨斯的和平与安宁。但真正的目的之一是如果美国政府和法国的谈判失败，美国政府在墨西哥边境拥有的强大军事力量，能快速越过边境，加入胡亚雷斯的政府军，以迅速又果断的打击一举粉碎法国和马克西米利安一世在此区域的势力。

当前局势为墨西哥自由党注入了新活力，但保皇党心中满是失望。苏厄德与法国的外交文书往来产生了一项协议，即法国军队分成三批，分别于1866年11月、1867年3月和1867年11月撤出墨西哥。

法国政府明显没有按上述计划行事，它的军队从1867年1月开始直到1868年2月5日才彻底从墨西哥撤离。

到1867年3月1日，马克西米利安一世只是墨西哥本土军队和一支奥地利志愿军的领导者。除了几个孤立的据点，整个国家都落入自由派的手中。美国和法国之间的协议有一个值得注意的地方，即本届政府不会在法国军队撤离后干预墨西哥事务。

出于责任，美国驻法国领事比奇洛提议美国政府在法国撤离后承认马克西米利安一世的墨西哥帝国，但总统杰克逊拒绝了该申请。美国政府同法国签订的不干涉协议有悖于门罗主义。早在法国军队撤离前，马克西米利安一世的墨西哥帝国就处于崩溃边缘，所以这是一份没有实际价值的协议。卡洛塔（Carlotta）皇后返回欧洲去寻求现有同盟的协助，也试图结交新盟友来拯救和维持马克西米利安一世在墨西哥摇摇欲坠的统

治。卡洛塔皇后曾与拿破仑三世会面。1866年8月9日，为回应美国领事比奇洛对某些谣言的质询，法国外交大臣说："我们以极大的热情和尊贵的礼节接待了卡洛塔皇后，但拿破仑三世陛下先前决定的计划会以之前宣布的方式进行。"[①]卡洛塔皇后从巴黎启程，去罗马同教皇会面，然而，她此行的目标都未实现。于是，卡洛塔皇后再次造访梵蒂冈。毫无疑问，就是在这次访问中，她出现了精神受损的症状，她的病情很快恶化，后被确诊为精神错乱。在这种情况下，卡洛塔皇后被送回马克西米利安一世的皇宫。关于迷人的卡洛塔皇后精神错乱的悲惨故事唤起了全人类的同情。

法国军队撤出墨西哥后，马克西米利安一世和墨西哥帝国的历史短暂又血腥，在这里没有必要详细叙述。

1867年5月15日，自由派武装力量冲进克雷塔罗，俘虏了所有保皇党军队，其中就有马克西米利安一世和他的主要将领米拉蒙、梅希亚（Mejia）。

虽然马克西米利安一世拥有一支八千人的武装力量，但围剿军足有一万八千人。在抓捕行动中，围攻者获得了曾是马克西米利安一世帝国的行政官员、叛逃者洛佩斯（Lopez）将军的协助。洛佩斯将军曾是马克西米利安一世的心腹，据说他收受了四万八千美元作为叛变的奖励。马克西米利安一世、米拉蒙和梅希亚接受了军事法庭审判，他们被裁定于1867年6月16日接

---

① 《1864年年鉴》，第519页。——原注

受枪决。

马克西米利安一世受困于克雷塔罗的消息传到他的哥哥——奥地利皇帝的耳中，他通过驻华盛顿大使请求美国政府代表这位不幸的君主进行干预。国务卿苏厄德立即指示驻墨西哥大使坎贝尔（Campbell）向胡亚雷斯表达了这样的想法，"美国政府的愿望是，如果抓获了马克西米利安一世和他的支持者，请保证他们会受到文明国家给予战俘的人道主义待遇"。[①]

普鲁士王国驻墨西哥大使马格努斯（Magnas）男爵向胡亚雷斯保证，他的君主（威廉一世）及"全欧洲的君主都与被囚禁的马克西米利安一世有血缘关系，他们可以保证这些囚犯永远都不会再踏上墨西哥的土地"。[②]然而，胡亚雷斯坚定地拒绝了所有请求。三天的缓刑期过后，1867年6月19日，一排墨西哥士兵对马克西米利安一世执行了枪决。米拉蒙和梅希亚被剥夺了军衔，没收了所有荣誉勋章，作为叛国者被从背后开枪打死。

马克西米利安一世在发现法国的援军要撤离墨西哥，以及墨西哥帝国处于崩溃时，他本可以退位并返回奥地利。但他更愿意留下来，想要与送他登上皇位的墨西哥人民同甘共苦。

墨西哥总统胡亚雷斯是一个纯血统的印第安人。他出身贫寒，曾在一个仁慈的修士那里接受教育，并根据其种族的本能伸张正义，怜贫惜弱。

印第安人的本性与白人文化间的差异可从对待战俘的方式

---

① 《1867年年鉴》，第498页至第499页。——原注
② 《1867年年鉴》，第500页。——原注

● 1867年6月19日,一排墨西哥士兵对马克西米利安一世执行了枪决。绘者信息不详,见于1867年8月10日的《哈珀周刊》(*Harper's Weekly*)

上看出端倪。如果胡亚雷斯是一个白人，他会将马克西米利安一世遣送回奥地利。在那里，伴着音乐，墨西哥帝国的智慧、文化、美丽和尊贵会像从前一样，乘着来自的里雅斯特的贡多拉船（gondolas），光顾马克西米利安一世的米拉马尔城堡。在那里，马克西米利安一世还会在树林中和弯曲的道路上听到童年时的欢声笑语。

胡亚雷斯本应宽恕米拉蒙和梅希亚，并且将他们流放，或让他们生活在他们背叛过的国民当中，成为人们谴责和痛恨的对象。然而，正如现实表现的那样，在处决米拉蒙、梅希亚和马克西米利安一世三位杰出人物后，胡亚雷斯又增加了一长串处决名单，使墨西哥帝国成为墨西哥历史中恐怖的一章。

胡亚雷斯是迄今为止墨西哥造就的最伟大的政治家，勇敢又忠诚的爱国者。但在对待倒下的对手时，我们无法原谅他的冷漠和残酷。

富有感情、审时度势是真正伟大和高尚心灵的珍贵之物。离经叛道者是暴君，他的信条是残暴的本质。

第 16 章

委内瑞拉的边界

荷兰人在争取独立的战争中，在南美洲的大西洋沿岸、埃塞奎博河（Essequibo River）以东建立了一个定居点。根据1648年的《明斯特条约》（treaty of Munster），该地区被正式认定为荷兰殖民地。

1810年，包括委内瑞拉在内的说西班牙语的殖民地爆发起义。1830年，委内瑞拉脱离大哥伦比亚共和国。1845年，委内瑞拉取得独立，并且得到西班牙王国的承认。

委内瑞拉建国时，其宪法和法律就确认埃塞奎博河为本国边境线。西班牙王国也曾考虑将埃塞奎博河作为边境线，并且在1845年同委内瑞拉缔结的条约中重申了这一点。因此，埃塞奎博河就毫无争议地成为荷兰和西班牙属地间公认的分界线。

1814年，荷兰将德梅拉拉（Demarara）、埃塞奎博和伯比斯（Berbice）等地割让给英国。英国获得了荷兰在这三个区域的权利，而委内瑞拉同样得到了原属于西班牙王国在此区域的一些权利。荷兰人曾占领埃塞奎博河以西靠近海岸线的领土，但从未越过巴拉那河（Parana River）和莫罗科河（Moroco River）。

1836年，英国试图在奥里诺科河（Orinoco River）河口的蓬塔巴里马（Punta Barima）修建灯塔。此前，德梅拉拉的英国当局曾承认委内瑞拉的管辖权覆盖莫罗科河以西的部分区域。

1841年，英国首次提出要将其领土扩张到西至奥里诺科河河口的蓬塔巴里马。这一要求由一个叫尚伯克（Schomburhk）的英国工程师提出，他已经勘探了西至位于奥里诺河口的蓬塔巴里马这条边境线，并在埃塞奎博河以西很远的地方设置了标杆。

如此一来，该区域既靠近奥里诺科河，又紧邻蓬塔巴里马。为了回应委内瑞拉政府的抗议，阿伯丁勋爵（Lord Aberdeen）命令尚伯克撤掉标杆，向委内瑞拉政府说明英国政府并未打算占领该区域。

1844年，委内瑞拉政府和英国展开谈判。委内瑞拉政府仍提议将埃塞奎博河作为边境线，而阿伯丁勋爵建议将边境线定于埃塞奎博河以西的莫罗科河，愿意将莫罗科河和阿马库罗河之间的区域全部割让给委内瑞拉，但实际上英国从未对这片区域宣誓过主权。

一开始，委内瑞拉政府拒绝了阿伯丁勋爵的提议，但1876年谈判重启后，又接受了该项提议。然而，格兰维尔勋爵（Lord Granville）不认同这项提议，提出了涵盖大西洋沿岸大片土地的边境线方案，但内陆边境线的划分与阿伯丁勋爵的方案相同。委内瑞拉政府对格兰维尔勋爵的方案提出抗议，并且请求美国协助解决这个问题。随后，索尔兹伯里勋爵（Lord Salisbury）提出了一项带有仲裁条款的协议，而此时英国殖民地事务部发生了人事变动。

1886年，索尔兹伯里勋爵的继任者罗斯伯里勋爵（Lord Rosebery）重启谈判。他提出的边境线并没有比格兰维尔勋爵划定的界线更偏向西边，但他要求得到莫罗科河的自由航行权，这一要求遭到委内瑞拉政府的拒绝。

就因为尤尔阿里（Yuruari）区域被探明矿产资源丰富，所以英国政府深入该区域，毫不掩饰地要对这片荷兰从未占领过的区域宣示主权。

为此，委内瑞拉政府断绝了与英国的外交关系。1889年12月，英国占领了奥里诺科河的主要河口，宣布蓬塔巴里马为英国的港口。1890年，索尔兹伯里勋爵对外宣布，英国不接受关于尚伯克划定的边境线以东领土问题的仲裁，并且对该区域以外的土地提出领土主张。

英国人一直将美国国务卿贝亚德（Bayard）先生当作他们的好朋友。1888年2月17日，在贝亚德给美国驻伦敦大使费尔普斯（Phelps）先生的信中，毫不掩饰地表明了英国领土主张的无效性，并且表示美国政府协助解决争端的良好意愿不仅会受到打击，而且会产生美国政府严重关切此事的感觉。

1895年7月20日，在寄给驻伦敦大使贝亚德的信中，国务卿理查德·奥尔尼坚决执行门罗宣布的独特外交政策。

英国皇家法律官员仔细研究过奥尔尼的来信后，索尔兹伯里勋爵才回信。

1895年11月26日，索尔兹伯里勋爵在两张便条中表明了自己的观点，认为美国政府从未以正式书面外交函电的方式向其他国家提出过门罗主义；同时，门罗主义自1823年起已发生显著变化。

索尔兹伯里勋爵将神圣同盟看作门罗一直对抗的政治体系，同时坚信门罗在总统任期内受到全国人民的拥戴。不过，索尔兹伯里勋爵随后补充道："但门罗担忧的危险与我们当今面临的危险无关。尽管英国和委内瑞拉政府有领土争端，但英

国没有强加给委内瑞拉任何政治制度。我们仍是友好的邻居，美国与此事无明显关系。"①

索尔兹伯里勋爵拒绝接受门罗主义，称它只是一条全新的原则，既不是国际法的一部分，也没有得到任何国家政府的承认。

据说，索尔兹伯里勋爵强调："无论是杰出的政治家还是强大的国家，都无法将其他国家政府从未承认过的全新原则加入国际法条例中。"

鉴于英国拒绝接受对委内瑞拉边境线问题的仲裁，所以1895年12月17日克利夫兰总统在演讲中向国会说明了自己没有成功劝说英国接受对边境线问题的仲裁，重申了门罗主义以及建议国会授权任命特派员对真实边境线做出调查报告。于是，国会一致同意任命特派员。之后，克利夫兰指派戴维·J.布鲁尔（David J.Brewer）大法官和另外四人作为特派员去委内瑞拉对真实边境线问题进行调查，但他们并未完成任务。国会的任命引发了美国、英国和委内瑞拉再次的外交文书往来，结果是英国和委内瑞拉任命了一个联合委员会，并且在随后的会议中解决了边境争议问题。

委内瑞拉选择的是美国最高法院首席大法官富勒（Fuller）和大法官布鲁尔，而英国选择的是首席法官拉塞尔勋爵（Lord Russell）和法官柯林斯（Collins）。四人共同负责解决英国和委内瑞

---

① 《1895年年鉴》，第748页至第749页。——原注

拉的边界争端。

俄国教授马腾斯（Martens）是一位博学的国际法评论员，在巴黎仲裁委员会中担任审判官和仲裁员。1899年10月3日，他在听取了双方律师的证词和辩论后，宣布了最终的仲裁结果。仲裁委员会将富含矿藏的尤尔阿里区域归还给委内瑞拉，将英国所占区域的海岸线尽量向西延伸，但只能延伸至蓬塔巴里马。因此，英国领地向西最远不能延伸至奥里诺科河河口。

仲裁委员会在裁定过程中不仅考虑了双方边界的早期历史，也参考了近期殖民地和开发的实际情况，最后才做出了一致决议。

强迫英国接受对边界问题的仲裁是对门罗主义的全新应用，也令欧洲国家感到十分吃惊。欧洲国家不仅开始思考这次仲裁行动权威性的来源，也开始考虑门罗主义未来的可能性和可操作性。

索尔兹伯里勋爵在信中采纳了很多美国政治家先前所持的观点，即除了作为对抗神圣同盟或性质相似的欧洲国家联盟的手段，门罗主义毫无用处。

在同法国就马克西米利安一世的墨西哥帝国问题的通信中，苏厄德根本没有提到门罗主义，因为欧洲国家也还未正式了解我们有一条叫门罗主义的外交政策。

第 17 章

德国与巴西

美国报纸援引了德国新闻界对美西战争的各种评论。评论显示出德意志政府和人民深受各种误解的困扰，他们认为美西战争源于美国政府将门罗主义用于处理西班牙王国在古巴岛上的事务。

德国新闻界的评价进一步展示了除英国之外，几乎所有欧洲国家的政府或多或少都对门罗主义存在误解。这会给人留下如此印象，即欧洲强国将联合西班牙王国组成打破门罗主义的同盟，这将给美国带来巨大风险。美国与欧洲开战的焦虑幸运地避过去了。

1900年5月，在参议院的演讲中，马萨诸塞州参议员洛奇（Lodge）先生提议为海军增添更多战舰。

> 我非常怀疑某个欧洲国家——它的海军可能正在快速发展——或许不会去挑战门罗主义，然而，当前的情况要求我们在巴西或在其他南美洲国家保护门罗主义，这并非无稽之谈。我相信维护和平的方式就是要打造一支任何国家都不想遇到的海军。

显然，这位杰出的参议员所指的欧洲国家就是德国，因为在洛奇发出危险警告前，海军上将杜威（Dewey）曾在马尼拉同德国海军指挥官陷入争端，险些酿成战争。

美国和德国的紧张关系从那时起就开始快速升级。所有迹象都表明德国寻求同美国一战，同时，它的新闻界对美国

的指责向来非常露骨，不留情面。在这里，我们不对德国的各种行为做过多讨论，现在只讨论它同巴西的关系。

德国在巴西南部的殖民过程一直都很迅速。巴西现有大约三十万德意志人或被归为德意志人的人，其中，至少有二十三万德意志人生活在巴拉那州（Parana）、圣卡塔琳娜州（Santa Catharina）和南里奥格兰德州（Rio Grand Do Sul），剩下的七万人大部分又都住在圣保罗州（San Paulo）和米纳斯吉拉斯州（Minas-Geraes）。这五个州共同构成了巴西南部区域。

德国政府试图在巴西南部实施已有的殖民政策，所以美国政府对巴西南部的情况有些担忧。

1841年，佩德罗二世（Pedro II）成为巴西皇帝。当时巴西国土面积差不多和美国领土一样大，但此时美国领土并不包括最近从西班牙王国独立出来的部分。佩德罗二世是一个很有进取心的统治者，在统治早期，他让巴西政府拨给移民大量土地，前提是十万移民要于1862年之前定居在划拨的土地上。

佩德罗二世制订的计划如同给予欧洲移民从欧洲来巴西的免费船票。其中，欧洲移民又以德意志移民为主。尽管移民潮遇到过阻碍和问题，但这些依旧无法完全阻止德意志移民，他们仍源源不断地迁移过来。

借此移民潮，德国和巴西之间产生了新的邮政协议和商业关系。德国同巴西的关系也愈加紧密。因此，除推翻巴西共和国并在废墟上建立一个帝国之外，德国可以在不违反美国外交政策的前提下为巴西的德意志人做任何事。

如果巴西发生内战，德国可以积极配合冲突中的任意一方。如果巴西的德意志人与其他种族爆发战争，德国可能会支持前者，甚至可以协助德意志人将整个巴西的政权握在手中。德国的所有政策和援助都可以在不违反门罗主义的前提下完成。

德意志人殖民的巴西南部五个州的面积总和是得克萨斯面积的两倍，是纽约州面积的十多倍，是新英格兰（New England）面积的八倍。

1889年，尽管巴西从帝国向共和国的转变是一场没有流血的革命，但毫无疑问，新成立的巴西合众国离痛苦考验不远了，血的洗礼就要到来。巴西发生的这种不同寻常的情况就在于君主政体从未让位给共和政体。这场革命是由遍布在巴西各个角落的辩论学会发起的，为梳理出各种细节问题，它们召集了大量人才，采取了不同的措施。

于是，佩德罗二世得到抚恤金后，就被送往了葡萄牙。在亲属的陪伴下，他可以平安、祥和地度过余生。

就是这样一个从诞生之日起就没有英雄主义和自我牺牲等神圣记忆的共和国，我们只能静观它未来的命运。巴西合众国是一个没有传奇的邦克山（Bunker Hill）、福吉谷（Valley Forge）和约克镇（Yorktown）的共和国。

起初，德国政府与殖民巴西一事并没有关系，德意志人向巴西移民只是因为巴西帝国实行的特殊政策。

德皇威廉二世（William II）就是在纷乱世态中出生和接受洗

礼的，但他超高的政治才能引导他去思考和从事在他看来对德国和德意志民族最有利的事情。

德意志人对巴西的殖民就像各种形式的移民一样，遭到了首相俾斯麦（Bismarck）的强烈反对。的确，直到1896年，德国政府对移民巴西的反对程度远超它对移民美国的程度。

佩德罗二世对外宣布向欧洲定居者慷慨赠地的政策后，整个计划便以一种商业模式展开来。德意志的汉萨（Hanse）同盟①的城市在财力和商业上对移民巴西表现出兴趣。数世纪来，汉萨同盟不仅赢得了人民的尊重，还敢于违背君主的权力。汉萨同盟虽然早已解体，但在财务和商业领域仍旧依稀可见旧时的影响力，这使佩德罗二世无视德国政府的抗议和反对，继续执行计划。

德意志人口数量在巴西南部以惊人的速度增长。一般来说，每个德意志家庭都会抚养十到十五个孩子。布卢梅瑙（Blumenau）是德意志移民五十年前聚集的殖民地，其规模每十年就会扩大一倍。巴西南部现在被称为"大德意志"。德意志人在商业上和财政上拥有至高无上的权利。

德意志移民依旧效忠于德国，遵守故土习俗。通常来说，出生于巴西的德意志人在法律意义上是巴西公民，但他们依旧将德国视作母国，欢庆所有德意志民族的全国性节日和纪念日，继续使用德语。

---

① 汉萨同盟，12世纪到13世纪中欧的神圣罗马帝国和条顿骑士团诸城市间形成的商业和政治联盟，以德意志北部城市为主。——译者注

巴西原住民为多种族混杂人口，对国家的感情并不强烈。巴西原住民将迁移至此的外国人看作地位远高于自己的人，怀着崇敬之心仰视德意志移民。这种情况多少类似于墨西哥原住民看科尔特斯（Cortez）时的心情，特别是当他们听到科尔特斯的炮声响彻山川河谷的时候。

　　在这种状况下，巴西原住民根本没有能力去同化和吸收来到这里的移民。

　　但德意志人有能力去同化和吸收巴西原住民。虽然这个过程非常缓慢，但同影响全人类的其他进程一样无法阻挡，仿佛由不可抗拒的明文法令确定下来。随着时间推移，特别是在巴西的原住民无法同化德意志移民等情况进一步发展时，人们会发现，"大德意志"的殖民化如同"未经雕饰的石块"，日后会逐渐演变成高山，并且占领整个地球。

　　就在德意志人的期望和抱负中，有些情况发生了重大改变。无数次的探索旅程让德意志人已踏遍整个巴西南部，但他们的发现从未对外界公开。

　　德意志旅行家莱泽（Leyser）博士在最近出版的关于圣卡塔琳娜州的书中写了以下内容：

> 　　我们到处都有殖民地和忠诚于母国的后裔，但这些都不如巴西殖民地那样充满希望。如今，巴西各省中百分之三十的居民都是德意志人或德意志后裔，他们的人口自然增长率远超过葡萄牙人。毫无疑问，这

部分区域属于我们，特别是从圣弗朗西斯科港一直延伸到内陆的圣卡塔琳娜州，这部分区域拥有迄今为止尚未开发的、确定无疑的财富。的确，巴西南部是一片富饶和肥沃的土地。在这片土地上，德意志移民可以保留自己的民族性，一切都包含在象征着灿烂未来的"德意志主义"（Germanismus）一词中。①

赫尔曼·迈尔（Herman Meyer）博士在最近一期《殖民期刊》（Kolonial Zeitschrift）中撰文说："德意志精神不可磨灭地扎根于殖民者心中。毫无疑问，德意志精神会在此结出果实，也许是丰硕的果实。这颗丰硕的果实不仅是殖民地的福气，也是对德国最好的馈赠。"②

上面提及的原住民无法同化移民的情况没有逃过巴西人的眼睛。对巴西人来说，一切已经演变成一种持久的、不断积累的焦虑感，因为在他们看来这似乎是"不祥之兆"，预言了他们民族性的覆灭。

南美洲最杰出的国际法学家之一、巴西的穆尔蒂尼奥（Murtinho）博士在最近的演讲中承认，原住民无法同化不断涌入巴西的欧洲移民。他发出的警告已经在巴西南部造成轰动。

鉴于德意志人在巴西南部五个州的同化过程或其他原因，德国可能会在某个时间为移民组建独立政府。如果巴西共和国

---

① 《北美评论》，第176卷，第64页。——原注
② 同上。——原注

的绝大多数人或"大德意志"的绝大多数人自愿成为德国的一部分，门罗主义就无法起作用。

1863年10月23日，在写给驻法国大使戴顿的信中，国务卿苏厄德谈及以下内容：

> 根据美国政府的看法，法国在墨西哥永久建立一个外国君主政府既不容易也不可取。但我们很高兴法国深知这一点。
>
> 麻烦您告知特罗恩·德·吕伊（Drouyn de l'Huys）先生，美国政府的立场不会改变。但美国政府无法预料墨西哥人民的行为，也不愿让他们有丝毫决心或意愿允许美国干涉他们的历史发展进程，或控制或干预他们的自由选择，或破坏他们享受依据绝对自由选择权建立的政府形式。
>
> 美国政府始终贯彻这一原则：只能将墨西哥的命运交给墨西哥人民，承认墨西哥主权和独立。墨西哥人民将自行选择以何种形式来表明墨西哥的主权和独立。①

墨西哥人民将马克西米利安一世选为墨西哥皇帝。同时，为马克西米利安一世献上皇冠的墨西哥代表团将他当选皇帝一

---

① 《1863年年鉴》，第644页至第645页。——原注

事报告给了苏厄德。报告上写着："这一切得到了全国绝大多数人的支持和墨西哥贵族的称赞。"但美国政府心知肚明，这场选举是由墨西哥政府一手导演的骗局和闹剧。

我国外交政策的杰出阐述者苏厄德认为，类似墨西哥的情况，巴西也可以根据人民的选择决定采用何种政府形式，以及是成为美洲国家的国民还是成为欧洲国家的国民。

前面的章节里指出，自从对外公布《门罗宣言》以来，英国就已经在新西兰和斐济群岛殖民，从那时起，英国从西班牙殖民地的租客转而成为英属洪都拉斯的主人。

尽管限制政府权利的行为没有法定时限，但美国政治家并不打算去质疑英国获得这三块殖民地的权利和所有权。由于前两块殖民地距离美国十分遥远，英国在得到它们时，并未引起公众的注意，而就洪都拉斯而言，整件事也发生得悄无声息，没有人对英国获得洪都拉斯的权利问题提出质疑，这暗示了英国对洪都拉斯的所有权没有问题，没有违反我国的外交政策。

巴西南部位于这个大陆较偏远的位置。因此，德国认为，它可以在不违反先例的条件下通过温和与亲善的外交在巴西行使自己的权利。

华盛顿、汉密尔顿、杰斐逊和马歇尔（Marshall）等政治家的努力，以及民兵的英勇和爱国精神，共同塑造了美国前一百年的辉煌历史。

美国要想获得第一个百年的成功，并且继续辉煌地度过第二个百年，很大程度上取决于美国外交在世界外交领域的灵活性和技巧性，也在于美国海军的实力和效率。

这块来自莱茵河（Rhine）畔采石场"未经雕饰的石块"（德国）或许会将拉丁美洲共和国碾碎。这些共和国可能已经成为尼布甲尼撒二世①梦到的一个具体形象——金质的头，银质的胸膛和臂膀，铜质上的肚腹和大腿，这三个部分代表了政府相互协调的三个分支；铁质的腿，半铁半泥的脚，代表了支撑政府的人民，而印第安人和黑人组成了用泥塑造而成的脚。为安抚尼布甲尼撒二世的紧张情绪，在解梦的过程中，但以理②只清楚地告诉尼布甲尼撒二世需要了解的部分。让时间本身来向普通人揭示平衡的真理。对尼布甲尼撒二世来说，在无数帝国起起落落中不断重复的历史并不重要。

无论何时，美国和德国之间因何种原因引起的争端都会采取外交文书的方式解决。德国政府会对美国政府表现出尊重和体谅，并且反对德国内新闻界对美国的指责。威廉二世现在也一直尽全力让自己了解我国外交政策的性质和适用范围，而不是一味地攻击它。

---

① 尼布甲尼撒二世（Nebuchadnezzar II），新巴比伦王国国王，因建造巴比伦空中花园而闻名，同时以毁掉所罗门圣殿为人熟知。尼布甲尼撒二世的这个梦记录在《但以理书》中。——译者注
② 但以理（Daniel），《圣经》中记载的犹太王国的希伯来人。公元前607年，但以理为新巴比伦王国所掳。在《但以理书》中，他与另外三个希伯来青年被选中服侍尼布甲尼撒二世。——译者注

第 18 章

德国与丹麦

丹麦和美国曾达成协议，前者愿意以三千万美元将丹属西印度群岛（Danish West Indian Islands）转让给美国。丹麦很乐意甩掉它视作负担的丹属西印度群岛，岛上的居民也很高兴接受改变，并且投票赞成转让协议。

完成交易所需的就是让转让协议得到丹麦议会上议院批准。丹麦人对上议院同意政府将丹属西印度群岛转让给美国没有异议。1902年10月，丹麦政府将转让协议提交到上议院以获批准时，却以一票之差遭到否决。上议院的行为让丹麦政府和美国政府以及两国人民大吃一惊。

多年来，德国一直在加勒比海为本国船舰寻求获得装煤站和海港。关于实现该目标的最佳方法始终是一个德国感兴趣并持续思考的话题。德国研究过我国外交政策的性质，认为就目前状况而言，它无法通过和平方式在美洲获得岛屿和领土，所以就将目光锁定在丹属西印度群岛。如果形势变化能让德国通过和平的方式获得丹属西印度群岛，那将是一笔最好的投资。

在这些情况下，在这些希望的激励下，德国对丹麦上议院施加了影响，导致丹麦向美国转让丹属西印度群岛的协议遭到否决，美国人对此深信不疑。德国新闻界也坚定地反对丹麦和美国之间的转让交易。

德意志人期望获得丹属西印度群岛基于以下三点：

第一，美国同欧洲国家发生战争，从而废除门罗主义。

第二，美国自愿放弃门罗主义"这项传统的外交政策"，或某个软弱无能、优柔寡断和裹足不前的美国政府疏于对它的维护。

第三，普法战争的胜利和德国统一为德意志人的凝聚力和侵略性注入新活力。

从拿破仑时期到德皇威廉一世（Wilhelm I）时期，除对外移民和分散而居之外，德意志人几乎无所作为，在西欧各国中逐渐失去身份认同。在未来的某一天，统一后的德国很有可能将其欧洲边境扩张到同查理曼（Charlemagne）帝国时一样大的疆域，甚至更大。

丹麦在地理上与德国接壤，它们的关系如同犀牛鼻子上的犀牛角尖。尽管德意志人厌恶丹麦人，但不足以阻止德国吞并丹麦或巩固同丹麦的关系。

1864年10月，《维也纳条约》（treaty of Vienna）将构成丹麦大部分面积的石勒苏益格（Schleswig）与荷尔斯泰因（Holstein）两个公国分离出去，这两地现在是德国的领土。德国很有可能将丹麦剩下的领土也吞并掉。上述事实，再加上德国急需一支庞大和快速发展的海军，就使得它强烈反对丹麦将丹属西印度群岛转让给美国。

如果丹麦和遥远的属地西印度群岛共同并入德国，门罗主义就会应用到复杂的领土转让问题上。按照美国政府对门罗主义的解释，禁止丹麦将丹属西印度群岛转让给德国。但如果德国吞并丹麦，丹属西印度群岛就不是以转让的方式让给它。

当前这一难题的出现令人始料不及。如果丹麦自愿依附于德国，并且通过了自由和公正的投票，丹属西印度群岛决定跟随丹麦并入德国，这种情况就不会违反门罗主义。正如林肯政府向法国表明的立场一样，因为美国政府曾告知法国政府自己不会反对墨西哥采取何种政府形式，只要它是由墨西哥人民自由和自愿选择而产生。

毫无疑问，美国政府会将门罗主义解释为禁止将美洲岛屿或领土转让给欧洲国家，除非转让是在人民的自由选择下进行的。美国将会是选举有序性和公正性的唯一裁判，就像墨西哥人民通过一致投票将马克西米利安一世选为墨西哥皇帝一样。

美国的外交政策不是一部成文法，所以美国政府在建构和说明门罗主义的技术性规则方面永远不会退却。

第 19 章

地峡运河

欧洲人发现美洲大陆后不久，建设穿越中美洲地峡的运河就成为人们热议的话题。科尔特斯征服墨西哥后，为此展开过实地勘探。西班牙国王腓力二世（Philip Ⅱ）曾雇用两名佛兰德（Flemish）工程师勘探出接近今天巴拿马运河的所在路线。由于无法克服的困难、巨大花费和政治原因，在听取两位工程师的报告后，腓力二世命令任何人不得重提这个话题，或任何关于运河的提案，否则将对其处以死刑。

建设穿越地峡的运河很早就受到美国人民的欢迎。1835年3月3日，参议院采纳一项决议案，要求总统（安德鲁·杰克逊）考虑与中美洲、新格拉纳达（New Granada）和其他国家就共同建造可以通过航船的地峡运河的可行性展开谈判。

波尔克将1846年同新格拉纳达的协议递交给参议院后，在1847年2月10日的演讲中说道，在说西班牙语的美洲共和国脱离西班牙王国实现独立后，美国对建设穿越地峡的运河的兴趣就被点燃了。

1881年，曾修建苏伊士运河（Suez Canal）的斐迪南·德·雷赛布（Ferdinand de Lesseps）建立了一家法属公司。他计划开凿一条从太平洋到大西洋，全长四十六英里，底宽七十二英尺[①]，深二十八英尺的运河。

到了1881年秋天，雷赛布开始执行修建运河的计划。截至1886年6月30日，他为建造运河一共花费了高达七亿

---

① 英尺，1英尺约合0.3048米。——译者注

七千二百五十四万五千四百一十二法郎。尽管成本远超预算，但法国人的傲慢融入了运河事业中。法国政府授权发行总计六亿法郎的彩票债券。虽然彩票债券没有担保，但保证对获奖者有一定的奖励，所以被称为"运河彩票债券"(Canal Lottery Bonds)，类似于彩票中的抽奖活动。很可惜，彩票债券只销售出很少一部分。

1889年，法属运河公司因资不抵债而暂停运作。此事之后，法国政界爆出丑闻，我们除了指出这些丑闻对任何打算援助私人企业的政府有指导意义之外无能为力。

法国政府的前期工作并非没有取得实质性成果。1887年7月21日，雷赛布在巴黎的董事会上提议改变运河计划，使其成为利用船闸将船升高的运河，提议得到董事会采纳。而就在几年前，雷赛布在巴黎的一次讲座中赞同将运河深挖至海平面以下，不用船闸就能让最大的船通过。雷赛布观点转变的一部分原因是他在库莱布拉山(Culebra Mountain)遇到的困难。

根据美国海军中尉罗杰斯(Rogers)在1887年3月的测量报告，库莱布拉山主要由沙土、冲积土和页岩构成。它所在的纬度多大暴雨，且极易渗入土中，引发山上物体滑向运河；而干燥的天气导致地表发生龟裂，形成很深的沟壑，从而易使地表的土层滑入运河。

大西洋一侧科隆(Colon)的高低水位差不超过23英尺，而太平洋一侧巴拿马城的水位差通常在13英尺，有时是19.5英尺。这可能是此处适合建立船闸的另一个原因。

英国和美国两国政府废除了《克莱顿-布尔沃条约》。1901年11月18日，美国政府向参议院提交了《海-庞斯富特条约》(Hay-Pauncefote treaty)，很快得到批准。通过废除旧条约及批准新条约，美国政府针对美洲的外交政策得以重新确立。

1902年，美国国会通过法案，旨在沿雷赛布的路线建造从科隆到巴拿马穿越地峡的运河。

这条运河对美国政府维护自己在美洲的外交政策非常重要。

美国政府选择巴拿马路线而不是尼加拉瓜(Nicaragua)路线，能永久打消或防止欧洲资本家建造穿越地峡运河的计划。如果当初选定尼加拉瓜路线而不是巴拿马路线，得到欧洲国家扶植和鼓励的私人企业会在将来的某一天建成巴拿马运河。

这样一来，就会对美国推行的外交政策构成持续和全面的威胁，也会成为美国对外关系和对外交往过程中软弱性和威胁性的来源。

1902年6月6日，俄亥俄州参议员M. A.汉纳(M.A. Hanna)在参议院的演讲中，大力支持尚未决定的巴拿马运河法案："正如我所说，如果巴拿马路线是最适合的运河方案，或假如我们出于某种原因决定沿尼加拉瓜路线修建运河，我们怎么确定和保证其他国家或参与者不会出于自身责任感完成巴拿马运河的修建？"[①]

巴拿马运河的地理位置非常重要，所以美国政府选择巴

---

① 《参议员汉纳的演讲手册》。——原注

拿马路线会使国有企业或私营企业无法建设其他运河。因此，美国政府选择的地峡运河线路加强了对门罗主义外交政策的维护。

值得注意的是，美国政府在修建穿越地峡的运河中，对其他美洲共和国充满了善意。

1902年1月，美洲国家会议一致采纳了下面的决议：

> 参加墨西哥国际会议的美洲共和国赞同美国建造连接大西洋和太平洋运河的决心，并且一致认同这项工程不仅有益于美洲人民，还是人类文明史上最伟大的工程之一，能够在最大限度上有益于美洲国家同世界上其他国家的贸易发展。①

1850年4月19日，《克莱顿-布尔沃条约》第一条做出如下规定：

> 第一条，英国和美国两国政府均不能出于自身目的获得或维持对上述运河的独家控制权，不能建造或保留防御工事，不能占领尼加拉瓜、哥斯达黎加（Costa Rica）、莫斯基托海岸或中美洲其他区域，或修建工事、殖民，行使任何统治权；不允许为实现上述目的

---

① 参议院档案第三百三十号，第57页。——原注

利用可以提供的或可能提供的保护，以及与他国和人民结成的或可能结成的联盟；两国政府均不能与运河流经的国家或政府建立联盟或对它们施加影响，以此获得运河流经国家的国民享有的经商权或航行权。①

《克莱顿-布尔沃条约》一经批准就引起美国国内强烈不满。1856年10月17日，经过大规模修订的《克拉伦登-达拉斯条约》（Clarendon-Dallas treaty）获参议院通过，但英国政府拒绝批准该条约。1856年2月12日，马萨诸塞州参议员亨利·威尔逊（Henry Wilson）在发言中提议本届政府宣布《克莱顿-布尔沃条约》无效。威尔逊此举是为了表达美国杰出的政治家对《克莱顿-布尔沃条约》的批判和不满。总统海斯（Hayes）执政期间，废除《克莱顿-布尔沃条约》的民意被彻底点燃。加菲尔德（Garfield）当选总统后，国务卿布莱恩（Blaine）先生曾联手格兰维尔勋爵，试图废除这个条约，但以失败告终。

弗里林海森（Frelinghuysen）先生接替布莱恩成为国务卿，再次向格兰维尔勋爵提议废除《克莱顿-布尔沃条约》，但他同布莱恩一样都没有成功。由于英国政府始终拒绝废除《克莱顿-布尔沃条约》，美国政府对英国政府愈加不满。但在《海-庞斯富特条约》替换《克莱顿-布尔沃条约》后，美国人对英国政府的态度得到改善，其成效超过过去五十年来出现的任何

---

① 《美国法律总汇》，第9卷，第881页。——原注

情况。此次令双方满意的外交文书以成功废除旧条约告终。如此一来，美国坚定主张将来建设运河一定要将其置于本国的政治管控之下。《海-庞斯富特条约》满足了美国的要求，而且美国据此将得以建造和控制巴拿马运河。

1902年秋，就在美国政府和哥伦比亚政府缔结《巴拿马运河条约》之前，出现了严峻的问题。就在哥伦比亚内战正酣之时，美国海军上将凯西（Casey）在地峡禁止哥伦比亚政府通过巴拿马铁路运送军队和弹药。凯西这样做完全是出于担心，因为如果他答应哥伦比亚政府的请求，驻扎在地峡的革命军就会攻击巴拿马铁路。虽然美国政府对此做出了解释，并且要求凯西要十分确定哥伦比亚政府军的存在会引起叛军攻击，否则就不能禁止哥伦比亚政府运送军队，但哥伦比亚政府要求修改两国1846年签订的条约。

一支庞大的美国海军驻守在巴拿马运河周边地区，以及凯西禁止哥伦比亚政府通过巴拿马铁路运送军队，这两件事激起了哥伦比亚政府和民众内心的恐惧，他们担心美国政府会永久地占领地峡。鉴于当前状况，建造尼加拉瓜运河的计划在美国国内再次引发讨论。

国会通过建造巴拿马运河的法案后，美国政府和哥伦比亚政府就建造运河达成《海-埃朗条约》（Hay-Herran treaty），但该条约的生效需得到哥伦比亚政府的批准。

1903年夏天，哥伦比亚总统马罗金（Marroquin）召集国会商讨《海-埃朗条约》，但哥伦比亚国会审议条约的进程非常拖沓。美国政府收到的哥伦比亚国会的审议报告含糊不清、相互矛盾。对此，美国国会并不满意。因此，美国国会就应对措施进入投票阶段，投票结果一致反对批准《海—埃朗条约》。

几个星期后，美国人民和新闻界便发问：政府现在要采取什么措施？现在要将方案调整为尼加拉瓜路线还是同哥伦比亚政府进行进一步谈判？关于巴拿马人民发动革命反抗哥伦比亚政府的统治，以及巴拿马宣布独立的言论传遍美国，上述问题直到1903年11月才得以解决。关于巴拿马独立的言论很快得到巴拿马共和国的证实，同时，它很快同各美洲共和国建立了外交关系。于是，美国政府立即向驻守在科隆和巴拿马附近的海军下令，禁止哥伦比亚军队在运河两侧五十英里内登陆。

中立国有两种形式承认新国家，这两种形式依据的原则或多或少都得到了国际法规则的认定。一种形式是承认交战权，另一种形式是承认新国家。中立国承认叛乱国的交战权自然优先于承认一个作为主权独立的新国家。在巴拿马问题上，美国政府同时做出两种形式的承认，主要承认包括次要承认，承认国家独立意味着承认交战权。一位法律文稿公证人用下列文字表述了承认交战权：

> 如果某个国家存在国内冲突，就会出现其他国家承认它是否存在战争状态的问题。外国政府如果觉得有必要保护本国利益，这时给予承认是合理的；外国如果过早给予承认，会被视为同情反对方。如果这

● 1903年漫画，寓意是美国企图通过支持巴拿马独立来影响地峡地区。绘者信息不详

种冲突完全属于国内冲突，并且完全在本国领土内发生，外国承认交战权既非惯例也不合理。但如果外国政府紧邻暴乱国家，此时承认交战权就比较合理；而不与暴乱国接壤的外国政府承认交战权就不合理。当叛乱方采取的斗争形式引起外界对海上交战的合理预期时，如果这属于国家间的战斗形式，任意一方在海上采取行动时，此时承认交战权是完全合理的。与母国一定要达到战争的条件，因为承认交战权应完全基于事实战争。另外，叛乱分子需要实际拥有控制某区域的政治组织，否则就不能得到承认。①

这位法律文稿公证人还给出了承认新国家的原则，内容如下：

> 如果一个国家不是在其他文明国家领土上建立起来，而是在国际法范围内由它的文明自然发展而来，除了这类极少数情况，新国家一般是从现有国家中脱离出来独立建国。这种情况产生出究竟是由母国还是由第三方国家承认新国家的问题。新国家还未彻底实现独立，或母国正全力阻止新国家独立，这时第三方承认新国家是不合理的；当母国恢复自己权威的努

---

① 《美国和英国法律百科全书》，第2版，第16卷，第1141页。——原注

力不足以提供让外界认为它会成功的合理理由时，此时第三方国家承认是合理的。第三方国家过早承认新国家会被认为是干涉别国内政，并且会成为母国因反对第三方承认新国家而发动战争的借口。承认新国家为独立主权国家有几种方式，如向新国家发出明确声明、商讨协议、接见外交人员或派遣大使。总之，承认新国家可以通过任何能够充分承认其独立的方式。①

1816年，国务卿约翰·昆西·亚当斯在写给门罗的信中，明确指出承认新国家涉及法律、道德和可行性等需考虑的因素。

> 据我所知，独立战争中总会有这样一个阶段：努力争取独立的一方有权要求中立国承认它的独立，而中立国也可在不摆脱中立性原则的前提下承认新国家。正是在这个阶段，明确国家独立的事实，几乎不会给反对派恢复统治的机会。中立国需要自行判断这个阶段何时到来，而交战国也有权进行判断。交战国做出的判断很可能同中立国的判断不一样，这可能会成为战争的导火线，正如我国独立战争时期英国极力

---

① 《美国和英国法律百科全书》，第2版，第16卷，第1141页。——原注

反对法国和荷兰承认我国独立。如果在一定程度上，战争是由于承认叛乱方的独立所致，那么战争在道义上的对与错就取决于承认国在采取措施时所持的公正、真诚和谨慎态度。我非常满意南美洲各国革命的起因在于脱离西班牙王国取得独立。无论这个理由掺杂了多少个人情感好恶，它的公正性并不足以使第三方支持新国家。只有事实和权利结合才能授权中立国承认新的、充满争议的主权国家。①

大法官格里尔（Grier）在阐述美国最高法院立场时谈道："内战从不需要庄严宣战。内战之所以是内战就是因为它的偶发性。"②他在这一原则下继续谈道："我们将战争定义为'一个国家使用武力行使权利的状态'。"③他还进一步解释了这条原则："如果战争的爆发是因外国侵略，总统不仅会得到国会授权，还必须要用武力去对抗对手。总统并不发动战争，但一定要接受这种挑战，不必等待立法机构授权。"④

人们普遍对国家间爆发战争存在误解，都认为双方在战前一定要发表战争宣言。"据说根据国际惯例，直到17世纪，交战一方应在交战前向另一方宣战或发出通告，现在看

---

① 《美国和英国法律百科全书》，第2版，第16卷，第1129页。——原注
② 《美国最高法院优胜案例》，第2卷，第666页。——原注
③ 同上。——原注
④ 《美国最高法院优胜案例》，第2卷，第668页。——原注

来，宣战未必是必须的，并且在实际应用中被忽略。从1700年开始，世界范围内只发出过十一份正式的战争宣言。从1870年到20世纪内，六十多次战争或报复行动都是发生在没有正式宣战的情况下。"①

1903年11月6日，国务卿约翰·海②发表了长篇声明，说明美国政府为何干预巴拿马事务和承认巴拿马共和国。此外，海约翰进一步强调，美国政府承认巴拿马共和国是为了履行我国同新格拉纳达签订的1846年《马利亚里诺-比德莱克条约》中的义务，同时，还因为该条约是一份与土地相关的盟约。

如果条约中的义务与土地相关，美国的干预行为就不合理，因为与土地相关的盟约往往有利于受保人和继承人，或者代理人，而不会偏向没有所有权的一方。

随后接二连三发生了很多事。1903年11月9日，美国国会召开会议。1903年11月13日，菲利普·比诺-巴利亚里（Philipe Bunau-Varilla）以巴拿马共和国全权代表的身份受到美国总统（西奥多·罗斯福）的接见。1903年11月18日，双方签订《海-比诺-巴利亚里条约》③（Hay-Bunau-Varilla treaty）。1903年12月2日，经巴拿马

---

① 《美国和英国法律百科全书》，第2版，第16卷，第1140页至第1141页。——原注
② 约翰·海（John Hay, 1838—1905），美国作家、记者、外交家、政治人物，曾任林肯总统私人秘书，后于麦金莱和罗斯福等总统时期任国务卿。他反对列强在清朝划分势力范围，主张"门户开放"，要求"中国开户开放，各国利益均沾"，从而避免了瓜分中国的情况出现。他认为庚子赔款过多，希望减免。清朝驻美公使梁诚从中斡旋，促成了减免。——译者注
③ 又称《美巴条约》。——译者注

共和国军政府成员J.A.阿朗戈（J. A. Arango）、托马斯·阿里亚斯（Thomas Arias）和埃斯皮诺萨（Espinosa）签署，《海-比诺-巴利亚里条约》得到批准。

人们或许在不断问自己"一个国家由什么构成？"但"一个共和国由什么构成？"这个问题可能更好回答。虽然组成共和国需要宪法、立法、司法等机构，但发生暴乱不需要这些因素。签订条约时，巴拿马共和国没有宪法，没有立法机关，没有成文法，没有司法机构，也没有警察，所以暴乱频发。因此，1903年12月7日，西奥多·罗斯福向国会递交声明，希望得到参议院批准的《海-比诺-巴利亚里条约》的复本。

《海-比诺-巴利亚里条约》不仅包含了巴拿马共和国对运河的特许权，还包含了美国政府保障巴拿马共和国的主权和独立。条约规定美国政府需向巴拿马共和国支付一千万美元现金。然而，《海-比诺-巴利亚里条约》的批准遭到了众多参议员反对，包括马里兰州参议员戈尔曼（Gorman）、科罗拉多州（Colorado）参议员特勒（Teller）、田纳西州参议员卡马克（Carmack）、亚拉巴马州（Alabama）参议员摩根（Morgan）、得克萨斯州参议员贝利（Bailey）、南卡罗来纳州参议员蒂尔曼（Tillman）以及其他议员。他们对《海-比诺-巴利亚里条约》和总统在整件事情中起的作用提出批评，问题集中在总统过于草率地承认巴拿马独立不合乎常理，可能给予哥伦比亚政府向美国宣战的合理理由。

参议员争论的另一个焦点是只有国会才有权向其他国家发

动战争。①

参议员的争论焦点还在于，总统命令海军禁止哥伦比亚政府军队在距离科隆和巴拿马五十英里范围内登陆，这不仅有违我们的中立法，而且违反了1846年同新格拉纳达政府签订的协议，更严重的是还违背了美国宪法。

1818年4月20日，国会通过了一项法案，禁止美国公民受雇为外国提供装备船只的服务，以防外国用以对抗与美国保持和平友好关系的国家。这项法案同样禁止美国公民给外国陆军或海军的远征提供帮助，以对抗与美国和平相处的国家和人民。②

美国同新格拉纳达政府于1846年签订的协议包含的实质性内容如下：

> 新格拉纳达政府向美国政府保证，穿越地峡运河船只的通行权或未来的运河建设权都应该对美国政府和人民开放，允许他们自由使用。为确保长久地享受条约中规定的权益，以及作为对上述权益和按照条约第四款、第五款和第六款获得的权益的特殊补偿，美国政府应根据现有规定积极有效地向新格拉纳达政

---

① 《美国宪法》，第一条第八款的第十一、第十二、第十三、第十四分款。——原注
② 《美国法律总汇》，第447页至第450页；《美利坚合众国法典修订版》，1875年，第5281节至第5291节。——原注

府保证对地峡保持完全中立，坚信只要该条约始终存在，未来从太平洋到大西洋的自由运输不会被打断或受阻。美国政府也会用同样的方式保证新格拉纳达政府对上述领土拥有的主权和财产权。①

　　罗斯福总统在国会演讲中对整件事做了慷慨激昂和具有男子汉气概的陈述。参议院的多位议员为罗斯福辩护，包括马萨诸塞州参议员洛奇、纽约州参议员迪皮尤（Depew）、康涅狄格州（Connecticut）参议员普拉特（Piatt）、俄亥俄州参议员福勒克（Foraker）以及印第安纳州（Indiana）参议员费尔班克斯（Fairbanks）。他们争辩说，在这个问题上，总统完全正确，承认新国家也是一项行政特权。同时，他下令美国海军禁止哥伦比亚政府军队登陆也是根据局势采取的措施，实质与杰斐逊购买路易斯安那没什么区别，尽管杰斐逊承认自己并不具有做出购地决定的宪法权力。

　　同时，他们认为哥伦比亚国内的无政府主义状况如此严重，以至于国际法一般性原则在很大程度上无法应用于该事件引发的状况。因此，罗斯福在此事上的做法应放在当下的异常状况中加以审视。迪皮尤辩解说，在当前状况下，国会不批准《海-比诺-巴利亚里条约》会使美国政府成为榨取法属新巴拿马运河公司（New Panama Canal Company of France）财产权的共犯。事实

---

① 《美国法律总汇》，第9卷，第881页。——原注

上，按照当前的谈判结果，因为时间受限，法属新巴拿马运河公司的产权和特许经营权将很快到期。

参议院中的民主党参议员并没有联合起来共同反对《海-比诺-巴利亚里条约》，甚至部分民主党议员还支持该条约，包括佐治亚州参议员培根（Bacon）、阿肯色州（Arkansas）参议员克拉克（Clarke）以及北卡罗来纳州（North Carolina）参议员西蒙斯（Simmons）。此外，民主党控制的路易斯安那州和密西西比州的立法机构通过决议，要求本州参议员对《海-比诺-巴利亚里条约》投赞成票。克拉克在参议院发表了精彩演讲，既为政府的行为辩护，又支持《海-比诺-巴利亚里条约》得到批准。密西西比州参议员莫尼（Money）发表了支持批准《海-比诺-巴利亚里条约》的演讲，但也提出了批评意见。

1856年，民主党在其全国性的纲领中，宣布了该党在地峡运河问题上的立场，内容如下：

> 巴拿马运河的自然性质以及经过对维护这条运河有浓厚兴趣的国家一致同意，实现了大西洋与太平洋之间的自由沟通，这是现代文明和我国人民不屈不挠精神合力实现的伟大成就之一。我们应及时有效地确保控制这条运河的权利。同时，世界上任何国家不能干涉我国政府与靠近地峡运河的各国政府建立符合我国政策的关系，从而阻碍地峡运河的开发进度。在任何情况下，我们都不放弃我们随问题出现而调整政策

的优势。①

仔细想来，如果美国和巴拿马共和国长久维持彼此间的关系，美国政府保证巴拿马共和国的独立和主权不受世界上其他国家侵扰的智慧可能会受到合理的质疑，因为巴拿马这个鲁莽的小共和国会不断地与不同国家爆发冲突。它就像是一条响尾蛇，盘踞在这条世界通道上，不断同各国发生矛盾冲突，不会去保护本国公民的生命权、自由权和财产权，更不会保护外国人。

巴拿马国内的革命分子不可能在一个比哥伦比亚政府还要弱的政府下遵纪守法。我们如果想要在运河上畅通无阻地进行商业活动，就需要大规模地改善运河周边的安全状况。因此，巴拿马越早成为美国领土，越有利于相关国家和人民。

已故的俄亥俄州参议员M.A.汉纳提出抛弃尼加拉瓜路线，替换成巴拿马路线。美国对汉纳的提议表示出深深的感激之情。因为仅仅就修建运河一事，汉纳就已将自己树立成其他政治家需用崇敬的眼光仰视的一座丰碑。他的政治生涯虽然短暂，但他是美国杰出的政治家之一。他似乎使用了魔法，神奇地让国会两院从最初支持尼加拉瓜路线转为支持巴拿马路线。汉纳的演讲巧妙又令人信服，但令国会议员改变观点的首要原因并非汉纳的演讲，而是他的威严和坚持。

---

① 托马斯·赫德森·麦基：《全国纲领》，第54页。——原注

1904年2月23日，参议院以六十六票赞成对十四票反对的结果批准了同巴拿马共和国缔结的《海-比诺-巴利亚里条约》。

批准《海-比诺-巴利亚里条约》的详细投票数显示出所有共和党参议员投了赞成票，而民主党参议员出现了分歧，详情如下。

投赞成票的民主党参议员为培根、贝里（Berry）、克拉克、亚历山大·克莱（Alexander Clay）、科克雷尔（Cockrell）、福斯特（Foster）、吉布森（Gibson）、拉蒂默（Latimer）、麦克里（McCreary）、麦克内里（McEnery）、马洛里（Mallory）、莫尼、西蒙斯和詹姆斯·托利弗（Taliaferro）。

投反对票的民主党参议员为贝利、贝特（Bate）、布莱克本（Blackburn）、卡马克、卡伯森（Culberson）、丹尼尔（Daniel）、杜波依斯（Dubois）、戈尔曼、摩根、纽兰兹（Newlands）、帕特森（Patterson）、佩特斯（Pettus）、特勒和蒂尔曼。

缺席的参议员中，六名赞成该条约，三名反对该条约。如果参议院全员参加投票，最终结果可能是七十二票赞同，十七票反对。

两党缺席的议员构成如下：宾夕法尼亚州参议员夸伊（Quay）和蒙大拿州（Montana）参议员克拉克（Clark）赞成加入该条约，北卡罗来纳州参议员奥弗曼（Overman）反对加入该条约；华盛顿州参议员爱迪生·福斯特和康涅狄格州参议员霍利（Hawley）赞成加入该条约，密西西比州参议员麦克劳林（McLaurin）反对加入该条约；堪萨斯州（Kansas）参议员伯顿

（Burton）和密苏里州参议员斯通（Stone）赞成加入该条约，弗吉尼亚州参议员马丁（Martin）反对加入该条约。结果为三比二，达到通过《海-比诺-巴利亚里条约》所需三分之二的有效票数的比例。

投票反对批准《海-比诺-巴利亚里条约》的少数精明能干的参议员其实并不反对建造运河，他们的反对意见不仅基于上述的考量，而且大多数人认为尼加拉瓜路线更为合适。于是，1902年6月28日得到批准的运河议案（canal bill）第四节就包括著名的《斯普纳修正案》（Spooner Amendment），规定总统在适当时间和条件下，如果无法获得巴拿马路线中令人满意的必要区域的所有权和控制权，就要尽力确保尼加拉瓜路线。参议院少数派认为由于哥伦比亚政府拒绝批准《海-埃朗条约》，这会强制总统选择尼加拉瓜路线，并且放弃巴拿马路线。

意见分歧只是历史问题，美国历史上两个伟大的政党正真诚地开展合作，共同推进巴拿马路线这一崇高事业成功实现。

这项惊人的工程要由美国来完成。美国人民需要全力以赴去承担在与南美洲和中美洲全新关系中被赋予的新责任。

第 20 章

重燃的革命

为了让说西班牙语的共和国振作起来，摆脱一直以来肆虐的革命、无政府主义和军事专政，为它们建立有序的政府，美国政府不得不考虑自己能为它们做什么，或者应该做什么。

维护门罗主义为美国政府带来了新责任，使美国政府明白门罗主义不是持续存在的革命、无政府主义和军事专政的保护伞。

接下来简单描述一下这些共和国内部的革命状况，首先以墨西哥为例。1813年9月13日，墨西哥召开国民大会，并且于10月13日宣布独立。1814年10月22日，国民大会颁布宪法。在接下来的几年里，墨西哥国内只发生了几个爱国领导人的党派之争，这些领导人后被赶出墨西哥政坛，遭到杀戮、监禁，或者被迫躲于深山中。时间来到了1820年，西班牙王国的权威似乎在墨西哥得以重新确定。1821年2月24日，墨西哥又爆发了一场独立革命，形成了五人执政集团。五位领导人之一的阿古斯汀·伊图尔维德（Augustin Iturbide）被认定为总统候选人。1822年5月19日，墨西哥国会以六十七票赞同、十五票反对的投票结果，选举伊图尔维德为墨西哥皇帝。这次投票只有九十四位议员出席，而墨西哥法律要求一百零二名议员必须全部到场，所以国会的决定无效，可他仍以墨西哥皇帝阿古斯汀一世（Augustin I）的头衔登上皇位。随即，墨西哥爆发了以圣安纳（Santa Anna）为首的革命，迫使伊图尔维德于1823年3月19日退位，但他依靠二万五千美元年金流亡意大利。伊图尔维德与家人一起住在意大利，但他之后曾秘密潜回墨西哥，遭

到起诉并最终以叛国罪遭枪决。阿古斯汀一世退位几个月后，墨西哥国会将政府行政权授予尼古拉·布拉沃（Nicolas Bravo）将军、瓜达卢佩·维多利亚（Guadalupe Victoria）将军和佩迪奥·塞莱斯蒂诺·内格雷特（Pedio Celestrio Negrete）将军三人组成的军事领导小组。

墨西哥宪法以美国的宪法为蓝本，获国民大会通过。1824年10月10日，维多利亚成为总统，布拉沃成为副总统，任期均为四年。布拉沃随后加入了圣安纳领导的革命，之后遭到弹劾流亡国外，随后又被允许回国。有十一个州支持戈麦斯·佩德拉萨（Gomez Pedraza），七个州支持格雷罗（Guerrero），所以依据宪法，佩德拉萨被选为总统，接任维多利亚之职。随后墨西哥爆发革命，佩德拉萨被迫隐姓埋名，从大功告成又出奇愤怒的革命党人的掌控中逃离了墨西哥。

1829年1月1日，墨西哥合众国召开国会，宣告对佩德拉萨的选举无效。国会选择格雷罗接替维多利亚的总统职位，而后者才是真正依照宪法规定选出的首位总统。但是，在总统任期未结束前，宪法便遭到墨西哥国会的无视和践踏。维多利亚的任期于1829年4月1日结束，随后格雷罗当选并就任总统。之后，尤卡坦州宣布脱离墨西哥合众国，其民众中重新爆发革命。不久，格雷罗被捕，遭审判并被判死刑。1831年2月14日，他在总统任期第二年没结束前，便被枪决。事实上，国会选举格雷罗本身就彻底违宪，因为宪法根本没有赋予国会拒绝承认合法又有效的总统选举，代之以国会自己挑选总统的权力。格雷罗被枪决后，国会任命副总统布斯塔曼特（Bustamente）为总统。布斯塔曼特的副总统头衔得来得名正言顺，因为佩德拉萨当选总统时，他就被选为副总统了；国会选举格雷罗为总统时，布斯塔曼特仍被国会选为副总统。

大大小小的革命接二连三地发生。1833年，圣安纳成为总统，而布斯塔曼特和其支持者遭到流放。圣哈辛托战役（battle of San Jacinto）中，圣安纳被击败，成为俘虏，而且得克萨斯还脱离了墨西哥合众国。

1837年4月19日，布斯塔曼特成为总统。但作为战俘的圣安纳拜访了安德鲁·杰克逊总统后，就由美国军舰护送回到了墨西哥。他很快就替代布斯塔曼特成为总统，直到1839年7月10日。此时，布拉沃已经担任总统一个星期了。从1841年10月10日到1844年6月4日，在圣安纳、布拉沃与卡纳利索（Canalizo）三位总统的轮番统治下，墨西哥宪政陷入长期停滞；政府成为独裁政权；社会长期混乱。根据1843年3月4日颁布的新宪法，圣安纳担任总统，宪政得以恢复。但好景不长，新的革命罢黜并流放了圣安纳。1844年9月20日，卡纳利索继任总统。12月，他被一场革命赶下台。继任者赫雷拉（Herrera）也在1845年12月爆发的革命中被推翻。马里亚诺·帕雷德斯（Mariano Paredes）接替了赫雷拉的总统之职，但在他的治下，美墨战争爆发。

圣安纳从放逐中回到墨西哥，指挥墨西哥军队奋力抗击美军，重获最高权力。随着战争临近结束，他被迫再次离开墨

●圣哈辛托战役中,圣安纳被击败,成为俘虏。威廉·亨利·哈德尔(William Henry Huddle,1847—1892)绘

西哥前往牙买加。曾遭驱逐的赫雷拉重回总统之位。1853年1月，阿里斯塔（Arista）将军接替赫雷拉成为总统。3月颁布的法令将被放逐的圣安纳重新召回墨西哥。于是，4月20日，圣安纳再次担任墨西哥总统。但人们怀疑他要将共和国变为君主制，于是，随后的革命导致他在1855年8月逃离墨西哥。卡雷拉（Carrera）将军成为总统，但只任职了二十七天就被迫于1855年9月12日离职。三个星期的无政府状态后，墨西哥军政府让阿尔瓦雷斯（Alvarez）担任总统，他的执政期从1853年10月到1853年12月。下台时，阿尔瓦雷斯将权力转交给了伊格纳西奥·科蒙福特（Ignacio Comonfort）。

墨西哥1857年的新宪法禁止总统执政超过四年一届的任期，但如果四年后由另外一位总统继任，宪法便允许前一位总统在此之后继续任职。换句话说，总统无法连任。在"马克西米利安一世统治下的墨西哥帝国"一章中可以找到墨西哥总统遭罢黜，以及帝国建立的概况。

1872年7月18日，胡亚雷斯在执政期间去世，此时的莱尔多（Lerdo）担任墨西哥最高法院首席大法官。按照宪法规定，在胡亚雷斯死后，莱尔多便会成为总统。根据《国会法案》，他在1876年再次被选为总统，但他的政治对手声称此次选举存在舞弊的情况，选举结果无效。于是，当时最高法院院长伊格莱西亚斯（Iglesias）在瓜纳华托就任总统。始终进行抵抗的波菲里奥·迪亚斯（Porfirio Diaz）率领反抗军挺进墨西哥城。1876年11月，莱尔多的军队被击败，他逃往阿卡普尔科（Acapulco），又从

那里去了美国。因此，伊格莱西亚斯凭借最高法院院长的身份成为总统。

迪亚斯很快赶走了少数仍效忠于伊格莱西亚斯的军队，剩余的军队都归顺于他。1877年2月11日，迪亚斯回到首都墨西哥城并开始接管总统职责。4月，墨西哥国会举行会议，于是迪亚斯在5月6日宣誓就任总统。不久之后，一条关于美国考虑恢复莱尔多职位以及吞并墨西哥的流言传遍整个墨西哥，如此虚假和荒唐的流言让墨西哥人群情激奋，绝大多数人信以为真。在这里，我们并非要指责是迪亚斯策划和传播了这条流言。但不管他做没做这件事，此人的确将这条流言作为权力扩张、拉拢国内派系和平息反对之声的灵活手段。

由于不能连任总统，迪亚斯让朋友曼努埃尔·弗洛雷斯(Manuel Gonzalez)从1880年12月1日起担任未来四年的墨西哥合众国总统。同时，波菲里奥·迪亚斯还修改了墨西哥宪法，允许现任总统通过每四年一次的选举无限期执政下去。因此，根据这条宪法修正案，当1884年弗洛雷斯任期结束后，迪亚斯继续担任墨西哥合众国总统。现在他不仅继续担任总统的职务，而且可能终身担任此职。虽然他将墨西哥从混乱和革命中解放出来，给它带来了和平与秩序，实现了繁荣与富强，却也将四年一次的总统选举变成了敷衍了事。

无论总统如何有才能和受人尊敬，在任期结束后，人民更换总统的能力和意愿是自由政府应具备的必要条件。

1819年，新格拉纳达、委内瑞拉和厄瓜多尔(Ecuador)组成的大哥伦比亚共和国由西蒙·玻利瓦尔宣布成立。1821年1月，国会召开会议。8月30日，国会颁布联邦宪法。很快，整个共和国就因国内发生的派系斗争和革命而分裂。1830年，委内瑞拉脱离大哥伦比亚共和国，成立独立的共和制政府；厄瓜多尔在1831年也脱离了大哥伦比亚共和国，自称独立共和国。因此，三个独立共和国分别为委内瑞拉共和国、厄瓜多尔共和国和新格拉纳达共和国。

近年来，新格拉纳达一直沿用和委内瑞拉、厄瓜多尔分离之前就使用的哥伦比亚共和国这个名字。1832年，新格拉纳达产生了新宪法。桑坦德尔担任总统，他的执政措施之一就是新格拉纳达将继续偿还已经不存在的大哥伦比亚共和国的一半债务，这项措施使他大失人心。他的政治对手马尔克斯（Marquez）接替他成为总统，这直接导致持续至1841年的内战。整个国家因内战而陷入脆弱和悲惨的境地。最后，内战以马尔克斯取胜而告终。1840年，卡塔赫纳省（Cartagena）脱离共和国。随后不久，巴拿马省和贝拉瓜斯省（Veraguas）以巴拿马地峡国的名义宣布独立。这些地区与新格拉纳达很快达成和解，并于1843年制定新宪法。1853年，新格拉纳达通过了另一部宪法，明确授予各省有权宣布独立，并且各省同中央政府保持松散的邦联关系。安蒂奥基亚省（Antioquia）和巴拿马省分别于1856年和1857年使用了这项许可。1859年，前总统莫斯克罗（Mosquera）扶植下的起义演变为内战，波哥大沦陷。掌握最高权力的莫斯克罗在波哥大召开国会，以哥伦比亚合众国为名建立政府，启用新

宪法，自己成为独裁者。1864年至1866年，曼努埃尔·穆里略·托罗（Manuel Murillo Toro）担任总统，他的统治受到各种叛乱干扰。在继任托罗的总统之位时，莫斯克罗发现国内已陷入混乱，所以提出辞呈，但遭到国会驳回。之后，莫斯克罗受到弹劾，被判处两年监禁。之后又被改为流放。1868年至1870年，桑托斯·古铁雷斯（Santos Guitterez）担任总统。全国各地爆发的革命同样给他的执政带来极大干扰，混乱在哥伦比亚肆虐蔓延，最严重的革命发生在巴拿马。1872年之后的几年，哥伦比亚国内充满和平的氛围，人们开始将注意力转移到开发哥伦比亚丰富的自然资源上。1901年，革命之火重燃。到1902年年底，革命依旧如火如荼，最终以政府军胜利告终。

这里需要简单概述一下巴拿马同哥伦比亚的关系。1841年，巴拿马和贝拉瓜斯脱离新格拉纳达共和国，随后这两个省实现和平。1853年宪法允许巴拿马和安蒂奥基亚独立，但需维持与哥伦比亚松散的邦联关系。1868年到1870年，巴拿马组建了屈从于强权的独立政府。再次陷入绝望的巴拿马企图从邦联中分离出来，这导致科隆被焚毁以及美国和英国派军舰保护巴拿马。1903年11月，巴拿马再次从哥伦比亚中脱离出来，建立共和国。在美国政府的保护下，巴拿马才得以维系共和政府。

西奥多·罗斯福在1903年12月7日的演讲中，列举了过去五十七年发生在巴拿马的五十三次革命和暴乱，并且补充说道，上述所列的还只是实际发生的革命和暴乱的一部分。

1831年，委内瑞拉启用新宪法。委内瑞拉共和国成立后的前十五年，国内始终保持和平、安宁。1864年，委内瑞拉开始爆发一系列内战和革命，虽然其间各方有短暂停火，但仍持续至1870年年底。国内冲突双方分别为保守党人和联邦党人，前者旨在维护强有力的中央政府，而最终获胜的联邦党人则希望为各州争取一定程度的独立。随后，联邦党人古斯曼·布兰科（Guzman Blanco）成为临时总统，并且作为独裁者执政至1873年。之后，他被选为任期四年的宪政总统，而且在他执政时期，委内瑞拉共和国日渐繁荣。

　　自由党候选人伊格纳西奥·安德拉德（Ignacio Andrade）被选为委内瑞拉总统，作为克雷斯波（Crespo）的继任者。按照一般要求，安德拉德从1898年3月4日就任总统，任期为四年。然而，他生性腼腆，没有军队背景，所以在他刚掌管政府时，没有获得职务任命的西普里亚诺·卡斯特罗（Cipriano Castro）于1898年8月在位于委内瑞拉西部安第斯山脉（Andes Mountains）的家中发起了一场反政府运动。卡斯特罗刚开始起义时，只有六十个贫穷的赤脚邻居追随他。他用"解放委内瑞拉"的口号召集安第斯山民。之后，加入起义军队伍的人数扩大至约一万人。当卡斯特罗抵达首都加拉加斯（Caracas）时，安德拉德已携带足够支撑长期流亡的公款逃往了牙买加。政府军也倒戈到卡斯特罗领导的军队中，并且高呼他为委内瑞拉的解放者。其实，委内瑞拉真正得到解放的只是一年前的总统选举，安德拉德才有资格担任四年总统。1899年10月22日，卡斯特罗率领军队进入加

拉加斯，并且由人民宣布他为委内瑞拉总统。之后，委内瑞拉国民议会对外正式宣布他为总统。前总统安德拉德的内阁成员马托斯（Matos），以及其他人发动了反抗卡斯特罗统治的血腥革命。1902年秋，在靠近加拉加斯的拉维多利亚的关键战役中，卡斯特罗获胜。于是，他与欧洲友邦间错综复杂的关系便为众人皆知。

在委内瑞拉和其他共和国内，一个人如果生活富庶，但认为自己属于政治上"不得志"的人，就会立刻成为"解放者"，并且将全部精力倾注于解放天下、组织暴动，为生活没有保障的革命领导者提供物质保障，将他们培养成将军。这些革命领导者带领军队，所向披靡，一天即可抵达首都。国民军首先会保卫首都，然后向革命军倒戈。随后，在民众的欢呼声

●拉维多利亚战役。蒂托·萨拉斯（Tito Salas，1887—1974）绘

中，革命军会同国民军一起进入首都。民众如得到上天眷顾一样获得解放。

秘鲁在同智利的战争中几近毁灭，但它自己也经历过多次革命，这里就不详述了。1823年2月26日，阿圭罗（Aguero）被选为秘鲁首任总统。他虽然是一位干练、有能力的总统，但在任期结束前便被罢黜了。1827年，拉马尔（Lamar）将军当选任期为四年的第二届总统，但离任期结束还有两年就遭到罢免。从1835年萨拉韦里（Salavery）夺取国家最高权力到1844年，秘鲁始终处于革命状态。1844年到1875年，秘鲁经历过两次较大的革命。1879年，秘鲁开始了同智利的毁灭性战争。

1826年，玻利维亚推选首任总统苏克雷（Sucre）将军为终身总统。但在苏克雷上任两年后的1828年，桑塔·克鲁斯（Santa Cruz）当选总统。但一年之后，索托（Soto）将军领导的革命就推翻了政府。1839年，玻利维亚处于秘鲁的统治下，但在一场反秘鲁的革命运动取得胜利后，巴利维安（Ballivian）将军成为玻利维亚的统治者。1848年，贝尔苏（Belzu）成功领导了一场军事革命，成为总统。后来，科尔多瓦（Cordova）将军接替贝尔苏成为总统。但1859年的革命迫使科尔多瓦离开玻利维亚。革命发起者利纳雷斯（Linares）就任总统，但于1861年遭到罢免，阿查（Acha）博士通过选举成为总统。1864年12月28日，马里亚诺·梅尔加雷霍（Mariano Melgarejo）组织新的军事革命，击败了阿查，成为玻利维亚总统。梅尔加雷霍镇压了两次针对他的反革命，之后宣布政治大赦。1871年，他成为独裁者，并且让玻利

维亚背上沉重的外债。1899年年初，总统塞韦罗·费尔南德斯(Severo Fernández)率领军队到边境镇压革命，而他在首都的政治对手则宣布成立政府委员会，并且在街上设置路障。这次革命迫使费尔南德斯和各位部长逃往智利。①据当地报纸报道，革命党领导者潘多(Pando)将军就任总统。1902年最后几天，玻利维亚陷入了一场反潘多的革命中，而他也是通过革命获得总统头衔和职位的。

厄瓜多尔从1831年脱离大哥伦比亚共和国，直到1852年，它的历史也是由一系列战斗宣言和持续的革命史构成的。1850年，迭戈·诺沃亚(Diego Noboa)当选总统，不久便遭罢免和流放。于是，乌尔维纳(Urbina)成为实际独裁者。1856年，弗朗西斯科·罗夫莱斯(Francisco Robles)将军接任乌尔维纳总统之职，但在1859年，他也被夺权，逃离了厄瓜多尔。1861年，加夫列尔·莫雷诺(Gabriel Moreno)博士在全国大会上当选总统。他想要法国成为厄瓜多尔的保护国，但因为这条政策陷入巨大争议之中，他不得不于1864年提出辞呈，又因为试图建立独裁政权的专制行为，最终于1865年9月被迫离职。1869年，莫雷诺领导的革命在首都基多(Quito)爆发，结束了总统埃斯皮诺萨(Espinoza)的统治。尽管国民大会指定卡瓦哈尔(Carvajal)来担任总统，但莫雷诺还是成功赢得了1870年的总统选举，任期六年，但他在1875年8月6日遭到暗杀。博尔

---

① 纽约《独立》杂志，1899年1月5日和1899年4月20日刊印。——原注

内奥（Borneo）博士继任总统。1876年12月，在格尔特（Golte）的起义中，政府军全军覆没。这一切对厄瓜多尔来说已经足够了，时至今日也没有再追究这件事情。

智利自诩为共和制国家，所有公职人员都由选举产生。但事实上，智利是一个独裁国家，唯独宪法保存得十分完好。尽管如此，在所有说西班牙语的共和国中，智利最不具革命性。智利有着从早期封建统治和寡头政治向民选政府演化的进程，特别是选举权基本得到了普及。1886年，巴尔马塞达（Balmaceda）成为总统。但他和所有只担任过一届宪政的总统一样，在任期临近结束时开始谋划事端以便让他最看重的桑富恩特斯[①]（Sanfuentes）接任总统职位。此举造成了本届政府行政分支与立法分支间的矛盾。经过几个月的躁动期后，国会最终向行政分支宣战。一场血腥冲突过后，国会战胜了巴尔马塞达，但由于不愿意成为俘虏，他于1891年12月19日在阿根廷驻智利首都（圣地亚哥）的大使馆中自杀。实际上，他在战争开始前已获得独裁权，但战争的结束使政府立法分支的权力得到进一步扩大。与之相比，总统被剥夺了先前的权力，成了象征性的国家领袖。

在历史上，阿根廷共和国也出现过多次革命和国家分裂。布宜诺斯艾利斯曾脱离阿根廷共和国，几年后回归，恢复了联邦关系，与此相比，失去构成西班牙总督辖区的乌拉圭

---

① 原文如此。疑为豪尔赫·蒙特（Jorge Montt, 1845—1922）。——译者注

●莫雷诺被暗杀。皮埃尔·梅加尼尔（Pierre Méjanel）绘于1886年

(Uruguay)和巴拉圭(Paraguay)却不那么重要。阿根廷共和国其实算不上共和国，它是由几个人领导的寡头政治集团构成。毫不例外，腐败的政治寡头使政治成为一种商业模式，毫无羞耻感的他们从不掩饰自己唯利是图的本性。政治成为投机分子控制的日常生意。从1852年到1880年，和平到来前的阿根廷度过了很长一段时间的革命期。1890年，身陷经济危机的阿根廷获得了短暂的和平，但这时市场上的黄金价格每克升至二百三十美元。这种情况不仅揭示了阿根廷金融系统的困境，也暴露了阿根廷政府同科尔多瓦银行(Bank of Cordoba)共谋发行总计一千五百万美元非法货币这一事实。从国家到省再到市，阿根廷每个层级的巨额债务都是强取豪夺式统治的遗毒。就在阿根廷的约翰·劳[①]财务系统像"密西西比泡沫"[②](Mississippi Bubble)一样易破之时，政府行为和直属机构的欺诈已经腐蚀了整个权力系统。1880年，罗加(Roca)将军成为阿根廷总统，他利用手中的权力将妹夫胡亚雷斯·塞尔曼(Juarez Celman)任命为继任者。据说，塞尔曼在任职期间积累了一大笔财富。1885年，阿根廷国内纸币价值一直同黄金一样。1890年，每克黄金价格上涨到二百三十美元。名为"credulas"的不动产抵

[①] 约翰·劳(John Law, 1671—1729)，苏格兰经济学家。在路易十四去世后，他被任命为法国的财政大臣。任职期间，他推行的一系列金融政策导致后来的"密西西比泡沫"，使法国经济几近崩溃。——译者注

[②] "密西西比泡沫"，密西西比公司是18世纪法国的一家公司，主要经营范围在法国所属的北美密西西比河流域，从事贸易和开发等活动。该公司经营状况极差，但股价涨至发行价格的四十倍以上，是近代三大泡沫经济之一。——译者注

押债券可以支付给债券持有人,它以首都、省和地区的不动产作为抵押,并且以货币形式流通。阿根廷政府颁布《国家银行法》授权发行大量纸币。随后通过的《自由银行法》又允许发行价值一千九百万美元的纸币,但发行量又以秘密的方式增加到二千五百五十万美元,并且由政府将其合法化。1890年7月,革命爆发时,人们发现国库已被盗走五千万美元。由于国家级和省级的银行将储户存款以毫无价值的债券形式借给政客和他们的朋友,导致银行资不抵债。革命不仅导致塞尔曼辞职,还推动了改革,但收效甚微。因此,路易斯·萨恩斯(Luis Sanez)当选总统后,新的革命爆发了。这场革命开始于科连特斯(Corrientes),然后蔓延至全国。

理论上,乌拉圭政府的结构类似于美国政府。但事实上,乌拉圭政府已堕落为军事专制政府。

巴拉圭从未被赋予共和国的称号。尽管巴拉圭形式上采用的是宪政共和国,但从1814年起,巴拉圭政府始终实行的是独裁统治。"在巴拉圭,婚姻制度完全过时,新生儿中只有百分之三属于合法出生的婴儿。"[①]

我们暂时搁置与地理位置相对遥远的国家共和制政府成败的进一步讨论,接下来简要概述离美国更近的其他共和国的类似情况。曾是墨西哥一部分的中美洲联邦共和国形成于1823年,它曾在阿古斯汀一世的国会中享有议席。中美洲联邦

---

① 《不列颠百科全书》,第9版,第18卷,第244页。——原注

共和国由脱离墨西哥的危地马拉、萨尔瓦多(Salvador)、洪都拉斯、尼加拉瓜和哥斯达黎加组成。1839年，尼加拉瓜和洪都拉斯相继脱离中美洲联邦共和国，分别建立了共和国。1840年，哥斯达黎加也从中美洲联邦共和国分离出来。1847年，危地马拉成功从中美洲联邦共和国中独立出来。前文提及的这五个弱小共和国都是从中美洲联邦共和国中孵化出来的，生来带有不安定的因素。因此，我们不必为它们国内爆发的起义、革命和动乱寻找理由。从中美洲联邦共和国分离前，这五个国家都有过一段动荡史。"短暂的存在过程中就有多达三百九十六个人行使过中美洲联邦共和国与各自共和国的最高权力。"①自此以后，这五个独立国家，尤其是尼加拉瓜，"经历了一系列不间断的军事宣言、人民起义、局部斗争和全国起义，致使农田遭到荒废；国家权力机构和工业受到摧毁；所有人道德腐坏。基督教世界中几乎无人能出其右"。②

海地共和国的革命史和动乱史远超其他共和国。海地的大多数统治者都无法顺利结束任期。在当政期间，部分统治者惨死。1846年，曾身为奴隶、纯正黑人血统的福斯坦·苏卢克(Faustin Soulouque)当选海地总统。1849年，他自封为皇帝，并于次年加冕为福斯坦一世。在海地共和国，内战爆发已成必然，其血腥革命史是对共和制最大的羞辱和讽刺。直到1902年8月，海地共和国仍在发生可怕的血腥革命，但政府军最终还是

---

① 《不列颠百科全书》，第9版，第18卷，第479页。——原注
② 《不列颠百科全书》，第9版，第18卷，第479页。——原注

●福斯坦一世加冕。绘者信息不详

击溃了叛军。自1902年起，海地城和圣多明哥还发生了多次革命，频繁得像月亮的阴晴圆缺一样。1904年年初，圣多明哥因没有偿还拖欠欧洲的公共债务利息而爆发了革命。同时，圣多明哥大多数人期望将门罗主义作为摆脱债权国的手段。

门罗主义将重大的责任赋予美国的唯一理由并非是普世的人文关怀。这些不断发生革命运动的共和国的公共债务堆积如山，而债权人都在欧洲。欧洲人同这些共和国的大城市几乎都有生意往来。欧洲人的财产经常遭强夺或破坏，因此，欧洲国家就此以及其他迫害行为向这些国家要求赔偿。欧洲国家尽管正在寻求或将继续寻求赔偿的过程或许不会同门罗主义产生冲突，但其长期滞留却违背了门罗主义。虽然每件赔偿诉求都有自身的理由，而欧洲各国政府的这些努力有时会演变成非常明确、令人困惑的问题。

大量的国债和共和国政府的不稳定有损国家信誉。人均负债：阿根廷为一百二十八点八五美元，乌拉圭为一百四十八点零六美元，洪都拉斯为二百一十九点六美元。美国人均负债仅为十四点五二美元，而墨西哥为人均十三点三六美元。美国每人每年偿还四十四美分利息，而墨西哥每人每年需偿还八十四美分利息。

教会与国家的关系、脱离联邦的权利和种族问题等说西班牙语的共和国爆发革命的因素已在其他章节提及。

我们并非要在这里对这些问题进行深入讨论，但还是要说明一下，民族性格和其自身条件也是诱发革命的强有力因素。

在美国，所有公共事务的主动权都在人民手中；而在说西班牙语的美洲共和国，公共事务的主动权在政客手中。应该说这条规则的例外情况就是在选举总统和副总统候选人时，美国政客手中握有主动权。这些正副总统候选人往往由他们各自党内的政治人物从有从政经验的人当中选出，而且这些候选人还会回来为政治人物服务。正副总统候选人与人民相处融洽，精明能干、诚实守信和精忠爱国。有时，这些候选人身上带着一股世俗味进入总统选举竞技场；有时，他们还会全身纹满各种各样体现他们唯利是图的符号。

很多说西班牙语的美洲共和国宪法都禁止在任总统连续任职一届以上，但实施效果不尽如人意。这就导致了现任总统利用庞大的权力机器，将某位在职的朋友安排为继任者。革命或突然爆发的动乱其实都是雷声大雨点小，装装样子，主要是为了让大政府干预各省事务，表面上是去镇压暴乱，实际上是为了在选举中挫伤人民的意志。

大政府干涉州权是造成不满和引发革命的主要原因。说西班牙语的美洲共和国照搬了我们的联邦宪法，却无法掌握我们的双重政府结构。这里并非要解释发生在那里的战争，因为对它们来说，"国中之国"的形式和精髓就是陷阱和绊脚石。大多数战争本可以通过仲裁轻易解决。这些共和国也对通过仲裁解决国际争端表现出浓厚兴趣，希望仲裁在战争和动乱事件上产生好结果。通过仲裁解决内战、革命等问题可能存在困难，但并非不可能。类似选举总统和副总统的合法性，选举州长或省长的合法性，以及类似性质的问题都可以提交仲裁。

有人指责部分欧洲政府站在革命者一边。据报道，委内瑞拉总统卡斯特罗坚信：英国政府在1902年曾袒护革命者。但在这一点上他明显犯了错误，因为门罗主义中没有相关原则能够质疑欧洲各国政府在任何一场内战中是支持政府还是支持革命者。说西班牙语的共和国的革命性使美国在主张门罗主义时立场显得十分微妙，所以欧洲各国政府可能在时机成熟时对它们提供援助，让它们变得更动荡。

我们期望和要求我国外交政策的拥护者能把一个优秀、管理良好、有序和稳定的政府赐予大众。英国、德国、法国、意大利王国和其他欧洲国家的商人和资本家在说西班牙语的共和国有着巨大利益，他们各自的政府自然而然会为他们寻求在国际法条例范围内的全方位保护。正如我们如今在墨西哥看到的准君主制远比频繁的革命运动造成的大规模损失、肆无忌惮和冷酷无情的屠杀要好得多。

委内瑞拉政府和哥伦比亚政府在1902年打算压制国内革命时，这些共和国在镇压革命和起义方面的无计可施显得格外引人注目。因此，这些国家可以通过扩大联邦政府的规模来寻求解决该问题的方法。玻利瓦尔策划在巴拿马召开大会的真正目的在于将整个南美洲大陆联合成一个联邦共和国，他则以独裁者的身份领导这个联邦共和国。玻利瓦尔的目标也可能包括说服墨西哥和中美洲联邦共和国成为联邦的一部分。人们都很期待巴拿马大会成为有史以来最重要的事件之一，但前面已经

提过巴拿马大会虎头蛇尾。玻利瓦尔的南美洲共和国的梦想或许太过宏大，但他至少希望和期待从西班牙独立的新格拉纳达（即如今的哥伦比亚与委内瑞拉）、厄瓜多尔、秘鲁和玻利维亚凝聚成永远的联邦制共和国，这对他来说并非不切实际。现在这几个国家也应该联合起来组成共和国。

1823年到1841年组成过中美洲联邦共和国的五个争吵不休的小国，现在应该重新恢复联邦关系。

阿根廷、智利、巴拉圭和乌拉圭应仔细审视一下真正的联邦制的性质，倾听它带来的训诫，最后组成真正的联邦共和国。借助政教分离，这几个国家将会获得重组，赢得国内外尊敬。这个联邦共和国可以凭借对州权，以及对当地政府自治原则的适当尊重震慑住暴动和革命的意图。第二次美洲国家会议对仲裁原则的扩展，加之上述有利条件，能使这几个共和国保留自己的自然资源、降低利率、还清债务、拨乱反正，帮助人们积累和守住财产，建立高效的公立学校系统。

就目前的局势而言，情况会持续恶化下去，直至说西班牙语的美洲共和国政府实行联邦制的计划彻底毁灭，除非它们做出巨大改变。

联邦制方案非常可取。因为借此方案，小共和国会成为大共和国的州。但实现这一方案困难重重。1899年，厄瓜多尔总统阿尔法罗（Alfaro）请求国会批准，提议哥伦比亚政府和委内瑞拉政府召开国际会议，共同商讨起草新宪法的权宜性，并且希望借助新宪法恢复玻利瓦尔创建的大哥伦比亚共和国，但这项提议无疾而终。1898年8月25日,在马那瓜(Menagua),洪都拉斯、尼加拉瓜和萨尔瓦多召开会议,制定联邦宪法。依照联邦宪法,这三个国家要统一到"中美洲大共和国"联盟中,但曾与这三个国家组成中美洲联邦共和国的危地马拉和哥斯达黎加坚持保持独立,拒绝参会。与会的洪都拉斯、尼加拉瓜和萨尔瓦多制定了新宪法,并且任命联邦委员会来制定和完善宪法细节。宪法要求1898年12月1日举行首次总统大选。1898年11月1日,联邦委员会行使权力,任命J.罗萨·帕科萨(J. Rosa Pacose)为临时总统,执政至1898年12月的正式大选。萨尔瓦多人民担心维持联邦政府的主要开支会落在他们身上,便起来反抗联邦政府。原先担任尼加拉瓜州州长的现总统塞拉亚①(Zelaya)被命令去镇压这次叛乱,但他不允许尼加拉瓜军队维护"中美洲大共和国"联盟。所以新政府派遣军队进入萨尔瓦多后,惨遭失败。

1898年11月20日,联邦委员会正式宣布解散联盟,结束了为期三十天的共和国。三个国家又恢复了各自的绝对主权。

近年来,很多说西班牙语的美洲共和国将限制总统只能有一届任期的条款纳入宪法中,但最终证明毫无效果。这项条款非常失败,它会诱使即将卸任的总统利用影响力、任免权来

---

① 即何塞·桑托斯·塞拉亚·洛佩斯(José Santos Zelaya López, 1853—1919),尼加拉瓜政治家,曾于1893年至1909年担任尼加拉瓜总统。他担任总统期间,进一步完善了尼加拉瓜的铁路、公共教育系统和海运交通,保护人权,宣布初级教育为义务教育,提倡发展民族工业,规定政教分离。——译者注

指定继任者。与此相对应,人们常常期待继任者在他任期结束时以同样的方式将总统之位传给他的"恩人"。因此,尽管总统被迫离职,但所属政党和派系仍大权在握,所以更换总统并没有更换掉政治寡头或派系。统治者名义上的更迭并不能清除政府腐败,造成的结果便是在国家发展的关键节点上,善良、能干的行政人员将位置让给了居心叵测和能力不足以胜任的人。

阿根廷共和国总统罗加既是一个军人,又是一个政治家。就在阿根廷共和国需要他为国家做出贡献时,他却在这个关键时刻辞去总统职务,并且将这一职位让给了妹夫塞尔曼。最早的民意显示塞尔曼根本不适合当总统,他也没有能力引导阿根廷共和国这艘巨轮穿越狂风暴雨。总统任期不能超过一届的规定历经三十年考验后,墨西哥政府将这一规定从宪法中删除,结果是墨西哥获得了和平与繁荣。巴尔马塞达为了确保圣富思特斯(Sanfuentes)继任总统的举动,引发了智利共和国1885年行政机构和立法机构的流血冲突。总统任期不超过一届的宪法条文引发了拉丁美洲共和国接连不断的革命。对这一问题加以审视后,我们产生了这样的想法:将总统送上权力宝座的政党和派系最好和总统一起下台。经验表明,最好是由人民而不是即将离任的总统选择下一任总统。同样,我们已经看到,在历史上,每个共和国都会面临危机,特别是在更换总统期间。

这些共和国现在亟须在行政管理方面形成一定基础,而投票箱这一和平的解决方式就能带来政策和党派的改变。1900年5月3日,纽约《独立报》(Independent)做出如下断言:"没有任何一个拉丁美洲共和国的政党是通过投票选举来掌握国家权力的,我们相信这是事实。子弹,而非选票,是唯一赶走流氓的方式。"拉丁美洲各共和国要加快改变这种状况,否则美国国内将会出现废除与它们有关的门罗主义的社会舆论。

第 21 章

海牙国际仲裁法庭

1815年，世界上出现了和平运动并延续至今。现在世界各地都有和平组织。和平会议运动开始于1843年，但从1857年中断后直到1889年才得以恢复。1889年，在巴黎首次举行了一系列和平会议。之后，和平会议多次在欧洲不同国家的首都和城市举行。

1887年10月，英国议员克雷默(Cremer)来到美国，携带着二百三十名议员共同签署的备忘录，要求美国就和平问题同英国展开合作。

1890年春，国会通过了《舍曼共同决议案》(Sherman Concurrent Resolution)，该决议案要求总统在可能的条件下同外国就如何通过仲裁解决国际难题展开谈判。

随后，在同年，美洲国家会议召开了，仲裁条约向世界上的所有文明国家发布了。

总统哈里森(Harrison)向国会发出如下声明：

致参议院和众议院：

我随函附上国务卿的来信，以及最近在华盛顿举行的美洲国家会议通过的三份国际仲裁报告。批准这三份报告设想的条约将是美洲大陆历史上最让人高兴和充满希望的事件之一。

(签名)**本杰明·哈里森**[①]

---

① 《总统的信息》，第9卷，第83页。——原注

1890年9月3日于白宫

1891年12月9日，在提交给国会的声明中，哈里森谈到了以下内容：

> 美洲国家会议制定的仲裁条约，因未能在规定期限内得到所有国家的批准而失效，但相关国家表达了希望通过延长期限来保留这次会议取得的重要成果的意愿。在我看来，美国有义不容辞的责任借助批准该法律文书，以及赞成延长交换批准书的时间，从而保留美国在会议中采取的具有影响力的行动。①

1893年，英国下议院一致通过决议，要求政府同美国在和平运动中展开合作。

1893年12月4日，克利夫兰总统在声明中提到以下内容：

> 根据参议院1890年2月14日和众议院1890年4月3日通过的联合决议，要求总统只要时机成熟，就要欢迎与美国存在或可能存在外交关系的国家展开谈判，从而达到以下共识："如果两个国家之间产生无法通过外交机构调解的分歧或争端，可以提起仲

---

① 《总统的信息》，第9卷，第188页。——原注

裁，并且通过仲裁的方式和平解决。"1890年4月18日，华盛顿美洲国家会议通过决议，表达了以下美好愿景：美洲各共和国和欧洲国家的争端可以通过仲裁解决，建议与会国将这个愿景传递给所有友好国家。1889年7月16日，英国议会通过决议，积极回应了通过仲裁解决国际争端的方式，赞同设想的目标，并且表达了陛下（维多利亚女王）的政府会随时与美国政府展开合作的希望。

我很高兴将英国议会的决议提交给国会审议，衷心感谢美国和英国两个强大又同根的国家支持诉诸仲裁，理性又和平地解决国际争端的态度将得到真诚体现。①

1895年12月2日，克利夫兰总统在声明中告知国会：法国内阁通过决议，支持法国和美国缔结永久仲裁条约。

克利夫兰总统向参议院递交了美国和英国之间关于国际仲裁的特别声明，内容如下：

致参议院：

谨随函附上一份美国和英国之间所有存在争议的条约，里面的条款是长期耐心审议的结果，代表了双

---

① 《总统的信息》，第9卷，第442页。——原注

方就整体方案达成协议做出的让步。

虽然这次会议达成的结果并没有符合主张即刻、不加限制和不可撤销的仲裁国际争端的支持者的要求，但我们自信地认为，这项条约会被全世界接受，它展现了切实可行的工作计划，并朝着正确的方向迈出了一大步；在正常情况下，两国间的争端可得到和平解决。

在如此重要的和平运动的起始阶段，各方必须预料到它的一些特质具有尝试性，期待它有进一步的发展。显然，签订的仲裁条约会使缔约方之间不太可能爆发战争，排除了同样会为国家造成灾难的战争恐惧和谣言。

应由同宗人民共同发起实现如此有益成果的尝试，因为他们说同样语言，依靠共同传统、共同制度及共同抱负等紧紧团结在一起，这样做不仅适应了时代潮流，而且还是这个时代的幸运。我们应该在最有利的情况下尝试用文明的方式取代野蛮的武力来解决国际问题。利用和平方式解决争端的方法不应受到质疑，能够受益的也不能仅限于密切关注此事的国家，应将其迅速推广至全球。仲裁条约的成功实施所树立的榜样，以及提供的经验迟早会被其他国家牢记，这也将成为文明新纪元的开始。

仲裁条约承载的理想主义无限美好的愿景给我留

下了深刻印象。因此，我随函表达了殷切希望。参议院值得认真审议这项条件。

(签名)**格罗弗·克利夫兰**[①]
1890年9月3日于白宫

1895年6月5日，纽约州莫霍克湖山庄[②]大厅举行了莫霍克湖国际仲裁会议第一次会议，此次会议由艾伯特·K.斯迈利（Albert K. Smiley）夫妇组织，邀请了众多来宾。费城的约翰·B.加勒特（John B.Garrett）任会议主席。会议期间，赞同国际仲裁的发言人有本杰明·F.特鲁布拉德（Benjamin F. Trueblood）、乔治·达纳·博得曼（George Dana Boardman）、奥斯丁·阿博特（Austin Abbott）、菲利普·C.加勒特（Phillip C. Garrett）、爱德华·埃弗里特·黑尔（Edward Everett Hale）、罗伯特·厄尔（Robert Earl）、乔舒亚·L.贝利（Joshua L. Bailey）、威廉·H.阿穆尔（William H. Armour）、罗伯特·特里特·佩因（Robert Treat Paine）、乔治·H.埃莫特（George H. Emmott）、詹姆斯·伍德（James Wood）、乔治·S.黑尔（George S. Hale）、查尔斯·R.斯金纳（Charles R. Skinner）、鲁弗斯·M.琼斯（Rufus M. Jones）、B.费伊·米尔斯（B. Fay Mills）、梅里尔·E.盖茨（Merrill E. Gates）、马歇尔·H.布赖特（Marshall H.

---

① 《总统的信息》，第9卷，第746页至第747页。——原注
② 纽约州莫霍克湖山庄（Lake Mohonk Mountain House）位于纽约州新帕尔茨镇，美国国家历史名胜、旅游佳地。山庄所在的山顶游湖，被印第安人称为"Mohonk"，意为"天池"。——译者注

Bright)、让·O.O.霍华德（Gen. O. O. Howard）、阿龙·M.鲍威尔（Aaron M. Powell）、艾伯特·G.劳森（Albert G. Lawson）。

会议通过了爱德华·埃弗里特·黑尔提出的如下决议：

> 经一致决定，请求克利夫兰总统邀请奥地利帝国、英国、法国、德国和俄国等国政府，与美国政府共同建立最高等级的常设法庭，适时地将上述国家间的争端提交给常设法庭加以仲裁。①

1896年，纽约州律师公会召开会议。经过讨论，会议向国际仲裁法庭提交了完全基于律师观点形成的计划。该计划通过六个章节，明确体现了法律从业者就尚未定型的仲裁法庭应该是何种形式的意见。但该计划没有提议或指出需要对国际法做出必要改变，以使中立国适当发挥调解作用。在海牙国际和平会议上，美国和英国专员提出的计划多少与纽约州律师公会的计划类似，因此，在调解问题上受到了类似批评。

1898年，沙皇尼古拉二世提出仲裁议题，邀请各国统治者在海牙召开会议，以此来"结束无休止的军备竞赛，寻求避免正在威胁全世界的祸事"。俄国的政治家不无得意地宣称，为了不让年轻的沙皇插手实际事务，这次会议倒是件好事。俄国人民普遍将尼古拉二世的想法当作痴人说梦。英国新闻界认

---

① 《1895年莫霍克湖会议报告》，第52页。——原注

为，这个想法的确值得尊重，但这心胸宽广的年轻人的头脑似乎不太灵光；海牙国际和平会议也不会取得实质性成果。但事实证明，海牙国际和平会议取得了空前成功。在诗歌《洛克斯利大厅》(Locksley Hall)中，丁尼生勋爵(Lord Tennyson)的"人类议会，世界联盟"的梦想似乎在海牙的国际立法机构和海牙国际仲裁法庭中得以实现。但20世纪并没有按照国际立法机构和国际法庭的设想发展，英国和南非共和国(South African Republic)爆发了战争[①]；英国、德国和意大利王国对委内瑞拉发动了战争；1904年2月，日俄战争爆发。三场战争公开违背了《海牙公约》(Hague treaty)第一条和第二条的规定。经过美国调解，委内瑞拉和三个欧洲盟友间的战争才迅速又体面地结束。此次调解行为得到了《海牙公约》第三条和第四条规定的授权。总统克鲁格(Kruger)为使英国政府与布尔人(Boers)的争端提交仲裁付出了辛勤努力，但仲裁提议遭到英国政府的拒绝。[②]日俄战争开始时，双方都没有提出仲裁要求。这三场战争爆发前，没有任何状况阻碍各国诉诸调解。四个带头保障《海牙公约》的大国首先无视和违反公约。

《海牙公约》全文如下：

---

① 即第二次布尔战争。这次战争以英国惨胜告终，但暴露了英国军队的缺点，大大刺激了新兴强国的野心，德国尤甚。第二次布尔战争结束后，德国加快了国防建设，特别是海军建设，打破了势力均衡，加速了列强之间的军备竞赛，第一次世界大战爆发就差导火线了。——译者注
② 迈克尔·达维特：《布尔人为自由而战》，第46页。——原注

关于维护普遍和平

第一条，为尽可能避免在国际关系中诉诸武力，签约国同意尽最大努力确保和平解决国际分歧。①

斡旋和调解

第二条，如果签约国之间发生严重分歧或冲突并诉诸武力前，双方应在条件允许下，同意求助一个或多个友好国家进行斡旋或调解。

第三条，除主动诉求外，在情况允许下，签约国还建议与争端无关的一个或多个国家应主动为有分歧的国家提供斡旋或调解。

即使在敌对期间，与争端无关的国家也有权提供积极公正的斡旋和调解。

冲突中的任意一方不能将斡旋或调解这项权利看作敌对行为。

第四条，调解人的责任在于调和对立主张，平息分歧国家间产生的怨恨。

第五条，只要争端当事方宣布不接受调解人提出的调解方式，或调解人宣布不接受当事方提出的调解方式，调解人职责便到此结束。

第六条，无论是应分歧双方的邀请，还是与争端

---

① 参议院档案第一百五十九号，第五十六届国会，第一次会议。——原注

无关国家的自愿行为，积极公正的斡旋或调解只具有劝告性质，不具有约束力。

第七条，接受调解并不具有中断、推迟或阻碍战争动员，或其他备战行为的效果，除非存在相反协议。

如果调解行为发生在冲突对抗爆发后，不会中断正在进行的军事行动，除非存在相反协议。

第八条，只要情况允许，签约国建议在下列情况中使用特别调解：

如果存在威胁和平的严重分歧，存在分歧的国家以防止和平关系破裂为目标分别选择一个国家，把直接对话的任务交付于各方选出的国家。

除非另有规定，调解期只有三十天。在此期间，争端各国应停止就争端问题进行一切直接对话，此时各方的争端都归于尽最大努力解决问题的调解国。

如果和平关系确实破裂，签约国要肩负起利用任何机会恢复和平的任务。

国际调查委员会

第九条，国际分歧如果既不涉及国家荣誉，也不涉及关键利益，只在事实问题上存在意见分歧，如果分歧各方始终无法通过外交手段达成一致意见，签约

国建议应在条件允许下组建国际调查委员会，利用公正、认真的调查来阐明事实，以协助解决分歧。

第十条，国际调查委员会由争议各方签订的特殊协议组成。

《调查规约》规定审查的事实和专员的权力范围，确定调查程序。

调查过程必须听取双方意见。

如果《调查规约》没有规定调查形式和期限，由国际调查委员会自行决定。

第十一条，国际调查委员会应按照条约第三十二条规定的形式组建，除非另有规定。

第十二条，争议方承诺尽可能充分地向国际调查委员会提供一切必要途径和便利，以便国际调查委员会能充分、准确了解争议事实。

第十三条，国际调查委员会要将委员会全体成员签署的报告递交给冲突各方。

第十四条，国际调查委员会的报告仅限陈述事实，不具有仲裁性质。报告会给冲突各方充分的自由以便使该报告具有效力。

国际仲裁

第一章 仲裁体系

第十五条，国际仲裁的目的是各国在自由选择法官和尊重法律的基础上解决国家分歧。

第十六条，有关仲裁合法性问题，特别是国际公约对仲裁的解释或应用，签约国要将仲裁视为外交途径无法解决争端的最有效和最公平的方案。

第十七条，缔结仲裁条约是针对存在的或最终可能产生的问题。

仲裁条约可能包含任何争端或某种特定种类的争端。

第十八条，仲裁条约要求签约国承诺忠实接受仲裁决定。

第十九条，除非明确规定仲裁条约是对签约国应尽义务的一般性或秘密性条约，签约国在批准当前法案之前或之后，都保有缔结一般性或秘密性条约的权利，并且期待将强制性仲裁扩大到签约国认为可提交仲裁的所有案件。

第二章 常设仲裁法庭

第二十条，为促进对始终无法通过外交途径解决的国际分歧诉诸仲裁，签约国应按照附加到《海牙公约》的《议事规则》，自愿承诺组建随时能运作的常设仲裁法庭，除非各国另有规定。

第二十一条，常设仲裁法庭应具有针对所有仲裁案件的法定资格，除非各方同意建立特别法庭。

第二十二条，建立于海牙的国际局用作仲裁法庭

档案馆。

国际局是与国际法庭会议有关的沟通渠道。

国际局拥有档案保管权,以及开展所有行政工作的权利。

签约国承诺达成仲裁条件,以及特别法庭就仲裁条件做出裁决时,要向海牙国际局递交正式经过核实的复本。

签约国承诺将最终显示执行仲裁法庭裁决的法律、规定和文件递交给国际局。

第二十三条,批准《仲裁条约》的三日内,签约国应选择四位熟悉国际法问题、享有较高声誉、愿意接受仲裁员职责的人。

作为仲裁法庭成员的四个人应被列入名单中,由国际局通知到所有签约国。

国际局修改仲裁员名单时要告知所有签约国。

两个或多个签约国可一致同意挑选一个或多个共同的仲裁员。

同一个仲裁员可由不同国家选出。

仲裁法庭成员的任期为六年,可延长任期。

如果仲裁法庭成员死亡或退休,应按照任命仲裁法庭成员的方法进行人员补充。

第二十四条,签约国如诉诸常设仲裁法庭解决分歧,组成裁决分歧的仲裁法庭的仲裁员必须从法庭成员的名单中选出。

如果在组成仲裁法庭问题上各方没有达成共识，应遵循以下方针。

各方各自任命两名仲裁员，由这些仲裁员共同选择一位首席仲裁员。

如果票数相等，首席仲裁员应交由多方共同协商选出的第三方做出选择。

首席仲裁员如果就问题未达成一致，各方就推选第三方缔约国，由推选的缔约国来选择首席仲裁员。

组成仲裁法庭后，各方将诉诸仲裁法庭的决定和仲裁员姓名告知国际局。

仲裁法庭在各方确定的日期开庭。

仲裁法庭的成员由于需要远离祖国去履行职责，所以享有外交特权和豁免权。

第二十五条，仲裁法庭通常设在海牙，只有在必要的情况下，经过当事各方同意，才会更改开庭地点。

第二十六条，设立在海牙的国际局得到授权后，其办公场所和工作人员会置于缔约国的支配下，以供特别仲裁委员会调遣。

如果各方同意诉诸仲裁法庭，只要符合《海牙公约》的规定，常设仲裁法庭的管辖权就可以扩展至非签约国之间的争端，或签约国和非签约国之间

的争端。

第二十七条，如果两个或多个签约国间有爆发严重争端的威胁，其他签约国都会把提醒当事各方将争端诉诸常设仲裁法庭作为本国责任。

因此，所有签约国宣布，为了和平这一最高利益，提醒冲突各方《海牙公约》的各项条款，以及给予冲突各方诉诸常设仲裁法庭的建议，会被看作是友好行为。

第二十八条，当前法案至少经九个签约国批准后，派驻海牙的各国外交代表与荷兰外交部部长应尽快在海牙组建常设行政理事会；由荷兰外交部部长担任主席。

行政理事会负责设立和创建在其指导和控制下的国际局。

行政理事会将仲裁法庭章程告知签约国，并规定仲裁法庭的设立。

行政理事会确定议事规则和其他必要规章。

行政理事会决定仲裁法庭运作方面可能出现的一切行政问题。

行政理事会对国际局所有官员和雇员的任命、停职或解雇，拥有完全控制权。

行政理事会确定报酬和薪水，控制一般开支。

在正式召开的会议上，五名成员出席足以使行政理事会的讨论有效。各项决定由大多数成员投票做出。

行政理事会应立即与签约国沟通已采纳的各项规则，并且向各国提交仲裁法庭的日常工作、行政工作，以及各项开支的年度报告。

第二十九条，国际局的各项开支由缔约国按照万国邮政联盟规定的缴费比例来分担。

第三章 仲裁程序

第三十条，为促进仲裁事业的发展，签约国就仲裁程序适用下列规则达成协议，但当事人另有约定的情况除外。

第三十一条，诉诸仲裁的签约国要签署特别法案，对争议主体和仲裁员的权力范围做出明确界定，这意味着当事方承诺忠实地接受裁决。

第三十二条，因为仲裁员的责任重大，签约国可依照自己的意愿，或从常设仲裁法庭的成员中挑选一个或多个仲裁员。

如果签约国就仲裁法庭的组建没有达成共识，应遵循以下方针。

各方各自任命两名仲裁员，由这些仲裁员共同选择一位首席仲裁员。

如果票数相等，首席仲裁员应交由多方共同协商选出的第三方做出选择。

如果就首席仲裁员问题未达成一致，各方就推选第三方缔约国，由推选的缔约国来选择首席仲裁员。

第三十三条，如果一个国家的君主或元首被选为仲裁员，那就由他来确定诉讼程序。

第三十四条，首席仲裁员是仲裁法庭的法定庭长。

如果仲裁法庭不包含首席仲裁员，由法庭任命庭长为首席仲裁员。

第三十五条，如果仲裁员死亡、退休或者伤残，空缺的职位应按照任命仲裁员的方法来进行补充。

第三十六条，仲裁法庭的开庭地点由签约国共同选择。如果没有做出选择，法庭将设在海牙。

如果没有获得签约国的一致同意，仲裁法庭不能在非必要情况下更改确定好的开庭地点。

第三十七条，签约国有权任命代表或特别代理人出席仲裁法庭，他们将作为签约国与法庭之间的协调员。

为捍卫协调员在法庭上的权利，仲裁法庭授权协调员任命律师或辩护人。

第三十八条，仲裁法庭决定法庭上使用的语言，并且获得授权使用。

第三十九条，一般来说，仲裁程序包含两个阶段：初审和讨论。

初审包括各方代理人向法庭成员和对方当事人提

交的所有书面记录，以及包含案件中援引论点的所有文件。根据第四十九条规定，递交文件应按照仲裁法庭规定的形式在特定期限内完成。

讨论包括在法庭上口头陈述当事人的论点。

第四十条，当事一方出示的每份文件必须递交给另一方。

第四十一条，讨论在庭长的指导下进行。

只有经各方一致同意，并且在仲裁法庭做出决定的情况下，讨论才会公开。

讨论的内容会由庭长任命的书记员记录在纪要中，纪要本身具有真实性。

第四十二条，初审结束后，仲裁法庭有权拒绝讨论当事方在未经另一方同意的前提下向法庭提交的所有新记录和新文件。

第四十三条，仲裁法庭可自行审议各方代理人或律师提请注意的新记录或新文件。

如果法庭有权要求出示新记录或新文件，法庭也有义务使对方了解新情况。

第四十四条，除此之外，仲裁法庭可以要求各方代理人出示所有记录，并且要求做出一切必要解释。如遭拒绝，仲裁法庭会对此做记录。

第四十五条，各方代理人或律师有权向仲裁法庭口头陈述有利于案件辩护的所有论据。

第四十六条，各方代理人或律师有权提出反对意见和论点，仲裁法庭会对意见和论点做出最终决定，不使其成为后续讨论的主题。

第四十七条，仲裁法庭成员有权向各方代理人和律师提问，要求获得对疑点的解释。

在讨论期间，仲裁法庭成员所提问题及所做评论，均不能被仲裁法庭或仲裁法庭的个别成员视作意见的表达。

第四十八条，仲裁法庭有权宣布它在解释"妥协协议"案件中援引的其他条约，以及适用国际法原则方面的权限。

第四十九条，仲裁法庭有权发布处理案件的程序规则，决定各方必须结束论证的形式和期限，以及安排处理证据需要手续。

第五十条，在各方代理人和律师提交完支持案件的所有解释和证据后，庭长宣布讨论结束。

第五十一条，仲裁法庭私下进行审议工作。每项裁决都由仲裁法庭的大部分成员做出，拒绝投票的成员会被记录在书面会议记录中。

第五十二条，裁决由多数人投票通过，并且附有裁决书。裁决以书面形式起草。法庭成员须在裁决书上签字。

在签字过程中，少数投反对票的成员可在裁决书上记录下异议。

第五十三条，裁决书应在仲裁法庭公开宣读、各方代理人和律师需到场出席或被正式传唤出席。

第五十四条，裁决经正式宣布并通知争议各方的代理人和律师，争端正式终止，不得提出上诉。

第五十五条，各方保留仲裁协议中修改裁决书的权利。如果出现修改裁决书的情况，除非争端各方存在相反协议，修改裁决书的要求必须提交至宣布裁决的仲裁法庭。提出修改裁决书的唯一依据是发现了对裁决产生决定性影响的事实，并且在讨论结束时，仲裁法庭和要求修改裁决书的一方对此不知情。

只有仲裁法庭明确记录了存在全新事实的裁决，承认这一事实具有前项所述性质，并且宣布在这一基础上接受这样的事实，才能提起修正诉讼。

仲裁协议规定了修改裁决的期限。

第五十六条，裁决只对缔结了"修改裁决书协议"的各方具有约束力。

如果存在除争端当事方以外的其他签约国需要解读《海牙公约》时，争端当事方要将达成的裁决书通知后者。每个签约国都有权干预这起案件。如果一个或多个国家想行使同样的权利，裁决书中的记录对它们具有同等约束力。

第五十七条，当事方支付各自费用并平均分担仲

裁法庭的费用。

总则

第五十八条，当前公约应尽快得到批准。

批准书交存海牙。

起草用来接收每份批准书的记录，并且通过外交渠道将正式核准的批准书复本送往参加过海牙国际和平会议的所有国家。

第五十九条，出席海牙国际和平会议的非签约国可遵守公约。但非签约国必须向荷兰政府发出书面通知，并且知会所有签约国，表明遵守签约权。

第六十条，没有派代表参加海牙国际和平会议的国家可遵守《海牙公约》，这应成为签约国日后的协议主题。

第六十一条，如果某签约国宣布退出公约，该签约国只有向荷兰政府做出书面通知，并且在及时知会其他签约国一年后，这一决定才能正式生效。

退出公约的行为只通知受影响的国家。

各国全权代表要在当前公约上签字盖章。

1899年7月29日，缔约国在海牙签署的《海牙公约》原件保存在荷兰政府的档案中。经正式批准后，《海牙公约》的复本通过外交途径送往各签约国。

美国全权代表签署了《海牙公约》，但保留了以下声明：

不能把《海牙公约》中的内容解释为要求美国政府放弃传统政策，即不侵扰、不干涉或不涉足外国政策和内部管理等政治问题；也不能将《海牙公约》中的内容理解为美国政府会放弃它对纯美洲问题的传统态度。

《海牙公约》经参议院同意，由美国政府正式批准。《海牙公约》得到了除中国和奥斯曼帝国外所有上述国家的正式批准。

根据《海牙公约》第五十八条规定，1900年9月4日，公约批准书由下列国家的全权代表交存海牙，包括：美利坚合众国、德国、奥匈帝国（Austria-Hungary）、比利时、丹麦、西班牙、法国、英国、意大利、荷兰、波斯（Persia）、葡萄牙、罗马尼亚（Roumania）、俄国、暹罗（Siam）、瑞典-挪威联合王国（Sweden and Norway）和保加利亚（Bulgaria）；10月6日，日本（Japan）政府全权代表将批准书交存海牙；10月16日，黑山（Montenegro）政府全权代表交存批准书；12月29日，瑞士政府全权代表交存批准书；1901年4月4日，希腊政府全权代表交存批准书；1901年4月17日，墨西哥政府全权代表交存批准书；1901年5月11日，塞尔维亚（Servia）政府全权代表交存批准书；1901年7月12日，卢森堡（Luxembourg）政府全权代表交存批准书。

因此，请大家知道，我，美国总统西奥多·罗斯

福现在已将公约内容昭告天下，目的要使美国和美国人能够真诚遵守、履行公约中的每项条款，遵从美国政府全权代表在上述声明中的保留意见。

我谨在此签名并加盖美国国玺，以昭信守。

1901年11月1日，美国独立126年，我在华盛顿正式签署《海牙公约》。

西奥多·罗斯福

国务卿约翰·海[①]

《海牙公约》将与干预问题有关的国际法原则置于一边。《海牙公约》改变规则前，第三方国家采取旨在和平解决交战双方分歧的行动是一件敏感和困难的事情。实际上，《海牙公约》签约国几乎已涵盖世界上所有国家政府，它们"都同意尽全力确保和平解决国际争端"。签约国也同意，"只要条件允许，会诉诸一个或多个友好国家进行积极公正的斡旋或调解"。同时，签约国一致认为："在条件允许下，一个或多个与争端无关的国家应主动为有分歧的国家提供积极公正的斡旋。即使在敌对期，与争端无关的国家也有权提供积极公正的斡旋，冲突中的任意方都不能将行使这项权利视作不友好行为。"

1902年下半年和1903年年初，美国政府利用《海牙公

---

① 来自国务院文件。——原注

约》赋予的调解权，代表委内瑞拉政府开始同英国、德国和意大利王国的政府开展外交文书往来。外界对美国干预争端的性质存在普遍误解，认为开展此次外交文书往来是基于门罗主义。只有当德国公开表明，或明显打算要永久占领委内瑞拉领土时，这次的外交文书往来才能达到主张门罗主义的阶段。这留给美国政府足够的时间去考虑是否应该执行门罗主义，以及适当的执行方法。经过一段时间的考虑和准备，本届政府认为，在适当的时候，美国能够采取强硬措施来执行外交政策。

法定时效并不妨碍政府行使权利，政府的疏忽与懈怠也不能归咎于此。"王冠不受法定时效约束"就是与政府权利有关的亘古不变的准则。因此，在执行门罗主义时，美国政府的拖延不会对门罗主义产生不利影响，因为政府推迟行动不仅是为了做好充分准备，也是为了在冒犯门罗主义的国家最软弱时发动打击。

巴拿马运河竣工的重要性可能会超过政府对违反门罗主义政策的追究。本届政府首要目标是建造贯穿中美洲地峡的运河，同时推迟所有不需要特别关注的外交政策问题。

安德鲁·D.怀特（Andrew D. White）、塞思·洛（Seth Low）、斯坦福·纽厄尔（Stanford Newell），以及领队阿尔弗雷德·T.马汉（Alfred T. Mahan）和威廉·克罗泽（William Crozier）代表美国出席海牙国际和平会议。我们的代表提请大会注意，美国政府始终坚持反对美国在欧洲事务中卷入国家联盟的传统外交政策，支持门罗主义外交政策。签署《海牙公约》时，美国代表添加了下面

这句话，"美国对1899年7月25日海牙国际和平会议全体会议上的宣言有所保留"，以此解释美国政府签署《海牙公约》的条件。正如《海牙公约》文案记载，在海牙国际和平会议上，美国代表的保留意见在总统西奥多·罗斯福和国务卿约翰·海签字生效之前就已进行了详细说明。此外，美国就在海牙国际和平会议期间和批准《海牙公约》的过程中，明确宣布坚守门罗主义。同时，加入《海牙公约》的签约国也清楚地知晓和理解美国即使成为签约国，也不会放弃遵守传统外交政策的权利。

虽然其他签约国顺带地承认了门罗主义，但并不会真正批准门罗主义或采纳门罗主义作为国际法原则。美国政府确实具有告知欧洲国家门罗主义这项传统政策的义务，但欧洲国家政府会或多或少地质疑门罗主义的存在。

现在的问题在于海牙国际仲裁法庭的不成文法是什么？英国和美国认为应将国际法作为属地法的一部分全部采纳为普通法。既然地球上所有的国家都是海牙国际仲裁法庭的支持者，现在也很少有国家采用普通法，那么海牙国际仲裁法庭的不成文法究竟是什么呢？

布莱克斯通（Blackstone）的看法如下：

> 国际法是通过自然理性推演出来的，并且由世界上的文明人一致同意后建立的一套规则体系。两个或两个以上的国家，以及这些国家的个人之间的交往

中，国际法会解决其中一切争端，规范一切仪式和礼节，并且确保公正和善意得到遵守。作为一般法的国际法构建于下列原则之上：在不损害自身利益的前提下，不同国家应在和平时期竭尽所能互相帮助，在战争时期尽量减少伤害。同时，所有国家都不可以凌驾于他国之上，因为没有国家会将国际法规则强加给他国或为他国制定国际法规则。国际法规则必然来自每个国家中所有博学之人一致认可的自然正义原则之上，依赖于国家间的契约或条约。在构建国际法原则的过程中，无法求助法官，只能坚持自然和理性的法则。因为只有在自然和理性的法则中，所有签约方才会对此熟知和服从。①

"国际法"(international law)和"万国律例"(law of nations)两个术语是同义词，但前者更具现代性。

科尔里奇勋爵(Lord Coleridge)的观点如下：

> 严格来说，"国际法"是一个不准确的表述。人们如果忽略了国际法的模糊定义，就容易被误导。法律意味着立法者和法庭有能力强制执行法律，控制违法者，但主权国家没有共同立法者，法庭无权用法

---

① 布莱克斯通：《英格兰法律评论》，第4卷，第5章，第67页。——原注

令约束主权国家，也无权在主权国家违法时控制它们。万国律例是文明国家在处理和他国的关系时共同遵守的惯例的集合。无论这些惯例具体是什么，无论其中某一条是否得到采纳，它们都是文明国家相互交往的重要证据。一个国家的条约和行为只是国家间协议的证据，至少在这个国家，其本身不会约束法庭。同样，法学家的共识也并不能约束法庭，但从国际法角度来讲，各国间的协议就是证据。当问题出现时，作为英国法律的一部分，英国法院就会让国家间的协议生效。[①]

1896年，在美国律师协会演讲中，罗素勋爵（Lord Russell）表达了相反观点，认为科尔里奇勋爵依据的法律定义太过狭窄，"过于依赖武力作为主导思想。如果从历史角度思考法律的发展变化，我们要排除在社会早期阶段，习惯法主体优于具有明确命令和惩罚性制裁的法律……由于政府变得愈加民主……法律就会越来越少地承载强权赋予的命令性，相反会获得越来越多一致认可的普通法性质……我断言，在相互交往中，各国同意遵守的规则的总和可以被恰当地称为'国际法'"[②]。

[①] 《美国和英国法律百科全书》，第2版，第16卷，第1124页至第1125页。——原注
[②] 《美国和英国法律百科全书》，第2版，第16卷，第1124页至第1125页。——原注

海牙国际仲裁法庭以公正理念为基础，不以武力为主导思想。弱国应和强国一样，在同样的规则和原则下行使权力。海牙国际仲裁法庭的存在意味着它将拥有自己的不成文法。正如布莱克斯通所言，不成文法基于"自然和理性法则"，必然会不时地进行司法解释，从而处理提交给它并由它进行司法裁决的各类问题。海牙国际仲裁法庭司法的不成文法将同普通法的原则和孔子的"黄金法则"①大致相符。不成文法必然会将现存战争的起因归于不正当。

毫无疑问，通过征服来获取领土就是这样不正当的战争，尽管海牙国际仲裁法庭确实没有充分暗示这一点。在一定程度上，海牙国际仲裁法庭将成为维护门罗主义的强力辅助，而且在执行仲裁法庭的判决和法令中，它的不成文法将得到长足发展。一个国家的普通法院做的一百项裁决中没有一项具有可追溯性，还有很大比例的诉求因无法追溯而无法裁决。海牙国际仲裁法庭的判决和法令的可追溯性、不可追溯性肯定会以确立规则的方式进行裁决。海牙国际仲裁法庭的这些规则类似法律上执行裁决和公正执法，一定要同明智、人道的公共政策一致。公共政策禁止判定债权人对城市或市政厅的消防器材、城市公共事业管理所需财物，以及国家公共建筑等执行法庭裁决。

公共政策禁止扣押民用或军事领域受雇于政府市、县、州

---

① 指己所不欲，勿施于人。——译者注

或联邦的军官的工资和薪金，同时要求政府的民用或军事办公室，以及用于政府目的的财物均不能成为执行法庭判决或法令没收的对象，因为这可能造成政府部门瘫痪。

海牙国际仲裁法庭类似能决定个人权利、自由和财产的其他法庭，拥有执行判决、法令和指示的能力。因此，海牙国际仲裁法庭不应将判决移交给债权国，或者让债权国通过军事震慑强制执行判决。与此相关的公共政策不仅要拒绝这项权利，还要拒绝判定债权国有权使债务国的政府职能陷入瘫痪或遭受破坏。

信托原则包含了大部分适用于人类事务的非成文法。这里的信托不是指资本和企业在信托名义下的强强联合，而是人与财产间的信托关系以及因特殊事实而产生的建设性信托，这种特殊事实使一方当事人在某些财产或人身上存在信托关系。就在海牙国际仲裁法庭的影响下，一种带有种族特征的原则将会发展起来，它形式多样，具有一定的技术性，就像在人类事务中早就存在一样。这种信托原则指出，任何情况下都应诉诸武力的裁决。我们的祖先和其他殖民者从"五月花"号登上美洲大陆，他们找到了把印第安人从这片土地上驱逐出去的理由：上帝把这片土地托付给人类，希望人类充分利用和开发这片土地，但印第安人对这片土地的利用没有任何改进，辜负了上帝的信任。依据美洲大陆发生的变化，上帝似乎对我们祖先看似贪婪的行为投以赞许的微笑。原住民"受托人"已经名誉扫地并遭到除名，美洲事务的管理权是否应整体或部分地再次移交给名誉扫地和遭除名的受托人成为关键，正如革命中拉丁美洲共和国面临的问题一样。

为实现文明和公民政府的目标，上帝用同样的方式将另一群不称职的"受托人"从非洲大陆剔除，因为他们比印第安人更无能。不仅在美国，还在整个西半球，新的政体会把部分失职的"受托人"从管理政府事务的重要岗位上剔除出去。在拉丁美洲各共和国内部，白人、印第安人和非洲人共同管理事务。我们既然了解拉丁美洲国家的状况，就可以得出以下结论：这三个种族不会像一个民族一样，努力去实现共同目标，也不会在事务管理上协调一致。因此，这些共和国也患上了这种个人身上患有的，被医生称为"运动性共济失调"的疾病。或许在未来的某一天，海牙国际仲裁法庭的不成文法能用来解决政治上的"运动性共济失调"，为这些国家提供恰当的整体解决方案。自从上帝做出"我来并不是叫地上太平，乃是叫地上动兵"的宣言已过去几个世纪，所以在解读历史中的上帝时，我们能看到他真实存在的许多证据。在国际法中，武力仍占突出地位，但我们希望海牙国际仲裁法庭将使用武力减少到最低程度。在本质上，国际不成文法似乎不可避免地在实质上同上市公司的不成文规则类似。法律文稿撰写人给出的公司定义接近于国家或民族定义。公司、国家和州将个体聚集于特殊分类的政治团体中，以个人形式拥有永久继承权，并且由法律赋予个人在各方面采取行动的能力。布维埃(Bouvier)说过："州或国家都是由政治宣传机构命名，有各自的事务和利

益，共同进行商议和做出决策。这样一来，州或国家就类似有道德的人，有独特理解力和意志力，容易受到自身义务和法律的影响。因此，广义上可以将美国看作一个公司，各州也可视作单独的公司。"① 各国普遍法的适用性在本质上注定同常见的公司法一样。到目前为止，《海牙公约》最重要的部分就是调解条款的内容，法庭或许会消失，但调解不会消失，它会把各个国家从战争的苦难中拯救出来。

俄国专员斯塔尔（Staal）、马腾斯和圣贝斯里递交给海牙国际和平会议的计划，除了其他事项，突出体现了俄国采纳的调解国际争端的特点。马腾斯是俄国杰出的国际法学家，成功主持了解决委内瑞拉与英国边境问题的仲裁。为此，俄国几乎包揽了《海牙公约》的全部荣誉。与法庭判决相比，调解能解决更多的争端，可一旦其他的和平解决方式失效或需要制定调解细节时，法庭最终将成为调解工具。随着时间推移，调解会逐渐在人们心中，在象征权力的王位、首都和圣所所在地最终确定下来，或许只有在调解失败后战争才会发生。也许会像以前一样，傲慢的国家不仅主动打击对手，还打击调解者，不得不对抗民意以及对抗整个文明世界的军队。所以革命中的拉丁美洲共和国对我国外交政策构成威胁时，它们会乐于在调解下求得庇护。

顺便说一句，《海牙公约》已成为美国维护门罗主义的

---

① 布维埃：《法律辞典》（*Law Dictionary*），第1卷，第318页至第319页。——原注

力量之源。按照《海牙公约》的条款，调解不受限于争端种类，但仲裁受限于"不涉及荣誉和关键利益"的分歧。

调解人和法庭会将极少数案件归入特例。在争端调解失败后，文明国家几乎不会将涉及太多荣誉或者利益过于重要的争议提交至法庭裁决。

第 22 章

第二次美洲国家会议

1901年10月22日到1902年1月31日，第二次美洲国家会议在墨西哥城召开。此次召开的会议是美洲第二次具有国际性质的会议。

1901年1月15日，包括美国在内的十五个国家签署了遵守《海牙公约》的议定书。

议定书的前言：出席美洲国际会议的代表们认为，他们代表的共和国的民众情绪正朝着衷心赞成最广泛应用仲裁原则的方向发展；美洲各共和国一方面受制于民选政府原则和责任的限制，一方面同各国之间日益紧密的共同利益相联系，所以每个国家可通过自己的行动维护美洲大陆和平，同时它们之间的永久和平将是国家发展、人民生活幸福和商业繁荣的预兆。

因此，美洲共和国就下列措施达成一致意见：

方案①

第一条，派遣代表参加在墨西哥举行的美洲国家会议的与会国，虽尚未签订1899年7月29日在海牙签订的三个公约②，但在此承认美洲国际公法规定的原则。

第二条，鉴于在海牙签订的三个公约具有开放

---

① 摘自参议院档案第三百三十号的《第二次美洲国家会议报告》，第36页、第39页。——原注
② 1899年7月29日，第一次海牙国际和平会议签署的三个公约分别为《和平解决国际争端公约》《陆战法规和惯例公约》《关于1864年8月22日日内瓦公约的原则适用于海战的公约》。——译者注

性，因此，三个公约一经批准，各美洲国家政府便会通过外交途径通知荷兰政府，要求其加入公约。

第三条，海牙仲裁法院具有高规格的司法管辖权，我们将解决分歧的仲裁申请提交给海牙仲裁法庭肯定能为我们带来最大程度的便利。同样，如果目前还有美洲国家尚未加入创建海牙仲裁法庭的公约，可借助广泛接受和承认的权利成为《海牙公约》成员国。另外，考虑到美国和墨西哥合众国政府的提议，美洲国家会议特此授权未签约国政府展开同其他《海牙公约》签约国的谈判，从而和平解决国际争端，并且要求尚未成为签约国的国家遵守《海牙公约》。

第四条，为了能使公正仲裁的原则尽早得到最广泛和自由的应用，为使上述仲裁原则能够以最先进和最有利的形式在美洲各共和国之间签署的公约中表达出来，美洲国家会议恭请墨西哥总统波费里奥·迪亚斯进行仔细调查，确定参会各国政府以何种先进的形式来制定一般性仲裁公约的意见，从而使这份公约得到所有参会国的批准和确认。调查结束后，会为能满足所有共和国愿望的公约准备一份计划。如果可以，安排执行计划的协议；如果发现计划行不通，向下次会议提交报告。

1902年1月29日，十个共和国签署了强制性仲裁条约。

第一条，签约国有义务将它们之间存在或可能出现的争端，以及外交手段无法解决的争端提交给仲裁员裁决，只需相关国家判断，这些争端既不影响各方的独立又不影响国家荣誉。

第二条，涉及外交特权、边境、航行权效力、条约制定和执行等争端，不涉及国家独立和国家荣誉。

第三条，根据《海牙公约》第二十六条的规定，缔约国同意将当前条约中涉及的争端提交到公约建立的常设仲裁法庭来裁决，除非双方倾向建立特别法庭。

如果签约国服从海牙常设法庭的司法管辖权，签约国就接受了《海牙公约》对法庭组织及程序的各项规定。

第四条，无论是出于签约国自愿，还是出于海牙常设仲裁法庭没向当事方开放等原因需要组织特别法庭的，当事方应在仲裁协议签订时确定设立特别法庭应遵循的程序。特别法庭决定开庭日期、开庭地点及使用的语言。在每起案件中，当事方应赋予特别法庭权力去判决所有与管辖权相关的问题，甚至包括仲裁协议没有考虑到的特定程序。

第五条，如果在成立特别法庭时各方不能就仲裁员的指定达成协议，则特别法庭应由三名法官组成。每个国家任命一名可以指定首席仲裁员的仲裁

员。如果仲裁员不认可指派的首席仲裁员，由各方任命的仲裁员指定的第三方国家做出选择。

如果未能就最后一名仲裁员的任命达成协议，则各方应各自指定一个不同的国家，第三名仲裁员应由上述两个得到指定的国家选出。

第六条，假如两个或更多签约国存在使战争一触即发的严重分歧或冲突，只要条件允许，应诉诸一个或多个友好国家进行积极公正的斡旋或调解。

第七条，除当事方主动提出诉求之外，只要条件允许，与争端无关的一个或多个国家应主动向有分歧的国家提供斡旋和调解。

即使在敌对时期，与争端无关的国家也有权提供积极公正的斡旋和调解。

冲突中的任意方都不能将行使这项权利看作不友好行为。

第八条，调解员的部分责任在于调和对立主张，以及平息存在分歧国家间的怨恨情绪。

第九条，只要争端当事方宣布不接受调解员提出的调解方式，或调解员宣布不接受当事方提出的调解方式，调解员的职责就此结束。

第十条，无论是应分歧双方请求，还是与争端无关国家的自愿行为，积极公正的斡旋和调解只具有劝告性质，不具备约束力。

第十一条，接受调解并不具有中断、推迟或阻碍战争动员或其他备战行为的效果，除非争端各方存在相反协议。如果调解发生在冲突对抗爆发后，它不会中断正在进行的军事行动。

第十二条，如果存在威胁和平的严重分歧，或有关国家无法选出或接受友好国家调解，建议有分歧的国家应以防止和平关系破裂为目标，选择一个国家，并且委托该国与另一方选出的国家进行直接谈判。

除非另有规定，调解期只有三十天。在此期间，争端各方应停止就争端问题进行一切直接对话，解决争端只属于调解国。

如果友好国家没有成功达成令争端各方满意的解决方案，要指定第三方国家作为调解员；假如和平关系确实破裂，第三方国家就需肩负起利用任何机会恢复和平的任务。

第十三条，当事方因对事实的不同看法而引起的国际争端，如不能通过外交方式达成一致意见，应在条件允许下，通过组建国际调查委员会进行公正、认真的调查来阐明事实，协助解决分歧。

第十四条，国际调查委员会由特殊协议组成，规定要审查的事实、专员的权力范围及必须限制的调查程序。在调查过程中，国际调查委员会须听取双方意见；如果协议没有规定要遵守的调查形式和期限，调

查委员会可自行决定。

第十五条，除非另有规定，国际调查委员会同组建仲裁法庭的方式一样。

第十六条，争议各方承诺尽可能充分地向国际调查委员会提供必要的手段和设施，使国际调查委员会充分、准确地理解争议事实。

第十七条，国际调查委员会应仅限于证明指控的事实真相，不做出技术性评价外的任何评价。

第十八条，国际调查委员会应向组成它的各国提交经委员会成员签名后的报告。调查报告仅限于对事实的调查，不具有仲裁裁决的性质，并且允许争议各方自由地给予他们认为适当的价值。

第十九条，在先前的程序中，可以将调查委员会的组成包括在仲裁保证书中，直到确定将要调查的对象为止。

第二十条，只要签约国给予强制性仲裁更长的延长期，强制性仲裁条约不会废除两个或更多签约国订立的现有协议。强制性仲裁条约不会改变已发生的具体问题的规定，也不会修改悬而未决的仲裁程序。

第二十一条，既然签约国没必要交换批准书，但强制性仲裁条约必须经至少三个国家签署后才能生效，同时墨西哥合众国政府应向其他政府通报对强制性仲裁条约的支持。

第二十二条，没有签署强制性仲裁条约的国家可随时加入。如果签约国想要免除仲裁义务，就应该废除强制性仲裁条约，但废除条约不会立即产生效力，需要签约国在发出废除条约通告后一年才能生效。

只要宣布废除强制性仲裁条约的签约国在年底之前仍有正在进行的仲裁谈判和未做出裁定的案件，废除条约就无法生效。①

阿根廷共和国、玻利维亚、多米尼加(Dominica)、危地马拉、萨尔瓦多、墨西哥、秘鲁、巴拉圭、乌拉圭和委内瑞拉签订了这份条约。在会议上，智利坚决反对强制性仲裁，而秘鲁采取了强有力和充分的理由支持强制性仲裁。

美洲国家会议对《海牙公约》的采纳实际上使世界各国都成为《海牙公约》的签约国。世界各国普遍通过了《海牙公约》，使《海牙公约》和海牙国际仲裁法庭成为针对世界各国政府的国际法的一部分。

十个共和国签署了具有强制仲裁性的公约，这是在墨西哥城召开的美洲国家会议取得的最显著的成果之一。

国际冲突会扰乱世界和平，所以《海牙公约》和《墨西哥公约》(Mexico Convention)为世界和平做出了巨大贡献，但两份公约不涉及经常发生在拉丁美洲各共和国境内的革命和叛乱。

---

① 摘自参议院档案第三百三十号的《第二次美洲国家会议报告》，第40页、第45页。——原注

第23章

《海牙公约》和《墨西哥公约》的影响

想要了解1899年7月的海牙国际和平会议和1901年10月22日在墨西哥城召开的第二次美洲国家会议所取得的成果，似乎有必要全面理解会议中签订的两份公约对国际法原则的影响。

《海牙公约》得到了下列国家的签署：美国、德国、奥匈帝国、比利时、中国、丹麦、西班牙、墨西哥、法国、大不列颠及爱尔兰联合王国、希腊、意大利、日本、卢森堡、黑山、荷兰、波斯、葡萄牙、罗马尼亚、俄国、塞尔维亚、暹罗、瑞典-挪威联合王国、瑞士、奥斯曼帝国和保加利亚公国。

据了解，从那时起，相继有其他国家也签约加入了《海牙公约》。

在墨西哥城召开的第二次美洲国家会议讨论了《海牙公约》，1902年1月15日，危地马拉、墨西哥、阿根廷、秘鲁、乌拉圭、委内瑞拉、哥斯达黎加、海地、多米尼加、巴拉圭、玻利维亚、萨尔瓦多、哥伦比亚、洪都拉斯、尼加拉瓜和美国等批准了《海牙公约》。

智利和巴西当时并没有签署《墨西哥公约》，目前仍不清楚它们是否已签署这份公约，但根据《墨西哥公约》第二十二条的规定，它们可以随时加入。

尽管委内瑞拉政府签署了《墨西哥公约》，但于1902年1月14日撤回了代表团，而其撤回代表的日期最早可追溯至1901年12月31日。

在这种情况下，委内瑞拉最初并没有成为《墨西哥公约》的签约国，也不知道它后来是否签署了这项公约。

《海牙公约》规定，出席海牙国际和平会议的非签约国必须向荷兰政府发出书面通知，并且由荷兰政府告知所有签约国，表明这些非签约国会遵守《海牙公约》的约束力。

《海牙公约》第六十条规定，对那些没有派代表参加海牙国际和平会议的国家，它们遵守《海牙公约》应成为签约国日后达成协议的核心主题。

签署《海牙公约》的本质应该受到重视，而不是其形式，所以美洲各共和国行动的落脚点是使自己成为《海牙公约》的成员。在墨西哥城签署的公约将在另外的章节叙述。第二次美洲国家会议明确承认将1899年7月29日发布的《海牙公约》作为国际法的一部分，同时指导各共和国在批准《海牙公约》后，通过正常外交渠道向荷兰政府证明加入《海牙公约》的事实。

考虑到海牙国际和平会议和第二次美洲国家会议的影响，可以看到《海牙公约》几乎得到了全世界各国的采纳，成为国际法的一部分。

下面内容引自第二版《美国和英国法律百科全书》(American and English Encyclopedia of Law) 第16卷第1126页：

> 国家间条约或公约的明文规定根据自身的性质，可能是也可能不是国际法规则的有力证明。如果文明国家签署了旨在改变或确定国际规则的协议，而且自身可能受到这项协议的影响，那么这项协议就具有

权威性，协议宣布的规则可视为国际法的一部分。但如果同协议规则密切相关的任何国家，特别是大国拒绝同意这些规则，那么这项协议只能被视为一种意向协定，而不能确定为对所有国家都有约束力的绝对规则。另外，两国之间就双方在某些方面共同行动的规则通常会表现出同国际法规则相违背，或国际法没有明确规定。如果情况并非如此，就没有必要制定相关规则。

第二版《美国和英国法律百科全书》第16卷第1126页批注中的同一个引述也谈道：

> 众多可被视为建立国际法规则的条约都会提到1815年的维也纳会议和1864年的《日内瓦公约》。1815年的维也纳确立外交优先权；美国在1882年加入《日内瓦公约》后，它就确定了用于战争中伤病员的人员、物品的中立性。

按照上述定义，《海牙公约》得到广泛批准，并且成为国际法的一部分，所以无论是否批准《海牙公约》，所有国家都要受《海牙公约》规定的约束。

此外，《海牙公约》的目标是确立某些国际法方面的规则，这既可以从各国一起签署该公约的方式和条件看出，也可

以从阐明该公约的内涵和宗旨、类似法律序言的前言中看出。

经过充分考证，英国、德国和意大利王国很可能违反了调解争端的《海牙公约》，因为它们从一开始就没有按照《海牙公约》第二条和第三条的规定去寻求调解，就对委内瑞拉发起了攻击。

诉诸《海牙公约》之前，为解决国家争端甚至是已出现的真实战争状态，某个国家可适当提供斡旋，而如果当事国拒绝这种好意也不是一种冒犯行为。同样，在一个或两个争端方的要求下，其他国家会提供斡旋，有时两个或更多国家会联合起来主动提供斡旋。

在国际法中，《海牙公约》引入的调解概念并不是新鲜事物。《海牙公约》扩大和延伸了调解原则，使争端国在诉诸武力解决争端前先进行调解，即使这不是一项法律义务，也是一项道义上的义务。同样，《海牙公约》使有影响力的国家为解决争端提供积极公正的调解成为道义上的责任。

在旧政治体系下，世界各国都不愿主动提供斡旋，因为它们这样做很可能会被看作是偏袒行为，从而使自己卷入争议中。

《海牙公约》中的调解既不会显得唐突，也不会有失公允。在采取行动时，进行调解的国家会变得果断、迅速，不会像以前一样畏手畏脚。

在以前，偶尔诉诸仲裁也是解决国际争端的方法。仲裁员必须为人公正，通常是他国的统治者。

仲裁往往出现于存在分歧的一方或双方的主动提议。仲裁通常只会用于边界争端等有限的种类。仲裁日后会得到延伸和普及，直到所有争端都可在海牙国际仲裁法庭得到裁决。

"不涉及荣誉或关键利益"的国际争端都可提交至海牙国际仲裁法庭，这至少已成为道义上的责任。例外的情况虽然极其有限，但能在仲裁法庭上得到裁决。

正如其他章节提到的，《海牙公约》同我们传统的外交政策并不冲突，还会加强我们外交政策的主张，更会在很大程度上消除产生战争的可能性。同样，《海牙公约》有益于欧洲，因为在不需要维持庞大又昂贵的军备下，它就能维持欧洲的"势力均衡"。

欧洲"势力均衡"的体系也被称作欧洲的"门罗主义"。

国际法学家如此定义"势力均衡"，如瓦特尔认为："可以将这种平衡理解为事务的处理方式：没有君主或国家能绝对支配或规定其他国家的法律；所有国家对维系这种共同的势力均衡保有同样的兴趣；一旦保持势力均衡的条件受到同一区域其他成员国的破坏，任何国家都有权利和义务进行干预，甚至使用武力。"[1]

弗雷德里克·冯·金特里（Frederick Von Gentry）用下列文字对"势力均衡"做出了定义：

---

[1] 《新美利坚百科全书》，第2卷，第510页。——原注

通常所说的"势力均衡"或多或少存在于相互联系的邻国间的系统。这套系统基于没有国家会损害他国独立或基本权利，否则会遭到有效抵抗，最终将"自己暴露于危险中"。①

势力均衡在滑铁卢战役和结束克里米亚战争的1856年协议中，都取得了成功，但在解决瓜分波兰、从丹麦王国攫取石勒苏益格与荷尔斯泰因，以及德国统一等问题上均遭遇失败。

《海牙公约》和《墨西哥公约》产生的深远意义没有受到广泛质疑。在战争和外交方面，世界已进入更好的新时代。

欧洲庞大的军事设施将得到削减，同时，最大程度的和平与安宁将降临到美洲各国。②

---

① 《新美利坚百科全书》，第2卷，第510页。——原注
② 同上。——原注

第 24 章

卡尔沃主义

卡尔沃（Calvo）是一个居住在阿根廷共和国的国际法学家。1868年，他用西班牙语出版了论述国际法的专著。现在该书已出到第四版或第五版，并且被翻译成法语，但从未译成英语，所以卡尔沃在欧洲要比在美国更具知名度。美国国务院和司法部能找到这本国际法著作的法语版。此外，美国私人手中也有少量该国际法专著的西班牙语版和法语版。

美国最高法院在其出版的案件判决报告中，有时会将卡尔沃与其他法学家作为国际权威。

1901年10月22日，在墨西哥城召开了第二次美洲国家会议。1899年12月5日，美国总统麦金莱（McKinley）在"年度国会演讲"中列出了参加这次会议要达到的目标。在表述完各美洲共和国对上述目标的兴趣后，麦金莱接着说道："鉴于这一事实以及对所有美洲共和国普遍兴趣和共同利益相关的其他问题，虽然第一次美洲国家会议对部分问题加以了考虑，但都未得到彻底解决，而且有的问题变得日益重要。现在似乎可行的做法是，邀请组成联盟的美洲各共和国尽早在美国以外的一个美洲国家的首都举行另一次会议——因为美国已享有过召开美洲国家会议的殊荣。"[①]

麦金莱的号召得到美洲各共和国的赞同，于是，墨西哥城被确定为下次会议的举办地。

1901年10月8日，西奥多·罗斯福任命下列人员为与会代

---

① 摘自参议院档案第三百三十号的《第二次美洲国家会议报告》，第3页至第4页。——原注

表：西弗吉尼亚州参议员亨利·G.戴维斯（Henry G. Davis）、艾奥瓦州（Iowa）参议员威廉·I.布坎南（William I. Buchanan）、哥伦比亚特区的查尔斯·M.佩珀（Charles M. Pepper）、伊利诺伊州参议员沃尔尼·W.福斯特（Volney W. Foster）及俄勒冈州参议员约翰·加勒特（John Garrett）。第二次美洲国家会议的其他议程包括墨西哥代表团提出并经会议通过的一项决议。

墨西哥代表团荣幸地向大会提议，对阿根廷杰出法学家卡尔沃表示最崇高的敬意。

这项动议同本次会议目标一致，这是表明各参会国团结一致的重要证据。卡尔沃不仅是阿根廷的荣誉，也是整个美洲的荣誉。他的一生命运多舛，但幸运的是，他能将这漫长的一生用于弥补国际法制定者的漏洞，正如他所说："尽管美洲大陆的实力和影响力与日俱增，同欧洲人平等的美洲人民正在朝文明与开化不断前进，但国际法将这片广阔大陆遗忘在黑暗中。"

如果卡尔沃利用他在"国际法理论和实践"方面的权威，倾尽全力为美洲共和国带来切实利益，那么对这样一个人，我们表示敬意就再正常不过了。卢坎①的优美诗句完全可以用在他身上，"他不认为是

---

① 卢坎（Lucanus, 39—45），古罗马诗人。——译者注

为自己而生，而是为整个世界而生；他是公正和忠诚的守卫者，荣誉法则的遵守者"。

基于上述考虑，我们敬请大会向卡尔沃，这位美洲杰出作家表示最忠诚的敬意。①

墨西哥代表团的决议表达了这样的精神：虽然卡尔沃一生命运多舛，但幸运的是，他能将这漫长的一生用于弥补国际法制定者的漏洞。但决议并未说明造成美洲无法穿透黑暗和阴霾的漏洞是什么，也没展示卡尔沃在潜意识中发展国际法原则的方法。

第二次美洲国家会议没有说明，采纳这份称赞卡尔沃及其学说的决议是否对美国和其他美洲共和国之间的条约具有强制力和影响力。大会正在审议的提案对美国并不具有约束力，但这项提案涉及欧洲各国政府对美国政府如何看待卡尔沃学说的态度。但需要注意到一点，美国为了实现总统麦金莱演讲中指出的目标而在召开的会议上，同其他美洲共和国一致称赞卡尔沃，但这不能说明美国的与会代表投票赞成墨西哥代表团的决议会超出他们的权限范围，尽管决议似乎也未遭到反对。

这项决议带有明显的暗示：卡尔沃被全体美洲共和国广泛认可为国际法立法者，特别是对发起第二次美洲国家会议起到重要作用的美国来说。

---

① 摘自参议院档案第三百三十号的《第二次美洲国家会议报告》，第180页至第181页。——原注

卡尔沃在著作中对卡尔沃主义做出如下描述：

> 如今，美洲大陆和欧洲大陆充满了独立和自由的国家。独立和自由的国家拥有的主权使它们有权享有同样尊重，同时它们的国内公法不认可外国人的干涉，无论他们是谁。①

根据上面阐明的信息，即使不是所有国家，也至少是大部分拉丁美洲共和国已经执行了非常激进的排外法令，拒绝外国人向本国政府申诉要求赔偿的权利。激进的排外法规不仅剥夺了外国人的申诉权，也使外国人几乎丧失了为在革命和暴乱期间被征用的私人财产要求赔偿的所有权利。

排外法令是所有拉丁美洲共和国于1903年1月29日在墨西哥城签署的一项特别公约，此时正好处于第二次美洲国家会议期间。我们将在题为"门罗主义与卡尔沃主义相结合"的一章中给出这份公约的具体内容。仔细阅读完整的公约会清楚它的意图：不会补偿外国人在革命和暴乱时人身和财产遭遇到的不公正待遇。

卡尔沃为美洲各共和国做的最大贡献是向这些国家传递了如下信息：它们可以实施侵害外国人权利的具有效力和约束力的法律。

---

① 卡尔沃：《国际法》，巴黎，1896年，第1卷，第50页，第204节。——原注

卡尔沃主义构建在得到广泛认可的国际法原则之上：外国人一定要遵守居住地经营生意和订立合同依据的政府法律。根据这条一般性原则演变而来的排外原则，经过卡尔沃的阐述具有新颖性。这条原则如此新颖，从未在国际法庭上得到验证。我们需要思考和研究卡尔沃和其他国际法学家的不同。卡尔沃主义建构在卡尔沃在著作中传递的隐藏含义中，并非著作本身。卡尔沃在著作中隐藏的含义认为，一个国家的公法不承认外国干涉，外国人也不会成为外部干预的对象，所以一个国家可以执行涉及外国人的法规。

委内瑞拉国会在1903年4月11日颁发了最令人发指的法案，法案内容如下：

第一条，委内瑞拉境内的外国人依据委内瑞拉宪法规定，享有与委内瑞拉人同等权利。

第二条，委内瑞拉境内的外国人可被视为定居者或过境人员。

第三条，定居委内瑞拉的外国人指以下几类。

第一，获得符合委内瑞拉民法典规定的居住权的外国人。

第二，不具备外交属性，自愿并持续在委内瑞拉境内居住超过两年的外国人。

第三，在委内瑞拉境内拥有不动产并获得永久居住权的外国人。

第四，在委内瑞拉境内居住超过两年，从事商业活动或投身其他行业的外国人，即使拥有领事身份，也要再拥有一套永久住宅。

第四条，过境人员是指在委内瑞拉境内的不属于前项条款定义的外国人。

第五条，外国居民对人身和财产负有同委内瑞拉人一样的义务，但不需要服兵役，也不需要在革命或国内武装冲突发生时交纳强制的、额外的战争捐款。

第六条，定居或过境的外国人不能卷入委内瑞拉的政治事务或与政治事务相关的事务。为此，外国人不能有以下行为。

第一，成为政治社团的一分子。

第二，编辑政治报刊或在报纸上撰写关于本国内政或外交的文章。

第三，担任公职或受雇于政府。

第四，在委内瑞拉的国内冲突中持有武器。

第五，发表与国家政治相关的演讲。

第七条，如果居住在委内瑞拉的外国人违反第六条规定，将会失去外国人身份，并且依据事实承担可能因相互对抗的政治事件而对当地人造成的责任、负担和义务。

第八条，如果外国人违反了本法律的规定，未经宪法授权而行使了公共职责，他的行为将无效，他选举的人和任命他的官员都要承担同等责任。

第九条，过境外国人如违反第六条规定将被立即逐出委内瑞拉。

第十条，各州或各联邦地区行政长官获知定居的外国人参与委内瑞拉政治事务，应对他提起相应的法律诉讼，采取适当的法律行动将诉讼程序移交至联邦行政体系。

第十一条，定居或过境的外国人没有权利求助于外国使团，除非他们用尽了一切法律手段后，清楚表明主管当局明显存在拒绝司法，司法不公或公然违反国际法原则的行为。

第十二条，如果外国人计划定居或过境委内瑞拉且没有外交属性，就有义务在委内瑞拉当局面前宣誓遵守当前法律的所有规定，以及1873年2月12日颁布的外国人赔偿规则的法令。没有做出宣誓的外国人将遭驱逐。

第十三条，民事机关不应向其做出申报的外国人收取任何费用。

第十四条，国家行政部门不应向从事贸易的人员签发履行领事或副领事职责的证书。

第十五条，只要外国人的住所不在国内，无论外国人在国内建立何种社团，都是绝对禁止的。

第十六条，同委内瑞拉人一样，外国人有权通过

合法成立的军事或民事机关要求国家赔偿他们在战争期间的损失，但前提是军事或民事机关始终以其政治性质行事。

第十七条，外国人和委内瑞拉人都不能因革命分子或武装队伍在革命期间给他们造成的损失向委内瑞拉政府提出任何索赔。

第十八条，法案中的规定不会损害公共条约中的规定。

第十九条，各州行政长官和联邦区域地方长官应起草一份居住在他们掌管区域内的外国人名单。

第二十条，欲进入委内瑞拉的外国人负有入境义务，他们应向民事部门呈交能证明他们个人状况的文件，以及由他们上一个居住地当局开具的行为良好的证明。

第二十一条，为执行这项法律，国家行政部门应制定相关规则和条例。

第二十二条，正式废除1873年2月14日规定外国人权利和义务的行政命令，以及1897年7月30日处理外国人干涉国家选举事务的行政命令。

1903年4月11日，委内瑞拉独立九十二周年，联邦成立四十五周年，该法案在加拉加斯联邦立法宫得到批准。

(签名) 参议院主席J.A.贝卢蒂尼 (J.A. Velutini)

1903年4月16日，委内瑞拉独立九十二周年，联邦成立四十五周年，加拉加斯，联邦立法宫。

以待执行。

(签名) 西普里亚诺·卡斯特罗[1]

萨尔瓦多，或者几乎所有的拉丁美洲共和国法律都包含有类似委内瑞拉法律的规定，赋予外国人与本国公民同等的权利。

这些法律像委内瑞拉的法律一样拒绝外国人通过外交途径向本国政府申诉，直到在共和国的法律框架下，通过法院，他用尽所有补救措施，并且无法获得司法公正。

毫无疑问，如果这些法律有效，外国人就完全没有补救措施，只能让拉丁美洲共和国管理他们，并且剥夺他们向本国政府表达不满的权利。

我们深深理解"赋予外国人与本国公民同等权利"这一法律规定的滑稽性。这些共和国根本不对革命党侵占公民财产负责。因此，外国公民在遭到抢劫时无权得到补偿。

如果不是因为难以决定哪一方是革命党，哪一方是政府军，法律似乎还存在正义的因素。

安德拉德当选了任期为四年的委内瑞拉总统。但安德拉德履职才一年，卡斯特罗便发动叛乱，将他赶下台。马托斯曾

---

[1] 《孟菲斯商业呼声报》，1903年4月28日。——原注

是安德拉德的内阁成员，策划了反对卡斯特罗的战争。虽然马托斯没有成功保卫现政府不受篡权者侵犯，却成为革命领导者。安德拉德和他手下的将军，以及马托斯和其他总统执政下的政府，在篡权者卡斯特罗执政前，就已经剥夺了外国人的财物。委内瑞拉政府现在宣称，因为马托斯和其指挥的军队是革命党，所以政府不会为他们侵占外国人的财产负责。

国际法原则公认，在国家侵占外国人财产时，一定要给予公正补偿。

据说，这些共和国的一些法律拒绝本国公民因财产受到政府侵占或战争毁坏而要求赔偿的权利。根据同样的法律，享有同样权利的外国人也得不到补偿。

针对极具聪明才智的外国人的法律同国际法原则相抵触，也违背了法律原则：无论是战时还是和平时期，禁止一个国家占用和侵占外国公民财产后不给予公正补偿。这些法律也违反了国际法赋予外国公民通过正常外交渠道向本国政府申请赔偿的原则。

自这些法律实施以来，就出现了一个问题，即法律相互冲突时会优先使用哪个，哪个需要做出让步。不得不承认，国际法原则要求外国公民遵守居住国法律。从表面上看，卡尔沃的门徒似乎更有说服力。但要说明，既然一般性规则都存在例外的情况，拉丁美洲国家的确拥有在其统治范围内制定有关外国人法律的一般性权利，然而它们没有权利在不赔偿的情况下剥夺外国人的财产，或实行任何排外法，这些法律与外国公民和本国政府间就请求赔偿的国际法原则相冲突。

审查提案时，一定要牢记国际私法和国际公法的区别。当前探讨的问题源于国际公法。国际私法是单独的司法管辖权分支，诉诸国际私法的情况不能清楚地说明在国际公法中出现的问题。无论争端出现于国际公法还是国际私法，都将进一步表明，美国和联邦各州都坚守同外国签订的所有合约，并且试图在美国本国执行。如果部分合约同美国公共政策相违背，就将无效。

如果一个或多个国家在执行与国际公法相违背的法令，这就与文明世界的公共政策相违背。卡尔沃主义试图通过拉丁美洲国家本国市政条例来废除已确定的国际法原则，这是美国政府需要考虑的重要问题。美国未来的福祉在很大程度上取决于对这个问题的解决。近期这个半球的局势将该问题摆到我们面前，政府不能长时间搁置对该问题的审议，或对它视而不见。针对该问题，政府不能采取模棱两可的立场，因为迅速采取坚定的态度将给美国带来深远影响。

拉丁美洲要努力建立一套美洲国际法体系，不仅是为了这些共和国政府，也是为了它们同欧洲和整个世界的关系。但这种做法非常荒谬，因为国际法被定义为决定文明国家整体在相互交往中的各项规则。因为国际法是管理所有国家的一般性原则，所以国际法不能只由少数几个国家制定。所以一个或多个国家的法律规定无法废除或修订国际法，即使西半球所有国家同意都不行。

第 25 章

卡尔沃主义与公共政策

目前正在审议的提案涉及萨尔瓦多、委内瑞拉和其他共和国关于拒绝任何外国人通过其认可的外交渠道向其本国政府提出上诉权利的法律是否有效。

这项提案不仅涉及外交申诉权，还涉及这些共和国剥夺在其国内居住或经商的外国人符合国际法规则的权利。

简而言之，当前问题是外国政府是否可以通过立法来反对国际法规则。换句话说，如果任何国家的法律或市政法规同国际法原则相抵触时，应该怎么处理。搁置本国法律或市政法规还是废除国际法原则，或是国际法原则迫使本国或市政法规失效？

当下考虑的权利是外国公民享有国际法规则保障的生命权、自由权和财产权。

其中一项权利就包括自己的财产被没收或破坏后，外国人有权向其居住地或经商地政府发起公正的索赔诉求。这项权利引发了对公共政策问题的探讨。

教科书对公共政策做出如下定义："法律原则认为，任何人都不得合法地实施可能危害公共安全或损害公共利益的行为，这条原则被称为法律政策，或与法律管理有关的公共政策……如果一项合同使立约人进行与州或国家公共政策相违背的事情，无论合同是怎么签订的都将无效。"[1]

美国最高法院认为："美国政府的公共政策会在法规中体

---

[1] 《美国和英国法律百科全书》，第2版，第23卷，第455页、第457页。——原注

现；如果没有在法规中直接体现，公共政策就会在法院的判决以及政府官员的一贯做法中体现；立法机关就某个问题发表看法时，它就拥有了宪法赋予的立法权力，在这种情况下，公共政策就通过法规来体现。"①

最高法院根据下列原则得出上述表态：如果法院裁决和政府官员惯有行为没有明确定义美国公共政策，国会有权颁布法律去制定关于公民放弃公民权的公共政策。美国公民权允许美国人通过外交途径向政府申诉，并且要求在下列情况中得到赔偿：在他们签订合同后，签约方不按合同规定执行；或他们暂居的国家颁布了要剥夺他们权利或旨在剥夺他们权利的法律。

在"米歇尔诉美国"案（引注案号第21号，《美国报告》，第350页）中，美国最高法院表示，当事方从美国进入敌对国，并且在敌对国从事贸易活动，尽管在整个战争期间一直留在敌对国，但并没有失去美国的原始居住权。在这起案件中，最高法院根据公共政策判定，当事方如果在战时身处某敌对国，并且同敌对国的商业伙伴存在贸易往来，合同就无效。贸易的合法性由贸易当事人的定居地决定，不是由他们的身份决定。所以一个人进入敌对国，并且同敌对国的商业伙伴开展贸易活动，此贸易活动不具有合法性。因此，居住在敌对国的外国人同敌对国的商业伙伴的贸易活动无效。

参考上述原则是为了说明身处国外的美国公民依旧要服从

---

① "美国诉跨密苏里货运协会"案，引注案号第166号，《美国报告》，第340页。——原注

美国法律，接受其管辖。

关于美国公民的外交申诉权，美国没有修正和确定涉及本国公民在国外生活、经商或同外国签订合约的公共政策。

我们的提议是：美国凡是涉及短期居住在国外或在国外同贸易伙伴订立合同的美国公民的公共政策，可以约束外国的法规或公共政策，因为这些国家的法规和公共政策违背了美国的相关法规和公共政策。尽管如此，宽泛的陈述可能会存在局限，但目前审议的情况牵涉外国政府在本国法律的规定下剥夺美国公民寻求本国政府保护的特殊问题。按照国际法规定，或根据美国公民可能订立的合约，他们或许会放弃这项权利。

这里表明的观点是公民向政府请求保护的权利是不能由公民自行放弃的，它只能由美国政府取消，但美国政府取消保护权会违背美国的公共政策，这十分不妥。

美国各州司法部门和联邦司法部门确定了大量公共政策原则。由于与公共政策相抵触，很多法规被视为无效。同时，某些类型的合约因为同样的原因被视为无效。在不追究具体细节的情况下，我们可以列举典型案例。

根据公共政策，联邦和各州司法部门视下列几类合约无效：限制婚姻的合约、废除股权赎回的合约、废除诉讼时效的合约、限制共同承运人责任的合约、休息日合约、影响根据优先购买权和实地法获得权利的合约、诱导复合犯罪的合约、为妨碍司法提供服务的合约、禁止检控的合约、违反法规的合约、出售私人影响力的合约、关于未来损害赔偿的合约、不道

德的合约。

同时，还需考虑"不诉讼法庭的合约"，这类合约因违反公共政策也被视为无效。

不诉讼法庭的合约涉及已确立的原则："双方一致同意不能取代有管辖权的法庭。在解决争端时，不诉诸法庭的合约没有法律约束力。"[①]同样原则可以用下面文字以另一种形式表达出来：

> 合同双方订立最终协议或契约，如果因合约产生争端，或对合约有关事项存在分歧都应提交仲裁。但将争端提交仲裁的规定会因公共政策而失效，因为实施这项规定就等于剥夺了法庭的管辖权。[②]

经过英国法院和美国许多州法院及美国最高法院司法判决，这些原则得以确立。在"家庭保险公司诉莫尔斯"案（引注案号第20号，华莱士，第445页）中，最高法院对威斯康星州（Wisconsin）的案件做出裁决。按照1870年通过的一项法规，威斯康星州要求所有外国保险公司在本州开展业务前，须提交一份正式签署并加盖印章的书面文件。文件中除其他事项外，规定如有人提起对外国公司的诉讼，外国公司不准将案件上诉至美国巡回法院或联邦法院。

---

① 《美国和英国法律百科全书》，第12卷，第305页。——原注
② 《美国和英国法律百科全书》，第2版，第12卷，第570页。——原注

尽管外国保险公司经常提交将案件上诉至美国巡回法院的请愿书，但威斯康星州法院依旧维持该法规的有效性，并且继续做出不利于外国保险公司的判决，最终这起案件上诉至美国最高法院。美国最高法院认为威斯康星州的法规与美国的宪法及相关法律相抵触，因此判定该法规违宪并无效。

在"波托马克蒸汽船公司（Potomac Steamboat Company）诉贝克·萨尔瓦热公司（Baker Salvage Company）"案（引注案号第123号，《美国报告》，第59页）中，美国最高法院认为，在任何情况下，将争议事务提交仲裁的协议都不会影响当事方向海事法庭申请裁决的权利。

美国最高法院在"肯尼斯（Kenneth）诉钱伯斯（Chambers）"案（引注案号第14号，霍华德，第38页）中认为："一位得克萨斯居民签署协议，将大片土地所有权转让给美国公民，因为这位得克萨斯居民当时考虑利用俄亥俄州美国公民支付给他的预付金招募人手和购买武器，以便同墨西哥交战。1837年之前，得克萨斯的独立还未得到美国政府承认，因此，该协议与美国对墨西哥的义务不相符，违背了美国公共政策，无法得到美国法院的具体执行。"

"奥斯卡尼安（Oscanyan）诉温切斯特（Winchester）"案（引注案号第103号，《美国报告》，第261页）中，美国最高法院认为："一份以欺诈方式引诱奥斯曼帝国政府签订的合约，即使合约签订于奥斯曼帝国国内也无效；并且该合约与美国公共政策相抵触。如果不考虑该合约是否在签署国有效的问题，它也无法得到执行。"

这起案件体现的重点在于合约的非法性并不由诉状规定。为阐明这一点，大法官菲尔德（Field）引用了大法官斯韦恩（Swayne）在另一起案件中的论点，具体内容如下：

> 不能放弃权利。我们允许辩护，但不是为被告的利益，而是为法律本身。上述原则对司法管理的纯粹性必不可少，也不会强制执行明令禁止和公开废除的法规。"任何诉讼原因都不能源于欺诈"的准则不受这种限制。相反的主张几乎不值得认真驳斥，无论证据来自哪一方。一旦出现违法行为，披露出来的信息对案件来说都是致命的，即使是被告的赞同也无法抵消它的效力。如果用最庄严的形式做出放弃异议的规定将与原有合约一样存在缺陷，并且因同样的理由而无效。无论合约有何种缺陷，都会产生破坏的效果。汲取自所有案件中的原则便是法律不会支持违法基础上的诉讼。

英国法院、美国最高法院及美国各州法院已承认这条原则：当事人可根据规定对某些问题提起仲裁，如原材料的数量、质量或价格、工艺、劳动价值、损失或损害的数额，这些将作为根据合同本身享有起诉权的先决条件。这些几乎都涉及保险合约，其中，一些细节问题被提交仲裁，作为在合同条款下起诉的先决条件。这条原则会涉及身处外国的美国公民面临的纠纷，但拉丁美洲共和国否认美国公民通过外交渠道向美国政府提交申诉的权利。所以这条规定影响了外国的美国公民的整体上诉权。

在诉讼事由发生后，当事方有权将争议提交仲裁。同时当事方可以因欺诈、强迫或不正当影响，以及其他公平理由向法院提出撤销仲裁决定。

萨尔瓦多和委内瑞拉等拉丁美洲共和国在制定有条件的申诉权法时有所保留，实际上没有任何价值。虽然它们在任何情况下都有上述权利，但在普通国际法原则之下，这些国家也没有将这样的规定纳入成文法中。实际上，它们的法律否认外国人通过向本国政府申诉来寻求赔偿的权利。归根结底，这完全剥夺了外国人向各自政府要求赔偿的权利。尽管目前还未出现美国政府和拉丁美洲各共和国要求就这个问题进行裁决的案例，但只要这些国家通过立法来否认外国人向各自政府申诉的权利，这些法律毫无疑问将无效。

密歇根州底特律市（Detroit）尊贵的唐纳德·M.迪克森（Donald M. Dickinson）和加拿大首席大法官亨利·斯特朗（Henry Strong）爵士共同仲裁萨尔瓦多共和国干涉美国政府捍卫美国公民权的案件。

迪克森和斯特朗的裁决依据的事实在判定意见中得到了部分体现，具体内容如下：

> 争端起因是中美洲太平洋沿岸萨尔瓦多共和国境

内的希基利斯科湾(Bay of Jiquilisco)建立和开发新港口的项目。①

多年来,外界已经获知萨尔瓦多共和国境内有丰富的自然资源,国内外资本都旨在修建一个更好的用于商业目的的港口。萨尔瓦多境内有包括棉花和烟草在内的农业资源、丰富的森林资源和矿物资源等。丰富的自然资源可以使用最经济的方式进行运输,如此一来,这个港口成为支流上重要的出口港和进口货物集散地。

早在1850年,知名作家的作品让希基利斯科湾引起了投资界的关注。这些作家的社会地位以及居住在中美洲的事实令他们对该地区的描述给人留下了深刻印象。

在作家的描述中,伦帕河是"萨尔瓦多最重要的自然景观"。因为紧邻希基利斯科湾入海口,并且拥有在海湾上建造港口的种种优势,所以伦帕河变得非常有名。

早在出让希基利斯科湾开采和开发权之前,萨尔瓦多用于商业目的的港口只有阿卡胡特拉港和拉乌尼翁港。如果要在希基利斯科湾新建港口,两个旧港口会失去商业优势;如果将两个旧港口作为海港会招致

---

① 《美国外交关系》,1902年,第862页至第873页。——原注

反对，而建立新港口可以获得民众支持。

随着时间的推移，人们对开发萨尔瓦多的条件和可能性的认知变得越来越广泛，兴建港口的兴趣也变得浓厚。可萨尔瓦多共和国政府从未承担起对港口内部或进入希基利斯科湾船舶入口的修缮工作。

1894年夏末秋初，萨尔瓦多共和国政府收到几份竞标的请愿书，要求获得埃尔特里温福港（port of El Triunfo）建立蒸汽航运的权利，为期数年，请愿书中还详细阐述了拟议企业的细节。第一份申请书由西蒙·索尔（Simon Sol）、路易斯·洛佩斯（Luis Lopez）和洛伦索·坎普斯（Lorenzo Campos）提交；第二份申请书由美国公民亨利·H.伯勒尔（Henry H. Burrell）和乔治·F.汤普森（George F. Thompson）提交；第三份申请书由萨尔瓦多的古斯塔沃·洛萨诺（Gustavo Lozano）和埃梅特里奥·S.鲁阿诺（Emeterio S. Ruano）提出。这三份申请书由相关政府部门刊登在萨尔瓦多官方杂志上，三方申请人也收到特许经营权投标的邀请。

投标结果是美国公民伯勒尔和汤普森获得特许经营权或转让权。1894年10月6日，萨尔瓦多共和国政府授予伯勒尔和汤普森为期二十五年的港口蒸汽船航行专有权，以及重要的特权和豁免权。授权以双边协议得以确定，代表萨尔瓦多共和国政府的行政官员为当事一方，而承受人为另一方，两方共同签署协议。

1894年11月4日，为预防未来可能的误解或狭隘地解释转让权，萨尔瓦多共和国总统将解释合约范围覆盖整个希基利斯科湾。

根据萨尔瓦多共和国的宪法规定，转让权必须提交至最高立法机关以获批准。1895年4月15日，该合约被提交到最高立法机关并获批。

毫无疑问，合约赋予的特权具有极大价值。反过来，承受人又有繁重的互惠责任。

承受人享有港口蒸汽船航行专有权，可将现有蒸汽船航线或日后开拓的新航线连接起来，通过港口转运旅客和商品；同相邻港口开展沿岸贸易，以及开拓打通中美洲、哥伦比亚、墨西哥和加利福尼亚州各港口的蒸汽船航线。

专有权不仅适用于埃尔特里温福港，也适用于埃尔特里温福公司可能在海湾或其入海口设立的货物起运和下运，以及萨尔瓦多天然产品的出口。

合约赋予承受人可以免税进口与企业建设和维护需要的一切物资；免除所有物业、专营权和营运的税务；免除公司职员的军役；免除在经营范围内使用印花税票和订立合同的税务机关印章，以及免费使用国营电报和电话线。政府进一步承诺，尽全力保持埃尔特里温福港与乌苏卢坦省咖啡中心的道路畅通，而希基利斯科湾正好位于乌苏卢坦省。

显然，在与萨尔瓦多共和国政府签订完合约后，伯勒尔和汤普森获得转让权，按转让权组建了埃尔特里温福公司，开始正式筹备和开发新港口，以非凡的进取心和活力履行合约要求。

在陈述了卷宗，审核了诉讼程序和相关证据后，仲裁员做出以下裁定：

根据埃尔特里温福公司的成立过程，几乎无须说明：证据表明破产程序是由假冒埃尔特里温福公司的代理人以欺诈的方式进行，但没有债权人对此提出控诉，并且债权人也没有正当理由因该公司拒付债务而指控它；相反，埃尔特里温福公司财务上的盈利和未来的繁荣只是在当时得到完全保证。

据称在这种情况下，美国政府无法为美国公民提出赔偿申请，但遭到欺诈的埃尔特里温福公司的股东恰恰是美国公民。原因在于，那些将钱投资到萨尔瓦多的美国公民必须遵守萨尔瓦多法律，如有损失，他们要在萨尔瓦多的法院上寻求赔偿。另外，如果美国政府代表受害美国公民成功督促萨尔瓦多共和国政府进行赔偿，必须要证明美国公民向萨尔瓦多法院提出申请后，被法院剥夺了司法正义。

如上所述，国际法一般主张不容否定。

如果萨尔瓦多政府为剥夺美国股东在这家企业的利益，没有介入对埃尔特里温福公司特许经营权和转让权的破坏，美国公民可以向萨尔瓦多共和国政府提出上诉，从而避免破产程序，而这一切本该如此进行。实现目标的第一步应将密谋的董事赶走，由公司最高机构——股东大会再安排合适的董事。

如果依据行政法令而非破产程序进行，受牵连的美国公民的产权会不可挽回地遭到破坏。

埃尔特里温福公司自己在寻找适当补救办法的过程中，通过召开股东大会寻求补救，但事实表明遭指控的破产代表进行的诉讼程序带有欺诈性，因为他们和谎称代表公司的诈骗集团相互串谋。萨尔瓦多政府开始帮助共谋者时，美国公民通过法院唯一值得赎回的东西也遭到萨尔瓦多政府行政行为的破坏。

依据国际法规则，法院拒绝司法正义并不能构成要求国家赔偿的基础。哈勒克（Halleck）说过："毫无疑问，国家治理者，无论隶属于政府的立法、行政还是司法机构，只要他的行为以官方身份进行，国家就要对他的行为负责。"

萨尔瓦多国会颁布的涉及外国人的法律规定："外国人只有被拒绝司法公正或法院有意延迟执行，才可求助外交使团，还必须在他用尽共和国法律规定的一般性补救措施之后。"显然，在该案件中，萨尔瓦多政府的行政行为取消了埃尔特里温福公司特许经营权，受损的美国公民即使向法院上诉免于破产程序也毫无用处。根据萨尔瓦多共和国法律规定，此类诉讼就是徒劳。

萨尔瓦多政府通过关闭埃尔特里温福港取消了转化权，并且将特许经营权授予陌生人，那么如果经济受损的美国人成功地向法庭上诉后撤销了破产程序，这对美国公民有什么好处？

菲什（Fish）先生对部长W.J.福斯特（W. J. Foster）说："如果通过司法程序寻求正义是荒谬的，正义就可以被剥夺，就像在寻求正义后被剥夺一样。"

再次说明，这不是一起萨尔瓦多个别公民侵犯美国公民的案件。美国公民向萨尔瓦多法院上诉时，却被剥夺了司法正义。另外，在国际争议中，适用于这类赔偿诉讼的规则数不胜数，但实际情况并非如此。

在这起案件中，合约一方是美国公民，另一方是萨尔瓦多政府。在该案件中，萨尔瓦多政府被指控在与当事方合作的过程中违反承诺和合约，取消了政府同意给予、确实已经给予的东西以及它有义务要去保护的东西。

国际法领域最受人尊敬的权威之一——刘易斯·卡斯（Lewis Cass）提出不容置疑的规则和与规则一样宽泛的例外情况，他说："美国公民前往国

外，心里明白要去遵守当地法律，也真诚地服从当地法院。美国公民同外国公民做生意或订立私人合约时，不希望本国政府或外国政府成为这项合约的一方，也不指望本国政府或外国政府承诺解决由此产生的任何争端。"

这起案件截然不同。外国政府是合约当事方，它不仅没有履行合约，还任意废除合约。这对以诚意和公正态度投入大量时间、人力和资本的美国公民造成极大损失。

在任何情况下，根据世界各地普遍存在的自然正义规则，只要有一个法律制度存在，合约各方要求司法救济的义务是对等的。如果承受人埃尔特里温福公司滥用或不使用萨尔瓦多政府授予的特许经营权，那么作为特许经营权合约的当事方，萨尔瓦多政府就会按照组织法（organic law）收回赋予该公司的权利，有提起诉讼的正当理由。但萨尔瓦多政府的做法本应是向法院上诉控告埃尔特里温福公司，通过正当的司法程序，包括法院的书面通知、充分的听证机会、审议及庄严宣判等，援引并获得补救措施。

合约的当事方无论是个体、皇室，还是政府，在没有听证或公证程序下会滥用指责合约另一方的权利，对另一方的为人和行为做出判断，并且对他处以极端处罚，没收他根据该合约享有的一切权利，包括财产及根据合同做的资本投资，而这种说法是完全没有正义感的。①

迪克森和斯特朗的裁决并未涉及特别关注的问题，他们认可了这条国际法原则：在萨尔瓦多签订合约的美国公民，必须表明他们已经向萨尔瓦多的法院提出诉讼，并且他们失去了法院的司法公正。

萨尔瓦多政府是合约的当事方，授予了美国公民二十五年特许经营权，但又随意将其废除。由于这份意见书中所述的种种原因，文中所引用的萨尔瓦多法律并不适用，所以美国公民向美国政府申诉的权利得以维护。

因此，讨论中的问题仍未得到最终裁定。萨尔瓦多共和国首席大法官何塞·罗萨·帕萨斯（José Rosa Pacas）是三位仲裁员之一。斯特朗和迪克森达成了共识，而帕萨斯针锋相对。不过，帕萨斯的判决意见仍使萨尔瓦多共和国的法律剥夺了美国公民向美国政府申诉的权利。

萨尔瓦多宪法做了如下规定：

第四十五条，外国人一旦踏上萨尔瓦多共和国的领土，就要尊重当局和遵守法律，并且受法律保护。

第四十六条，在任何情况下，萨尔瓦多人和外国

---

① 《美国对外关系》，1902年，第862页至第873页。——原注

人不能要求政府对人身和财产可能受到的损害或伤害做出赔偿，只要他们能够迅速采取补救措施，起诉有罪的官员或个人。

第四十九条，国际协定不能改动包含在此标准下的规定。

第五十条，外国人仍应遵守一项特殊的外侨身份法(law of alienism)。

萨尔瓦多共和国议会颁布的有关外国人的法律规定如下：

第三十八条，根据宪法第四十五条规定，外国人有义务遵守并尊重萨尔瓦多共和国各项法律和各级机关，遵守法院裁决。除法律赋予萨尔瓦多人的同样的求助方式外，外国人无权去寻求其他求助方式。

第三十九条，外国人只有被剥夺司法正义或法院有意推迟执行的情况下，只有在用尽法律规定的补救办法后，才可求助外交使团。

第四十条，只有司法当局拒绝就争议事项，或者对受理和已提交其管辖的案件做出正式裁决后，才构成拒绝司法。无论从何种意义上判断，仅凭法官宣布法令或判决不能算是剥夺正义，即便裁决不公正或违反法律规定。

第四十一条，凡法官以法律上的任何理由或其权力不能消除的任何实体障碍而提出拖延司法管理,此时的司法行政拖延就不再是主观自愿行为。①

在"埃尔特里温福公司与萨尔瓦多共和国"案的简述中,对萨尔瓦多宪法和法律中涉及外国人的部分,国务院律师威廉·L.彭菲尔德 (William L. Penfield) 做出如下观察报告:

> 不必对萨尔瓦多的宪法和法律逐条展开详细分析,萨尔瓦多的宪法和法律即使不是为剥夺外国人的申诉权而精心设计的,但如果在实践中得出合乎逻辑的结论,也会产生破坏外国人正义的影响。就在外国人遵守当地法律要求的前提下,萨尔瓦多宪法禁止签订获得文明国家认可的保障外国人向自己本国政府寻求权利保护的条约。萨尔瓦多宪法命令外国人遵守当地法律,同时议会制定了要求外国人服从法院裁定和审判的法律:"除法律赋予萨尔瓦多人的同样的求助方式外,外国人无权去寻求其他求助方式。"剥夺正义的立法本身就是不公正的,甚至剥夺正义的行为还宣称即使裁决极不公正,也是正义的。
>
> 君主的意愿既可以通过制定宪法和立法来表现,也可以通过不受约束的行政行为来实现。君主的

---

① 《美国对外关系》,1902年,第845页。——原注

意愿无论以何种形式表现，都无法控制各国的国际关系，更无法约束任何国家。如果两个主权国家就一个国家的公民针对另一个国家要求进行干预权产生意见冲突，干预权就会由影响到具有主权资格的国家并适用于此种情况的国际法原则来确定。企图通过市政法禁止各国普通法赋予的干预权，同主权原则相违背。在所有类似情况中，干预权由特定情况决定。主权国家如果不能放弃它最重要的责任就不能获得这项权利。①

彭菲尔德还谈及以下内容：

> 美国政府是否承认本国公民会放弃保护其不受任何国家不法行为侵害的权利，这一点值得怀疑。
> 在该问题上没有先例。
> 德国政府决定，它在委内瑞拉争端中不再遵守外国人与委内瑞拉政府签订的大多数合约的约束，因为委内瑞拉政府表示所有与合约相关的纠纷都要本国法庭解决。既然德国政府并不是合约当事方，就不会受合约约束。无论合约条款在这方面规定的内容是什么，只要德国政府认为何时进行干涉是最好的时机，

---

① 《美国对外关系》，1902年，第845页。——原注

就会保留为保护本国公民行使的外交干预权。

在美国的这一案例中,英国政府坚定自己的立场。当涉及国际责任时,即使英国人在外国法庭上没有或忘记对申诉采取补救措施,也不会影响英国政府的干预权。

美国政府虽然没有采取类似德国政府和英国政府的极端立场,但宣布"试图剥夺美国公民利用外交手段向本国政府申诉索赔的外国法律,美国政府将不承认该法律具有国际影响力"。[①]

因此,我们可以认为,如果外国法规以及与外国个人签订的特殊合约剥夺了美国公民的外交申诉权,就会与美国的公共政策相违背。

---

① 《美国对外关系》,1902年,第845页。——原注

第 26 章

卡尔沃主义与互惠责任

每一个有经验的执业律师都知道，在法庭上，每个地区都存在地方势力，地方势力对当地居民作为诉讼方的影响往往大于对非当地居民或外国人作为诉讼方的影响。因此，这种情况会对我国法院的司法管理造成极大影响。美国政府很乐意纠正这个问题，只要规定非本地居民和外国人有权将诉讼从州法院提交至联邦法院，让案件摆脱当地势力的影响即可。

同一州的公民有权向美国法院提起诉讼，但向州法院提起诉讼后又要求撤诉时，不能享有将诉讼从州法院提交至联邦法院的权利。因此，非本地居民或外国人享有美国法律赋予他们的这项权利，而各州居民不能享有。这条原则的正义性和适当性从未受到质疑。

我们提到上述情况是为评价委内瑞拉1903年4月针对外国人"宽容大量"的法案的第一条规定："按照宪法，委内瑞拉境内的外国人享有同委内瑞拉人一样的宪法规定的权利。"

委内瑞拉和其他拉丁美洲共和国的宪法都在模仿美国的宪法。外国人在美国法院的起诉权和应诉权，以及将案件从州法院提交至联邦法院的权利都由国会法案授予，而不是由宪法授予。只有在美国司法管辖权范围内，宪法才会提及这类案件，但国会可以选择是否对外国人授予它认为合适的管辖权。因此，如果委内瑞拉没有剥夺外国人向联邦法院要求赔偿的权利，或从某个州或省法院撤销诉讼的权利，委内瑞拉政府至少要在1903年4月的法规中宣布上述权利违反了其公共政策。

所有拉丁美洲共和国都有类似的公共政策，有着同美国一样的"国中之国"的政府形式。尽管这些共和国的州有时被称为区或省，但至少从理论上讲，它们坚持各个区域享有与美国各州相同程度独立的联邦权力。全部或几乎所有共和国都制定了相同的法规，剥夺外国人在法庭上用尽所有补救办法后向本国政府申诉的权利，至少在一般意义上，外国人只有用尽各种补救措施，以及拉丁美洲共和国法庭剥夺他们司法正义后才会有的申诉权利。制定这些法律的联邦政府无权管辖那些与之订立合同默认接受这些法律约束的外国人，也无权管辖那些直接订立合同并要求受这些法律约束的外国人。这些共和国，或那些依旧保留了类似于美国联邦与州的体系的共和国，无法保证它们的州或地区法院进行了公平公正的审判，就像美国对杀害据称与黑手党（Mafia）有关联的意大利居民的新奥尔良暴民的审判一样。

只要我们能把这些法规视为外国人和共和国之间的隐含合同，那么这项合同就是不会得到支持的无效合同。如果将拉丁美洲共和国的法规归为合约，也只是缺少考量的非法和无效合约。这类合约具有赌博性质，规则是"正面我赢，反面我输"。

我们开始将委内瑞拉和其他共和国法律看作管理外国人的公共法。但从这个角度分析，这类法律不符合国际法要求。瓦特尔说，当一个国家承认境内的外国人时，"这个国家承诺要像对待本国公民一样保护外国人，并且为他们提供完善的保障"。

显而易见，拉丁美洲共和国没有兑现承诺。它们如果以联邦政府的名义进行干预的话，能做的事情其实很少。虽然联邦政府无法操控州或地区司法，却能对外国人的是非曲直做出裁定。这些共和国在保护外国人，或在外国人人身遭到攻击、财产受到损害时提供补偿等方面几乎无能为力。

美国的联邦体系在这方面可能也不完善，但只要政府形式允许，总是会倾向于承认和赋予外国人合理要求的每项权利。几年前，我国政府同意大利王国和中国的外交文书往来使我国保护外国人权利的事实引起全世界关注，但根据我们独特的联邦体系，美国联邦政府无法保证杀害意大利人和中国人的凶手会获得法院授予的公正审判。虽然犯罪行为发生在美国，但州法院可自发行使司法管辖权。

毫无疑问，政府应回应和补偿外国政府根据国际法规则提出的合理索赔。

美国和许多拉丁美洲共和国的区别在于，前者会用尽所有宪法能力去保障外国人的权利，而后者会竭尽所能不提供这种保护。

第 27 章

卡尔沃主义与无政府主义

外国人要求拉丁美洲共和国赔偿自己的生命权、财产权和自由权，但在剥夺外国人的上述权利方面，它们的立法机构走向了极端。国际法最深入人心的原则就是一国公民在外国经商或拥有商用住所时，如果对外战争或国内战争对他们的财产造成损失，他们有权向外国政府提出索赔，因为他们受到外国政府赋予本国公民的同等待遇。如果革命团体损毁了外国人的财物，在本国公民无权要求赔偿的情况下，外国人同样无权向政府提出赔偿。即使政府军肆意破坏本国境内外国人的财物，外国政府也不对损失负责任，因为破坏活动发生在没有总指挥授权或违背命令的情况之下。一般原则是交战区中的中立财产要求对该国公民或臣民的财产负责。

审判"埃尔特里温福公司案"的委员会同时审理了"格尔布特兰克案"（Gelbtrunk case）。1898年，美国人莫里斯·格尔布特兰克（Maurice Gelbtrunk）和伊西多·格尔布特兰克（Isidor Gelbtrunk）合伙组建了在萨尔瓦多开展商业活动的莫里斯·格尔布特兰克公司（Maurice Gelbtrunk & Co.）。1898年11月，革命军占领了该公司所在城市，扣押并侵占了公司货物。美国和萨尔瓦多政府选出的三位仲裁员，亨利·斯特朗、唐纳德·M.迪克森和何塞·罗萨·帕萨斯达成一致意见，萨尔瓦多共和国对革命军给该公司造成的损失不负责。①

每个国家有责任保护其海外公民的原则同样得到肯定。如

---

① 《美国对外关系》，第877页至第880页。——原注

果外国政府剥夺自己境内外国公民的财物，外国公民有权提出补偿要求。每个国家都要为其统治者以官方身份所做的行为负责，无论该统治者隶属政府的行政、立法、司法分支，还是军事分支。①

这条原则的内容还得到了进一步扩展。有的案例就是未经官方授权的个人行为，后来得到了政府批准。在这种情况下，政府承担的责任与它最初赋予个人权利时一样。另一条原则有时还会扩展到国家对外国人损失赔偿的责任。这类情况通常发生于革命团体在一段时间内夺取政府职能后产生的破坏行为。一般原则规定篡权者的行为有效，并且同他管理的政府捆绑起来。但对此还需做进一步探讨，因为事实上的政府会演变为法理上的政府，委内瑞拉就是典型案例。卡斯特罗最初是革命领袖，后来利用武装力量成为国家领导者，随后又通过选举成为国家总统。无论破坏行为是由卡斯特罗的军队造成，还是由反对他的军队造成，让政府何时与这些破坏行为扯上关系都是个异常困难的问题。卡斯特罗不仅成了委内瑞拉事实上的总统，还成了法理上的总统，在这种情况下，政府是否承担责任也成了一个难题。

安德雷德政府对委内瑞拉的所有掠夺行为负有责任，直到卡斯特罗履行政府职能。这在原则上很清晰。

在革命频发和政府更迭多变的国家，如何确定政府责任开

---

① 《美国对外关系》，第877页至第880页。——原注

始于何时何地，以及何时结束成为难题。另外，文明国家不会用自满的眼光看待外国政府的无政府状态，因为文明国家公民的生命权、自由权和财产权会不断受到侵害。为了文明，以及受无序状态影响的公民利益，文明国家有责任随时干预外国的无政府状态。德国政府在这些问题上取得了长足进步，宣布只要它认定进行对外干涉的最佳时机，便会保留保护本国公民进行外交干涉的权利①，但英国政府尚未采取如此极端的立场。冯·比洛②伯爵援引自己在德国国会大厦演讲时说的话："英国商业政策中有一条著名原则，每个在海外投资的英国人都要独自承担风险，显然我们处于两难境地，但没有人会责备我们行事不冷静。"

这段发言最明显的含义在于，在实施强迫委内瑞拉缴纳欠款的行动后，英国不愿效仿德国全方位推行外交干预，这使德国感到十分尴尬。美国政府的调解开始后，局势瞬息万变。欧洲公众舆论总体上是支持政府进行外交干预，保护在南美洲经商及拥有商业住所的公民。拉丁美洲各共和国的无政府状态和革命动乱，以及歧视外国人的法律引起了欧洲民众情绪的转变。

---

① 《美国对外关系》，第844页。——原注
② 即伯恩哈德·冯·比洛（Bernhard von Bülow, 1849—1929），德国政治家，曾于1900年至1909年任德国总理。他说："让别的民族去分割大陆和海洋，而我们德国满足于蓝色天空的时代已经过去了，我们也要求阳光下的地盘。"他在任期间，大力发展德国经济，壮大国防力量，但其外交政策激怒了英国和法国。——译者注

●冯·比洛。摄者信息不详,摄于 1900 年

一位杂志撰稿人生动描绘了拉丁美洲共和国的状况,部分内容如下:

> 一个旅行者去南美洲旅行,他极度渴望自由之星(Star of Liberty)会像伯利恒(Bethlehem)之星[①]一样为他指路。旅行者发现我们的伯利恒之星因我们的雄心壮志和崇高决心而变得更明亮,如同奋发向上的我们。
>
> 旅行者拿起这些国家的宪法和法律,读到了支持自由、正义和平等的宣言,辞藻华丽,内容丰富。此时,旅行者对这些国家的期待似乎正以公正的方式实现。尽管《权利法案》(Bill of Rights)不比《道德法》(Moral Law)少多少,但旅行者很快了解到,无政府主义和专制主义在拉丁美洲国家占统治地位,人们最容易在屋顶上大声宣读《权利法案》。
>
> 保证个人神圣自由的宪法,以及秉持全面公平的法律,这样的美好愿景很快消退了,因为旅行者发现了神圣法律的替代品——专制者和军事独裁者的法令。
>
> 然而,军事独裁者发布的法令大多夹杂着对鼓舞人心的不朽爱国精神的保护。它们涉及人们的神圣意志,以及向上帝求助的伪善语言,以此证明传播者的

[①] 伯利恒之星,也可称为圣诞之星或耶稣之星,是耶稣诞生时天上一颗特别的星星。——译者注

纯洁和品格高尚。

这一切没有骗过充满智慧的旅行者。当旅行者发现自己已远离文明世界，便没有在拉丁美洲土地上驻足太久。旅行者每到一处都要从军队首领那里获得通行证。旅行者去过的每个地方，都会遇到询问他姓名和职业的士兵或警察。

旅行者如果要发电报，必须得到政府审查员的批准；如果要写信，信寄出前，极有可能会被邮政当局打开阅读；如果在人行道上漫步，就不知道什么时候会有士兵用毛瑟枪对着他，问一句："你在哪里住？"然后命令他在街道上行走。旅行者很快发现，自己有可能会因一些微不足道的理由或莫须有的罪名被关进监狱。如何享有社会地位或商业地位并不重要，因为旅行者如果对暴君行为有任何抗议，就可能在得不到赔偿后被驱逐出境，或被监禁在监狱中。旅行者向美国政府的领事请求救援的可能性极小，因为显要人物的嘴早被本地政府堵住了，也许这位显要人物才是真正的同谋者。但这位旅行者此时才刚开始认识这些拉丁美洲国家，他了解的只是任何一个聪明人在踏上拉丁美洲国家——除了墨西哥、智利和阿根廷——的土地后四十八小时内就肯定会相信的事。

观察家不用花太长时间就能肯定，拉丁美洲国家根本没有合法组成的政府。宪法要求在规定时间里以特定的方式来选举国家总统和政府官员，但从未有过选举。

某位崇敬马克·吐温（Mark Twain）的报社记者时不时报道委内瑞拉或哥伦比亚的选举。这简直就是笑话，就像马克·吐温描写的虚构海蛇一样，因为在依旧健在的人们的记忆中，这些国家没有举行过真正的选举。

这些国家宪法规定如何选举立法机构和国会成员，但自从脱离西班牙独立后，它们没有按照规定方式选举过一届国会。正如我们对诚实选票和公平计票的理解，这些国家却对此十分陌生，并且感到很怪异，即使在最荒唐的梦里也没有人能想象出这样的事情。

如果有人试图给中国农民解释澳大利亚的投票系统，要比跟这里的人民解释该系统成功的概率大得多。

拉丁美洲各国宪法规定，法律应由多个州的立法机关或联邦联盟通过，然而，每一百部法律中就有九十五部法律完全是独裁者的命令。没有任何立法机构假装曾经阅读过这些法律，更不用说批准通过或专注于它们。

阅读这些国家每日或每周的"官方报纸"，会发现它们完全由独裁者颁布的法令组成。在这点上，

这些国家的独裁者似乎非常相似。他们会花时间想出剥削人民的阴谋，并且让打字员迅速将阴谋转化成法令，而法院也被迫将独裁者的阴谋解释为法律，使阴谋成为唯一事实上的法律。

拉丁美洲各国宪法规定如何修改宪法，非常详尽和正式的规则会使国外法学家严肃地看待它们。事实上，独裁者往往会修改或废除宪法，或者干脆采用新宪法，就像他点早餐时一样缺少仪式感。然而，这种性质的法律改变是由所谓临时国会做出的。但临时国会成员都由独裁者任命和选派去执行他的命令，所以类似修改、废除宪法或制定新宪法等事如此微不足道，独裁者在一个午后就可以随意完成。独裁者不会征求别人的意见，只要时机对自己有利，就会心血来潮地搁置整部宪法或部分宪法。

关于我们了解到可以用这种新奇和简单的方法制定和废除宪法后，就会知道独裁者解释和实施法律的方式并不独特。这些国家有许多优秀的学者和律师，他们共同组成值得信赖的司法机构的人才队伍。不幸的是，即使是司法部门也会受到独裁者的任意摆布，这些独裁者野蛮、物质、腐败、凶残，让人难以忍受。

性格正直、能力出众的律师不想成为法官。即使政府授予他们职位，他们也不敢接受。实际上，社会上层人士会避开政治，像躲避瘟疫一样。

有人也许会问，这里对政府的描述是否是正常的和暂时的，答案是因为无政府状态并不稀奇，所以自西班牙失去对拉丁美洲各国的统治后，除了比其他独裁者更强大的独裁者在短时间内利用武力成功维持权力，这就是委内瑞拉和哥伦比亚，以及大多数拉丁美洲国家日常和司空见惯的状态。①

同一位撰稿人还讨论了这些国家的统治阶级，内容如下：

每个拉丁美洲国家统治阶级的人数不会超过总人口的百分之十，但这不足百分之十的人口制造了所有问题，需要为长时间抹黑拉丁美洲的掠夺、杀戮、革命和无政府主义负责。作为统治阶级，他们代表着西班牙人和印第安人血统的混杂，有时还夹杂着黑人血统，或者带有其他种族的血统。

首创上述统治阶级构成公式的人在完成"壮举"时，一定会冷笑一声，因为即使研究化学上千年的人，都无法设计出如此糟糕的阶级构成。

真实情况是，在统治阶级中总会发现少量好人。除非出于同样原因，否则没人知道为什么一个好女人

---

① 《北美评论》，第176卷，第518页。——原注

也会给一个残忍的杀人犯送花。

偶尔会有一个能干的律师，一个好医生，或者一个有责任心的商人变得雄心勃勃，为政治的魅力着迷，或者喜欢上刀剑之声，然后加入统治阶级，他们的行为会使朋友和对手震惊。一般来说，统治阶级往往由投机商人、心术不正和毫无原则的军人、十恶不赦的罪犯，以及一生致力于让拉丁美洲国家闻名遐迩，但内心充满阴谋诡计的人构成。综上所述，拉丁美洲国家的统治阶级是地球上最具土匪气质的一群人，他们咄咄逼人、虚情假意、一无是处、穷凶极恶、老奸巨猾。掠夺公共资源的凝聚力和实施暴政的野心使他们紧密团结在一起。就是这样一群人组成了所谓的"政府"。统治阶级当中的一个派系总是掌权，侵占公共资金，凭借强迫外国商人的捐款或海关收入，过着东方般的奢华生活，以及使用只有拉丁美洲人才会效仿的高高在上的方式管理国家事务。同时，统治阶级的其他派系也会努力掌权。这或许会让好事发生，也是革命产生的源头。

统治阶级欲壑难填。外国商人不断受到盘剥直到人数不断减少。古斯曼·布兰科①名下的大型外国集团借贷给政府几百万美元，但几乎全被腐败官员侵吞

---

① 与委内瑞拉总统古斯曼·布兰科并非同一人。——译者注

了。外国商人在铁路和其他企业上，又投资了几百万美元，这些资产大部分都被军事独裁者毁坏或没收。现在涌入的外国资本很少，所以对独裁者来说，他们能侵吞的资本很少，有必要为现有利益而战。

最后是当权派所犯的罪行，以及无权派所犯的罪行和引发的革命，由于本篇文章内容有限，无法展开描述。

在这些国家开展业务的外国企业或公司，除非得到政府支持，否则无法逃脱被毁的命运。其实到目前为止，在大多数情况下，政府的支持并没有什么用。

毫无例外，在各种情况下，外国人都受到政府官员和追随者不断的抢掠和盘剥。

通常来说，外国人最终会在经济上破产，失去自由和生命，得不到补偿。南美洲到处都布满了美国和欧洲投资人的残骸。

……

漫长又辉煌的政治生涯晚期，伟人玻利瓦尔的一番话显然已成为预言。在七十五年前，他就知道北美洲官员似乎永远不会理解拉丁美洲人民无法自治的事实。对此，他无能为力，他认为拉丁美洲的人民无可救药，他谈道："在美洲，无论是国家间还是人与人之间，根本没有诚信的概念。我们各国的宪法像一本本书，我们的法律像一页页纸，我们的选举像一场

场战斗，生活本身就是一种折磨。我们应进入一种状态，即外国人不屑于回来征服我们，只能由小暴君来统治我们。"

《圣经》中没有一段话能比玻利瓦尔的这番话更具有真实的预见性。①

这位撰稿人描绘的状况表明，拉丁美洲共和国绝大多数都处于无政府状态，无法保护任何人的权利，也难以保护外国人的权利。

鉴于无政府主义而非法律才是这些国家的统治规则，即使是没有预言天赋的人都能看出来，文明国家无法忍受拉丁美洲国家的立法和混乱状态。外国人可能在一定程度上服从这些法律，他们各自的政府将成为公平和公正的裁定者。美国政府的一般职责就是禁止颁布和执行针对外国人激进的和有害的法律。这些法律书面上的表述本身就暗示出：政府的司法机构赋予外国人的权利不会涉及正义问题，只关乎不公正。美国政府无法承受拉丁美洲共和国将卡尔沃主义作为对门罗主义的补充。美国始终保持对外国人的友好态度，在美国建国时便鼓励移民，并且主张拉丁美洲共和国公平和善地对待外国人。

排外的法律就是向文明宣战。在很大程度上，拉丁美洲最初的欧洲殖民者被原住民和随后涌入的非洲人同化，演变成半

---

① 《北美评论》，第176卷，第518页。——原注

野蛮的形态。现在拉丁美洲国家利用最完善的无政府主义体系强制执行排外法律，攻击北美文明和欧洲文明，还尽量让外国人长时间滞留在这些国家境内，从而剥夺他们一生的财产。但这些法案又不是很激进，从而防止新的外国人不前来供他们宰割。

国际法制定了解决内战中出现的问题的规则，但它没有基于各派的权利给出令人满意的解决方法，因为无政府主义盛行，而法律和秩序却是例外。依照欧洲国家的申诉，无政府主义状态引发的复杂问题开始引起美国政府的注意，但这些问题在很大程度上取决于我们的解决方式。

1904年2月，海牙国际仲裁法庭就英国和德国同委内瑞拉的争议做出裁决。委内瑞拉曾向两个欧洲盟友提议，如果它们解除对委内瑞拉的港口的封锁，委内瑞拉将会拿百分之三十的进口税偿还给外国债权人。

英国和德国提议，如果它们成为优先债权人，就接受委内瑞拉的提议，但这项提议遭到委内瑞拉政府的拒绝。此外，双方同意将优先债权人的要求提交至海牙国际仲裁法庭。在判决时，海牙国际仲裁法庭采取了下列立场：如果一国政府在保护其公民或臣民方面过于极端，以至为了达到扣押进口收入的目的而滥用警察权力，从而控制入境口岸，所以海牙国际仲裁法庭赋予英国和德国高于其他债权人的优先权。这次判决的影响将成为欧洲各国政府对拉丁美洲各共和国发动战争的动机。在这个案例中，海牙国际仲裁法庭成为发动战争而

非维护和平的法庭。

海牙国际仲裁法庭的裁定将成为类似案件效仿的先例。虽然这次判决是根据特定案件的特定事实，但应该同将来欧洲各国政府代表公民对债务国行使管制权的其他案件区分开。委内瑞拉一开始并非《海牙公约》的签约国，并且在1901年10月21日墨西哥城召开的第二次美洲国家会议中，委内瑞拉也没成为签约国。如前所述，1902年1月14日，委内瑞拉撤回了在墨西哥的会议代表，而其撤回日期最早可追溯至1901年12月。①

我们可以适当假定联军封锁委内瑞拉的港口时，因为委内瑞拉没有签署《海牙公约》，所以《海牙公约》对双方没有强制性。我们也可以假设由于《海牙公约》仍在形成阶段，它的规则还没获得国际法效力和影响。但《海牙公约》第二条规定，公约方如存在严重分歧，诉诸武力前应向一个或多个友好国家寻求积极公正的斡旋或调解。

《海牙公约》签约国要坚守这条原则会更好一些：如果债权国在诉诸调解时没有尝试完所有补救方式就诉诸武力，就不会被授予优先债权人。如果签约国已普遍采纳《海牙公约》并使其成为国际法的一部分，《海牙公约》的规定应与双方均为签约国的情况相同。根据上述理由，为了能将今后的案件与上述案件区分开来，我们将迈出一大步。

既然《海牙公约》日后会被各国普遍采纳成为国际法的一

---

① 摘自参议院档案第三百三十号的《第二次美洲国家会议报告》，第11页。——原注

部分，那么对《海牙公约》的恰当解释就是：如果债权国没有遵守《海牙公约》第二条规定，即诉诸武力之前，通过调解来用尽和平的解决方式，债权国就不能借助充满敌意的示威来获得优先债权人的权利。

如前所述，海牙国际仲裁法庭给予优先债权人的决定不应作为今后案件的先例，因为适用于今后案件的法律将会因为众人皆知的《海牙公约》成为国际法一部分的事实而有所不同。由于交战国在获得优先债权人行动中无视国际法的一般规定，所以授予交战国优先债权人将违反未来的国际公共政策。下列两种收取债务的程序同这两类案例的差别一样大：一种是债权人偷窃债务人财物，将财物价值计入债务；而另一种是债权人获得对债务人的判决，对债务人的财产定期被扣押、出售，然后由债权人在执行出售时购买。

严格遵守《海牙公约》是获得优先债权人的条件。

美国政府在主张和维持传统外交政策时，如果承认债权国没有调解就诉诸战争获得优先债权人的权利，这将是对美国的一种持续的威胁。

如果允许这种优先债权人违反《海牙公约》形成的新的国际公共政策，世界各地拥有博爱情怀的人们会倍感失望。

第 28 章

门罗主义与卡尔沃主义相结合

巴拿马大会就联合西半球所有共和国的政策没有达成一致意见，这使美国不得不独自维护门罗主义。

一直以来，南方各共和国都是我们独特政治体系的受益者。然而，它们却没对美国采取互惠性的政策。

如果美国为保护南方共和国免于欧洲国家的征服，卷入同一个或多个欧洲国家的战争，但由于美国政府没有同它们签订条约，这些国家便没有义务去协助我们守护美国免遭覆灭的威胁。

南方共和国宣布的政策中，无论是传统政策，还是立法政策，没有任何内容能让美国相信：当战争来临时，这些共和国中的一个或多个会以任何方式向美国提供任何物质援助或支持，而战争的目的是确保任何共和国不被颠覆，防止君主制死灰复燃。

玻利瓦尔最初决定召开巴拿马大会，只是想把脱离西班牙独立的共和国组建成以他为首的邦联制国家。起初，他只邀请说西班牙语的共和国派代表出席巴拿马大会。正如前文所提，时任哥伦比亚副总统的桑坦德尔邀请美国派代表参会。就在对外公布《门罗宣言》后不久，美国政府便收到了邀请函，约翰·昆西·亚当斯和亨利·克莱及时抓住了这个机会，试图与这个半球的所有共和国签订秘密协议，从而让它们都遵守门罗主义。

克莱在写给时任美国驻墨西哥大使波因塞特的信中，似乎证明了其意图，因为他这样说道：在《门罗宣言》中，门罗是

为美国做出承诺而不是为墨西哥政府做出承诺。亚当斯和克莱都否认了为抵御欧洲进攻，要将所有说西班牙语的共和国组成联盟，但两位政治家尖酸刻薄的政治对手对他们的解释持怀疑态度。

尽管克莱的解释独一无二，但时至今日，门罗主义一直是美国的主要外交政策。

回顾巴拿马大会结束后的几年时间，美国并没有同出席巴拿马大会的拉丁美洲共和国组成攻防同盟，这简直是上帝的旨意。按照这项政策支持者的设想，问题显而易见，无须争论，因为攻防联盟不会给美国政府带来好处。

除了西印度群岛和英属北美①，门罗主义在拉丁美洲共和国之外几乎没有用武之地。英属北美如果脱离英国独立，将会控制自己的命运，不用顾及美国政府的政策。

如果可以通过修改国际法原则解决装煤站和供给站的问题，门罗主义在拉丁美洲共和国才有发挥作用的空间，而这些国家将真正成为门罗主义的受益者。它们的内部频繁的革命毁坏了境内属于欧洲商人和资本家的私人财物。它们还封锁同外界的贸易，拖欠公共债务利息，以及在起义和暴乱时对欧洲人犯下暴行。它们都密谋将门罗主义列为来自美国政府的危险。

美国法学家争辩说，实施门罗主义并不等于让这些共和国成为受保护国，虽然这从技术上来说能够实现，不过，至少门

---

① 英属北美，指1783年美国独立战争后仍效忠于大英帝国的英属殖民地。——译者注

罗主义是对这些共和国的一种保护。门罗主义政策的唯一目的是保护和维持未来拉丁美洲共和国的福祉，使之不受欧洲君主政体的影响。实际上，对这些国家来说，门罗主义产生的效果远比它们国内经常存在的无政府主义状态有益。

这些共和国出于自己的利益采纳门罗主义，或者在必要时刻集体采用门罗主义的时刻已到来。这些国家不能让美国政府为捍卫美洲大陆的宪法自由孤军奋战。美国政府通过推翻欧洲君主制获得自我保护，但未来欧洲君主制可能在这些遥远的共和国的废墟上再次建立起来。无政府主义和军事独裁交替发生，所以在很大程度上，门罗主义的保护存在问题。同时，在很多情况下，美国国家利益会同门罗主义相冲突。显然，如果门罗主义是值得美国政府奉行的好政策，出于更让人信服的理由，它也是值得拉丁美洲共和国采纳的好政策。

现在，我们从美国传统外交政策方面的孤立状况出发，来考察卡尔沃主义是如何在门罗主义的基础上成长起来的。

1902年1月29日，在墨西哥城召开的第二次美洲国家会议上，以下国家签订了公约，它们是阿根廷、玻利维亚、哥伦比亚、哥斯达黎加、智利、多米尼加、厄瓜多尔、萨尔瓦多、危地马拉、洪都拉斯、墨西哥、尼加拉、巴拉圭、秘鲁和乌拉圭。公约规定，除了美国、尼加拉瓜、巴拉圭，各国代表都有权签署公约，并且对各自政府具有约束力。尼加拉瓜和巴拉圭随后也签订了该公约，但美国代表始终未签字。《墨西哥公约》的实质性内容如下：

第一，外国人享有本国公民的民事权利，在实质、形式、程序和由此产生的求助权中，外国人享有与本国公民相同的权利，除非各国宪法另有规定。

第二，除非各国宪法和法律规定有利于外国人的责任或义务，各国不亏欠也不承认有利于外国人的责任或义务。

因此，各国对外国人因叛乱分子或个人行为造成的损害不负责。一般来说，无论是国内还是国家战争行为，各国对意外造成的损害均不负责，除非合法当局未能履行职责。

第三，外国人无论何时对拉丁美洲国家或公民提出民事、刑事或行政命令的索赔或诉讼，都应向该国主管法庭提起诉讼，但不能通过外交渠道提起诉讼，除非法庭存在明显剥夺外国人司法正义，或存在异常拖延或明显违反国际法的行为。[①]

1902年1月27日，这些签订《墨西哥公约》的共和国与美国签订了另一份公约，目的是形成《国际公法典》和《国际私法典》。新签订的公约规定："美国国务卿和各美洲共和国驻华盛顿公使任命一个由五位美洲法学家和两位欧洲法学家组成

---

① 摘自参议院档案第三百三十号的《第二次美洲国家会议报告》，第203页至第204页、第228页。——原注

的委员会，共同起草《国际公法典》和《国际私法典》。"①

我们会看到，如果美国人足够幸运能参加这个委员会，卡尔沃的信徒会占到大多数。委员会多数人会用尽他们的推演来提交支持卡尔沃主义的国际公法和国际私法。

1902年1月29日，美国和上述共和国签订了另一份公约。这份公约中，各方要求五年之内召开第三次美洲国家会议，为起草国际公法和国际私法做准备。这份公约第三条规定：国际公法和国际私法应提交至各国政府和下次美洲国家会议审议。

我们将各分散的线索拼凑起来后，就会发现，至少在这个半球，形成了全力支持卡尔沃主义的国际法体系。如果多数国家做出决定，就无法避免地采纳卡尔沃主义。四位拉丁美洲法学家的投票数会超过两位欧洲法学家和一位美国法学家。卡尔沃主义这样一套体系就以这样友好和低调的方式呈现了出来，足以让杰出的东方外交家自愧不如，让美国放弃对美洲国家会议和美洲仲裁法庭的幻想。任何美洲国际法庭都不可能使其裁决与美国的公共政策一致。

卡尔沃主义将成为几乎所有拉丁美洲国家与欧洲国家间战争和外交争端的导火线，而我们只能期待美国凭借陆军和海军及外交方式独自捍卫自己的利益。换句话说，除非采用卡尔沃主义，否则美国需要为门罗主义战斗到底，因为门罗主义与卡

---

① 摘自参议院档案第三百三十号的《第二次美洲国家会议报告》，第203页至第204页、第228页。——原注

尔沃主义之间既无关系也无牵连。

摆在我们面前的是采纳门罗主义路线，还是采纳卡尔沃主义路线。最近，美国政府在委内瑞拉争端以及欧洲国家与萨尔瓦多和尼加拉瓜争端中的立场，让美国采取何种外交路线问题变得悬而未决，而且美国目前似乎还没有发表正式反对卡尔沃主义的政府声明。

门罗主义与卡尔沃主义相抵触，所以美国政府不会采纳卡尔沃主义去补充门罗主义，也永远无法将卡尔沃主义并入美国政治体系。美国政府会持续反对集权主义，不会与拉丁美洲联合发动反文明战争。"欧洲病夫"永远不会好起来，除非《圣经》在奥斯曼帝国取代《古兰经》；"拉丁美洲病夫"也永远不会恢复健康，除非获得与欧洲同等程度和稳定的文明，以及一种同美国南部人民处理种族问题同样有效的方式。

卡尔沃认为美洲国家不允许外国干涉的原则是荒谬的，这不仅与国际法相抵触，还间接剥夺了外国对其公民的主权。

门罗主义和卡尔沃主义无法在美国政治体系中实现合并，所以美国政府应让欧洲国家明白，美国不会支持卡尔沃的异端邪说。

第 29 章

德国、英国、意大利王国与委内瑞拉

自厄洛斯（Eros）将刻有"送给最美女神"的金苹果献给奥林匹斯众女神起，到1902年12月14日英国和德国海军轰炸委内瑞拉卡贝略港（Puerto Cabello），战争起因同个人之间的日常冲突一样，五花八门，又荒唐可笑。

国际法对战争动机是否正当没有给出精准的、令人满意的定义。然而，国际法创立了法庭，要求必须将战争正义问题根据类似普通法的原则来处理。在众多正义战争动机中，瓦特尔提出"收回属于我们的或应该属于我们的东西"①的权利。

我们可以公正地假设，一个国家要求并强制其他国家偿还拖欠本国公民债务的权利应得到保留，尽管杰出的政治家和外交家对该问题存在异议。②

欧洲军队曾两次在这个半球的拉丁美洲共和国露面，公开宣称目的就是收回欧洲公民被故意拖延的赔款。欧洲军队每次出现都会率领一支由欧洲半数以上海军和陆军组成的武装力量。1902年到1903年，这支武装力量由英国、德国和意大利王国的海军和陆军构成，当时谣传几乎整个欧洲的武装力量都埋伏在拉丁美洲，等待加入战斗的命令。1861年，欧洲警察第一次出现在这个半球，当时美国正经历一场规模宏大的内战。英国、法国和西班牙王国的海军和陆军组成的武装力量扣押了坦皮科、韦拉克鲁斯和墨西哥其他港口的关税。墨西哥政府做出保证后，英国和西班牙王国撤军，但法国军队继续驻扎在墨

---

① 瓦特尔：《国际法》，约瑟夫·奇蒂编的新版，第303页。——原注
② 《北美评论》，第176卷，第810页至第811页。——原注

西哥，推翻了墨西哥合众国，将哈布斯堡家族后人——马克西米利安一世推上了墨西哥帝国皇位。

此时，委内瑞拉正处在国内革命中。虽然政府军赢得了关键战役，但就在此时，欧洲部队突然出现，轰炸了卡贝略港和圣卡洛斯（San Carlos），封锁了委内瑞拉各港口。对美国人来说，这个景象很奇怪，在英国、法国和西班牙王国强大的海军和陆军的护送下，一名欧洲警员前去委内瑞拉征税。

欧洲部队的第二次到来并不像其他重大事件会提前告知，所以让人大吃一惊。众所周知，委内瑞拉几乎没有海军，所以让人感到惊讶的是这三个欧洲海军强国认为它们有责任派出如此庞大的装甲舰队。但此时的委内瑞拉只有三四艘小型战船，其中最贵的战船是卡斯特罗从一个纽约居民手中买来的游艇，上面仅安装了一到两挺机枪。几个月来，这艘战船始终停靠在拉瓜伊拉（La Guayra）岸边。如果国内革命浪潮对卡斯特罗不利，他就能用这艘战船尽快逃离。

此时美国正忙于同哥伦比亚洽谈租赁协议，以便美国政府在巴拿马运河建成时立刻开展商业活动。欧洲部队给人留下了这样的印象：收取债务只是间接攻击门罗主义的幌子和托词。它们还打算在修建巴拿马运河的行动上，拖延和最终击败美国。欧洲部队对委内瑞拉的攻击让美国人民发现历史在不断重演，特别是当美国人民将欧洲新闻界对委内瑞拉争端的描述同欧洲各国政府的抗议做对比后，发现根本无法区分外交和推诿。

委内瑞拉完全是因为国力弱小和资源有限，才引起欧洲部队进攻它。不仅如此，就在委内瑞拉政府对叛乱分子取得实质性和决定性胜利时，欧洲部队立即封锁了委内瑞拉各港口，这不禁让人联想到欧洲部队在支援叛乱分子，所以卡斯特罗指责欧洲部队是在协助叛乱分子。此外，他还将英国占领帕图斯岛（island of Patos）作为证据，声称叛乱分子为继续革命将该岛卖给了英国。

从表面上看，欧洲部队的大规模海上示威并非完全针对美国，部分可能是针对所有南美洲共和国。我们在前面的章节论述过，所有这些国家都有内容一致的公共政策，即否定利用武装干预收取公共债务的权利。

1903年3月11日，阿根廷驻华盛顿公使馆向新闻界发表了下列声明，表明阿根廷政府对欧洲国家利用武力干涉执行立即还款权的立场，以及对门罗主义的态度。

> 最近出版的报刊提到，阿根廷政府就委内瑞拉争端的特点向驻华盛顿大使加西亚·梅罗（Garcia Merou）博士发出的指示给人留下了错误印象：阿根廷政府要求同美国结盟，但遭到美国国务卿约翰·海的拒绝。
>
> 事实上，阿根廷政府派遣阿根廷外交部部长德拉戈（Drago）博士，只是为了向驻华盛顿外交人员解释阿根廷政府就欧洲国家强制收回公共债务的态度，并且指示德拉戈将本国态度传达给约翰·海，希望美国政

府接受阿根廷政府提交的国际公法原则。

德拉戈谈道:"考虑到南美洲那些小共和国政府承担的契约义务的真实性质,阿根廷政府感到,如果强制要求立即偿还公共债务或履行国家义务,会对这个大陆的和平构成巨大威胁,因为这种要求是在不加区分的情况下强迫让软弱和挣扎中的中美洲和南美洲国家接受,而较强的欧洲大国将这视为支配它们的权利。"

大国利用武力强制要求弱小国家在固定时刻立即偿还公共债务,只会导致弱小国家的毁灭,并且使其政府被地球上的强国完全兼并,此外不会产生其他任何效果。

"我们不会视而不见,也不能视而不见,"德拉戈谈道,"在与欧洲大国的关系中,这些国家应占据特殊地位,因为欧洲大国有不容置疑的权利,可以在全球各地充分保护其公民免遭迫害或不公正待遇。"

阿根廷政府唯一坚信并广泛接受的原则:欧洲人不能在这个大陆上进行领土扩张,也不能压迫这个大陆上的人民,这会迫使拉丁美洲国家不再履行义务。

我们坚持的原则就是公共债务不能引发武装干预,更不能引起欧洲各国占领美洲国家领土。

依照指示,加西亚·梅罗大使留给美国政府一份从外交部部长德拉戈那里收到的与约翰·海的通信复本。在回信中，约翰·海对信中提到的公法原则既没表示赞同，也没表示反对。他引用西奥多·罗斯福于1901年12月13日和1902年12月2日发表的声明，表达了自己的看法：针对目前的问题而言，美国政府始终提倡和坚持无法按正常外交谈判解决的争端应在实践中借助国际仲裁来解决。一个国家对另一国家提出诉讼的正当性不管是源于个人错误和国家责任，还是对执行裁决的保证，美国都乐意看到这个问题会留给公正的仲裁法庭来决定。因为无论诉讼国强弱，从国际法和共同责任角度来看，仲裁法庭对它们都会一视同仁，美国也乐意看到诉讼国执行仲裁法庭做出的裁定。

1899年7月29日，根据《海牙公约》第一条至第六条的规定，美国作为友好国家斡旋者调解委内瑞拉争端。按照旧国际法原则，友善调解和仲裁在一定程度上可能不被各国接受，但确已得到《海牙公约》的授权。美国为一方，英国、德国和意大利王国为另一方，它们之间在门罗主义阶段的外交文书却从未发生过。很多人对美国政府同英国、德国和意大利王国之间的外交文书的性质存在错误理解。众所周知，美国政府致力于维护门罗主义，而不是作为当事双方的朋友，特别是对委内瑞拉一方来说。国际法允许保持这样的中立态度。其他国家冒犯我国外交政策之前，美国政府就开始讨论我国的外交政策还为时尚早。每当一个共和国被推翻，由一个欧洲君主制国家替代时，我们的外交政策就会受到侵害，因此，何时、以何种方式

与侵害我国外交政策的政府谈判，很大程度上成了一个关乎自由裁量与便利的问题。

法国人和奥地利人占领了墨西哥六年时间。美国和法国的外交文书往来开始前，马克西米利安一世作为墨西哥皇帝已在位一年半。这次外交文书表明美国的政策明显反对君主制。这次外交文书持续了大约两年，随后事态发展到严峻阶段，法国除了从墨西哥撤军或同美国开战别无选择。此时美国正专注国内问题，所以直到1865年秋才开始讨论其外交政策的适当性或安全性。

美国政府开始修建巴拿马运河。如果欧洲国家违反美国的外交政策，究竟是立刻同违反美国外交政策的国家展开谈判，还是将该问题推迟到运河修建完成后再解决，这将成为美国政府权宜之计的问题。

德国、英国和意大利王国接受海牙国际仲裁法庭就它们与委内瑞拉的争端进行仲裁，所以由此问题产生的种种焦虑轻松得到化解。

西班牙战争[①]（Spanish War）后，德国和美国的关系愈加紧张。对此，德国的新闻界、政府和总理负有比任何机构都要大的责任。

在恶意诋毁美国和美国人方面，没有其他新闻界可以与德国新闻界相提并论。德国政府谈起与美国的紧张关系时，语气

---

① 又称"美西战争"。——译者注

中都充满善意，似乎是发自内心真挚的关心。两国剑拔弩张的后果会使美国人在无法证明真实情况下凭空想象，通过指责各种各样的事情来反对德国。下列事件概括了美国对德国的各种指责：1898年，德国希望并建议西班牙与它联合起来对抗美国；干预和引诱丹麦上议院驳回美国政府和丹麦政府的协议，如按此协议，丹属西印度群岛本可以出售给美国；插手美国与哥伦比亚共和国缔约、授权美国建造巴拿马运河的协议，此事现在给我们造成很大麻烦。据说，我国海军也被迫采取异乎寻常的谨慎方式以防双方海军直接交战，特别是在距离彼此很近的地方登陆的时候。最后一项指控是德国首先发起对委内瑞拉的进攻，其真正的目的是要征服委内瑞拉，推翻共和国，在废墟上建立帝国，并且最终与美国对抗，摧毁门罗主义。

根据对巴西南部情况的判断，美国人认为德国在加勒比海沿海建立殖民地似乎表明了它在未来统治南美洲的野心，所以美国政府对德国殖民政策的应对会让后者在南美洲的势力造成毁灭性打击。德国对巴西南部的殖民犹如杀鸡取卵。如果美国与德国的互惠友好关系可以继续，如果我们重新相信德国不会违反我们的外交政策，德国会将门罗主义这颗"金蛋"销售到赤道以南，但门罗主义可能会在穿越赤道时变质腐败。

英国才是门罗主义的发起人。正是在门罗主义政策的影响下，英国在竞争商业和海洋霸权中战胜了其他国家。英国在美洲大陆拥有的巨大财富，就会使英国倡导门罗主义至少符合它的利益，而其他欧洲国家对推翻我国的外交政策并没

有太大兴趣。修改针对装煤站和供给站，以及其他问题的国际法原则要比废除我国外交政策更能让英国、德国等欧洲国家获益。

美国驻委内瑞拉大使鲍恩（Bowen）先生代表委内瑞拉政府展开同英国、德国和意大利王国的调解谈判。谈判开始后，鲍恩离开加拉加斯前往华盛顿，进行下一步谈判。欧洲联军提议要将争端提交给罗斯福总统来仲裁。美国全国人民强烈反对这项提议，所以罗斯福总统也就拒绝了欧洲联军的要求。随即，双方同意将争端留给海牙国际仲裁法庭来仲裁。各方达成共识后，解除港口封锁的问题又出现了。欧洲联军争辩说，要等到确保海牙国际仲裁法庭判给它们欠款后才能解除封锁。

委内瑞拉总统卡斯特罗提出不区分优先权，将本国百分之三十的关税交给债权国，而欧洲联军最开始要求在百分之三十的关税中享有优先权，最后将要求降到从百分之二十的关税中享有优先权，均遭到委内瑞拉政府拒绝。于是，双方随后开始多次谈判，委内瑞拉政府提议要将债务优先权的问题提交给海牙国际仲裁法庭，欧洲联军表示反对。德国坚称，此事关系到国家荣誉。一贯维护美国外交政策的鲍恩真诚且直言不讳地说，德国的主张与欧洲国家习惯的东方式迂回、隐晦式的外交方式截然不同。

欧洲联军要求日后直接与罗斯福总统谈判，仍遭拒绝。

尽管如此，谈判仍在继续。1903年2月10日，英国和意大利王国签订协议，同意将优先权问题提交给海牙国际仲裁法庭。德国仍要进一步考虑，但最终不得不同意这一做法。不过，德国要求委内瑞拉政府在短时间内赔偿三十四万美元。1903年2月13日，三国盟友同委内瑞拉政府签署联合协议。14日，欧洲联军解除对委内瑞拉各港口的封锁。除法国将马克西米利安一世送上墨西哥帝国皇位的冒险之外，这项协议结束了迄今为止欧洲国家对门罗主义发起的一次最猛烈的攻击。

德国应向美国和美国人民表示同样的友好和关切，如同我们一直以来对德意志移民所做的那样。德意志移民已将他们的生活和命运同我们联系在一起。商业上的竞争关系不应让我们的友谊蒙羞，但在门罗主义问题上，德国已失去理智。德国忽略了本国历史上的一段关键时期。"欧洲门罗主义"的势力均衡体系让德意志免于沦为法国的一个省。在柯尼斯堡（Königsberg）战役后，普鲁士王国匍匐于拿破仑脚下，像感恩节的火鸡一样，在蒂尔西特（Tilsit）的和平会议上任由拿破仑和亚历山大一世宰割。

俾斯麦是美国始终如一、毫不动摇的朋友，丝毫不允许两国间存在不和谐的声音。威廉二世似乎打算坚持俾斯麦的政策，但德国新闻界一直在人民中煽动不和谐的声音。没有国家可以因仇恨美国而变得强大，美国可以凭借其富有同情心和友好的调解政策和善意化解很多坏运气。我们寄希望德国对美国的友善不会随俾斯麦一起消失。的确，俾斯麦曾污蔑门罗主义为"国际性傲慢"，错误地认为门罗主义是生长在美国体制上的霉菌，美国的政治家应该拿刀子将其刮掉。然而，俾斯麦并

不了解门罗主义是美国立国的基石之一，也没有充分研究过门罗主义，从而明白我们的外交政策其实是一种条件，而不是一种情绪或理论。俾斯麦从未生活在共和国统治下，所以无法清楚地区分集权君主的声音和人民的声音。君主只要动动嘴，工作就会完成。而人民公仆要为人民代言，如果他们没有表达人民的观点，人民就会否定他们。

即使德国对美国的误解导致德国或众多欧洲国家团结一致，利用战争或外交方式取得对美国的暂时胜利，让门罗主义彻底或部分遭到漠视，这也只会在美国引起如此反应，即欧洲各国迟早要放弃取得的优势。既然欧洲各国不能保留违反我国外交政策的土地收购，因此就没有必要进行收购。任何国家想要耗费精力和胆量试图毁掉我们的外交政策，只能自食其果。

德意志人对美国人从友好到仇视的突然转变有些特别。俾斯麦刚退出历史舞台，德意志人就觉得美国的猪肉令他们感到恶心，而欧洲其他国家的人觉得它健康、易消化。德国开始打造一支强大的海军，而随着海军实力逐步提升，德意志人对美国人的仇视也随之增加。就在美国与西班牙爆发战争时，德国想要加入打击我们的行列。我们可以将委内瑞拉争端看作德国进一步的敌视行为。尽管《海牙公约》和海牙国际仲裁法庭通过和平方式解决国际争端，从而减少欧洲陆军和海军的数量，但德国的海军数量正在稳步增加。另外，德国与欧洲各国和平相处，因此，可以推断它打造海军是为了用于同美国的冲突对抗，毕竟德国打造舰队不是为了让它成为古董，也不是为了让它在海上生锈和腐烂。

威廉二世最喜欢的当代诗人恩斯特·冯·维尔登布鲁赫（Ernest von Wildenbruch）被看作宫廷诗人。委内瑞拉封锁得以解除时，维尔登布鲁赫就德国和门罗主义撰写文章，文章中提到"显而易见，与美国共同维护门罗主义符合德国的利益和政策，希望美国将其权力扩展到整个拉丁美洲"。

欧洲联军解除对委内瑞拉的封锁时，美国记者采访了柏林德意志银行和迪斯康托银行的主管，以及大出口商，他们支持德国承认门罗主义。美国记者又采访了德国一些大学的知名教授和政治家，发现他们极力反对银行家和出口商的观点。

1903年3月13日，驻柏林的美国记者用电报将下列快信发回美国：

> 德国海军专家称，增强美国海军实力的提议远比美国在英国东海岸建立海军基地更严重。德国海军部的官员也认同这个观点，他们不能无视这样的事实：美国扩充海军的计划主要是出于对委内瑞拉争端的失望。德国政府不允许各部门向新闻界谈论这个问题，新闻界也顺应政府的期待对此事只字不提。今天，一位与德国官员保持紧密联系的杰出海军战略家说："美国对德国构成的威胁不在扩大规模的舰队，而是由此带给美国民众的高涨情绪。我们警觉地关注着这支强大的美国海军，因为美国民众的情绪可能随时迫

使它发挥作用。最近的历史已经让德国相信，无论华盛顿和柏林的关系如何不和谐，真正影响当前局势的因素是美国的公共意见，如何确定这个无法控制和反复无常的因素让我们充满忧虑。"

1903年2月16日，《威斯敏斯特公报》(The Westminster Gazette)的社论指出，在委内瑞拉争端中，德国失去的比得到的多。

委内瑞拉争端最重要的成果就是门罗主义的权威性大大增强。德国虽然获得六万八千英镑赔款，但愿意花费百倍于六万八千英镑的钱来反对门罗主义原则。因为作为还款保证，德国接受了美国禁止它在委内瑞拉登陆军队或占领委内瑞拉领土的决定。具有讽刺意味的是，对德国政治家来说，他们急于在微不足道的小债权国中占有一席之地，结果却完全超出了他们的预料。

1909年2月17日，在委内瑞拉封锁解除后仅三天，英国国王爱德华七世(Edward Ⅶ)在议会召开前发表了演讲，他说道：

我一直同所有国家保持友好关系。我很高兴看到，封锁委内瑞拉的港口带来了为调解所有争议进行的谈判，我很高兴各方已达成解决方案，封锁国有理由立即结束所有敌对的海军行动。

爱德华七世对委内瑞拉问题没有发表更多言论。当天，英国下议院宣读完爱德华七世的演讲后，自由党领袖亨利·坎贝尔·班纳曼（Henry Campbell Bannerman）爵士发表了以下观点：

悬在委内瑞拉头顶上的战争疑云已经散去，但这是一片乌云，一片很多人认为可能会避开的乌云。这片乌云或许已产生危险后果，我国政府有责任去调查这一艰难问题是如何产生的。

针对爱德华七世演讲中没有提及委内瑞拉争端中的德国，班纳曼发表了评价："英国很多人认为，任何情况下都不能与德国合作，但他不赞成这种观点，尽管他承认德国新闻界一直在谩骂和诽谤英国。演讲者反对英国在委内瑞争端等问题上同德国合作，因为它虽然强大，却很粗暴，还不认同门罗主义。如果曾经有过仲裁案例，委内瑞拉争端就应是其中之一。如果委内瑞拉争端一开始就采纳了仲裁方式，就能为和平解决国际问题确立非常好的先例。"

同一天，最重要的意见表达发生在英国上议院，自由党领袖斯潘塞伯爵（Earl Spencer），以及上议院议长德文希尔公爵（Duke of Devonshire）表明了他们的态度，也许这是他们所属政党和选民

的态度。斯潘塞伯爵认为:"读完委内瑞拉争端蓝皮书后,他只对这个事实——没有尽早向海牙国际仲裁法庭提交解决商业争端的要求表示吃惊。然而,演讲者非常高兴地认为这场纠纷要结束了,基于公正理由产生的争端微不足道,可能还不会损害同美国的关系,并且坚信纠纷的最终解决可能会在英国、美国和德国之间建立良好的外交关系。"

就委内瑞拉争端,德文希尔公爵代表政府发表了长篇大论,详述了委内瑞拉和涉及委内瑞拉争端的欧洲国家未来可能出现的困难局面,因为委内瑞拉目前还没有建立稳定的政府。德文希尔公爵相信,提交仲裁的结果会让人满意,并且指出谈判会涉及风险因素,但谈判已进入目前阶段的事实反映了对负责谈判的人的信任。

德文希尔公爵继续说:"英国毫无保留地接受了门罗主义,但如果不执行英国认为对其荣誉而言公正和必要的主张,就将使门罗主义成为每个文明国家厌恶的对象。"

德文希尔公爵说的"英国毫无保留地接受了门罗主义"既直接又有力。毫无疑问,他准确无误地表明了英国的立场,这与八年前索尔兹伯里勋爵在委内瑞拉边境问题上给奥尔尼先生的便条中的声明截然相反。

解除委内瑞拉封锁后的第一个星期一,英国新闻界发出了有限的评论,部分评论的内容如下:

《每日邮报》(The Daily Mail)说:"解除对委内瑞

拉沿岸的封锁使委内瑞拉松了一口气。英国虽然同美国之间出现了不必要的摩擦，但已从委内瑞拉争端中恢复过来，只是士气受损。英国不仅受到德意志政治家和将军的攻击、诋毁，它的海军也听凭德国摆布，这让英国名誉受损。这起令人不快的事件最终得以成功解决，但在任何情况下，都不能将其视作英国外交取得的一次胜利。"

《每日纪事报》（The Daily Chronicle）说："签订条约的消息为英国带来如释重负和化险为夷的感觉，而政府将这个问题看作茶余饭后闲聊的话题。政府官员虽然没有真正理解问题实质，但被迫明白一件事：英国应该对委内瑞拉争端得以幸运解决感到满意，但解决争端不会宽恕政府的鲁莽和无能，因为这极易造成危机。"

《每日新闻》（The Daily News）说：英国纳税人十分乐意看到德意志人收到的赔款几乎是我们的十倍。这令人吃惊的事实说明我们的各位大臣在与威廉二世结盟时将自己放在如此卑微的地步。这两笔赔偿的总数是如此微不足道，以至于现在回想起我们最终摆脱悲惨困境时，唯一的感觉是惊奇。德国和英国组成联盟去委内瑞拉收回债务和追求补偿的行为，必须被认为是

迄今为止世界上最不值得展示的国际友好关系之一。

下面是1903年2月19日从圣彼得堡发往美国各家报纸的一封快信：

> 整个委内瑞拉争端期间，俄国新闻界果断支持门罗主义，各家报纸经常发表为门罗主义辩护的社论。尽管有一篇社论称俄国新闻界虽然很渴望看到美国外交的胜利，但担心用不了多久，美国的声望就会受损，而德国的声望会提升。

轰炸卡贝略港和解除封锁期间，整个文明世界都在热烈地讨论门罗主义。我们发现英属北美和澳大利亚支持门罗主义，英国的普遍情绪都不赞同抨击门罗主义。德国如果能采纳维尔登布鲁赫，以及国内银行家和出口商的建议，就能使它在和平的道路上为自己创造更多辉煌。针对美国的胁迫政策都未取得成功，任何威胁与企图都会被证明是代价高昂的失败。

1903年3月19日，德国国会的会议记录在这一天被柏林新闻界报道了出来。因为会议记录是德国政府通过总理冯·比洛伯爵发出的，所以非常重要。报道内容具体如下：

> 在今天的国会中，中央党的冯·赫特林（von Hertling）男爵在讨论外交部预算过程中提到委内瑞拉争

端，他说，因为涉及帝国荣誉，所以民意一直要求采取军事行动。但在行动明显取得成功后，民意发生动摇，人们开始怀疑德国是否有必要冒这么大的风险。

对此，冯·比洛伯爵回应道：

尽管债务方的失信将委内瑞拉争端变得复杂，但从一开始委内瑞拉争端就既不是领土收购问题，也不是我们的荣誉问题，我们只是利用非商业方式解决了此次争端。当然，在维护我国荣誉方面，委内瑞拉争端起到了一定作用。我们只有与英国和意大利王国共同行动才能确保我们的诉求。委内瑞拉争端的解决不仅让我们解决了眼前事务，还给未来这类事情发出一个警告，因为这类事情仅从金钱的角度出发是不受控的。我们不敢违法，换句话说，我们其实并不需要坚船利炮。委内瑞拉的情况实属特殊，尽管英国重商主义政策中有一条著名原则：英国人在海外投入个人资本就要承担一定风险，但从英国政府采取了强制措施的事实中可以看出，在委内瑞拉争端中，我们动用武力很有必要。

我们发现自己处于两难境地，但如果不够清醒和冷静，谁都不能指责我们。我们要特别注意，同其他国家的关系不应受到这种相对次要事件的干扰。其

实，外部从不缺少制造这种干扰的企图，当然我并不是指政府，而是新闻界。新闻界试图在伦敦、罗马和柏林等欧洲政府和美国政府间制造敌意，这就造成了最没有根据和最愚蠢的流言四处传播，好像我们要在委内瑞拉登陆军队或者破坏委内瑞拉的完整。特别是一家美国报纸就很擅长制造谎言，它凭空捏造出一个外交部官员，这位官员向报纸透露消息——我们首先想吞并委内瑞拉，然后是哥伦比亚，最后是巴西。

冯·比洛伯爵的最后这句话引起了哄堂大笑，他又继续说道：

我们凭借内阁的忠诚和对本国政策的充分信心挫败了多次制造冲突的背信弃义的行为。这些恶毒的谎言最终都没有得逞，这让我们感到很满足。我们同英国和美国的关系仍完好如初。各方签订解决争端的协议后，委内瑞拉会接受我们对它提出的要求。

冯·比洛伯爵总结了条约中的款项，提到委内瑞拉已支付给德国的第一笔赔偿，并且说：

我们尚未展开对第二笔赔款的调查。委内瑞拉政府准备同加拉加斯的联合委员会合作，确定赔偿金额,同时会解决第三笔赔偿。封锁费暂时还没有明确,但数额较小。因为委内瑞拉毫无起色的财政状况,我们决定不要求它支付我们封锁港口的开支。我们得到了想要的,以及在这种情况下可以得到的赔款。我们针对委内瑞拉的行动是在没有发动战争的情况下全面开始的,也会在有利范围内坚持到底。

泛德意志和民族自由党人、莱比锡大学(Leipsic University)教授哈斯(Hasse)说了如下内容:

> 我不满意这样解决委内瑞拉争端问题,官方也没有做出正式解释。我们联合其他国家,并且邀请美国进行调查,道义上的效果只会是提高美国的声望,而我们的声望会下降。我将美国干预归于委内瑞拉人民的敌视态度。大臣施特恩贝格(Sternberg)的行为如此有个性,美国应该给他发薪水。我是指施特恩贝格在一场著名的采访中甚至谴责俾斯麦的政策已经过时了。

冯·比洛伯爵在第二次演讲中回应了哈斯对德国在委内瑞拉本应得到更多利益的主张。他说道:"哈斯并不满足于物质利益,还想得到特殊的赎罪行为。我很想知道哈斯在想什么,难道他希望卡斯特罗总统送来'质子',我得承认我已经有很多中国'质子'了。"他的这一评论引起哄堂大笑。然后,

冯·比洛继续演讲，驳斥了罗斯伯里勋爵在英国上议院的发言，后者认为德国从委内瑞拉得到的要比英国多十倍。他补充说，无论是在数学上还是在政治上，罗斯伯里勋爵的计算方法都不正确，"总体而言，各国间的优势分布较为平均，尤其在委内瑞拉问题上就特别明显。在我看来，我们在条件允许的情况下从委内瑞拉获得了一切"。

冯·比洛伯爵将议会演讲的剩余部分用来讨论其他事务，其中，就有对俾斯麦政策的称赞。无论他追求的是俾斯麦式的政策，还是马基雅弗利（Machiavelian）式的政策，都会给德国带来一样的结果，因为美国人民不信任欧洲各国的总理或首相。这些人是由国家决定他们该做什么，而不是按他们的所思所想来治理国家。这些人仍将继续通过以下几个方面来判断我们与德国的关系，即德国人民的脾气秉性和精神状况、德国不断扩大的海军规模及其为了收回小额债务就率领武装力量来到美洲大陆抗议的行为。

如果我们从包括马尼拉事件和委内瑞拉争端在内的许多方面来观察美国与德国的关系，没有人真的会说两国的关系是缓和的。1899年，德国虽签署了有助于欧洲裁军的《海牙公约》，但立刻每年花费数百万美元来扩大海军规模。如果从美国人看待德意志人野心和目的的角度来看，将两个事件[①]放在一起考虑，它们表达的意思就是德国在欧洲维护和平，而

---

① 即马尼拉事件和委内瑞拉争端。——译者注

在美洲发动战争。

冯·比洛伯爵在针对美国新闻界的演讲中指名道姓地提到了《纽约先驱报》(The New York Herald)，但他对这份报纸的抨击既不公正又没有根据。整个委内瑞拉危机期间，这份爱国报纸为美国做出了宝贵贡献，因为它撕下了俾斯麦继承者冯·比洛伯爵脸上的面具并揭露了他阴险的外交政策。《纽约先驱报》指出了"雅各的声音"和"以扫的手"互不协调这一点①。

在美国，威廉二世受人追捧。他在生活和性格方面保持着霍亨索伦家族(Hohenzollern family)最好的传统。整个家族的成员以作风简朴、男子气概、为人正直和成就辉煌而闻名。另外，威廉二世也被人们看作有声望的政治家和美国人的朋友。美国人与威廉二世进行和解，要比同他的总理（冯·比洛伯爵）和解容易得多。

美国人民用感激和欣赏之情接受了威廉二世赠予美国的腓特烈大帝(Frederick the Great)的雕像。腓特烈大帝是华盛顿的朋友，曾赠给华盛顿一把精美的刻有"从最资深的军人到最伟大的军人"的剑。

英国在国际政治舞台失利后，它的外交立场便明确了。对我们来说，英国人民和政治家都坦率、正直和思想开放。在利物浦，英国首相（阿瑟·贝尔福）发表的雄辩同德国总理（冯·比洛伯爵）

---

① 《创世记》第二十九章中，雅各挨近他的父亲以撒，以撒摸着他，说"声音是雅各的声音，手却是以扫的手"，借此来讽刺"台上一套，台下一套，说一套、做一套"的人。——译者注

在议会极富戏剧性的表现形成鲜明对比。英国首相以政治家的风度表达了英国政府和人民的感情，而德国总理则非常巧妙地在世界舞台上表演着自己的角色，收到了台下的掌声。

如前所述，在英国议会召开几天后，贝尔福先生在利物浦向支持者发表了演讲，观众们对他报以热烈掌声。

他在说到没有英国人会反对门罗主义时，观众就对他发出欢呼之声。这个事实表明，英国人民不仅非常友善，还支持我们的外交政策。

以下是贝尔福先生的演讲内容：

> 那些认为我们没必要或鲁莽地去触动美国敏感神经的人要记住，在委内瑞拉争端的每个阶段，美国政府都充满信心。我们对美国人民没有秘密可言，也希望他们不要对我们保守秘密。在仲裁的每个阶段，我们都应该高兴地欢迎罗斯福总统作为仲裁员就争议问题提供的协助。我们陈述完事实之后，依旧认为我们对美国表现得很鲁莽或冷漠，难道不荒谬吗？

> 我们知道公众舆论对门罗主义自然会感到敏感，但据我所知，我国没有人反对门罗主义。我们欢迎美国在广阔的美洲大陆上提高影响力，我们不想殖民，不想改变势力均衡，也不想收购领土。

> 我们根本没打算去干涉美洲大陆国家的政府模式。因此，门罗主义对我们来说根本不是问题。进一

步说，我认为美国如果能更积极地参与世界事务，就能避免欧洲国家和南美洲某些国家不断出现的纷争，这将是人类文明的一大进步。纷争不断重复出现，无法避免。我担心罗斯伯里勋爵被卷入纠纷当中，重走前任走过的路。只要南美洲国家无法遵从欧洲强国和美国奉行的国际准则，纷争还会发生。在人类的文明事业中，美国能实现伟大成就，莫过于尽全力确保国际法得到各国遵守，维护欧洲国家和美国公认的所有国际法原则。如果有人凭借我们的行为就认为我们对国际规则不为所动，或者认为我们在可能的情况下也不急于利用这些规则，或向它们展示我们的诚意，那么现在就彻底摒弃这种想法吧。①

尽管我们承认贝尔福说的都是事实，但美国人坚信英国完全听取了德国的建议，而且在整个向委内瑞拉示威的过程中，德国真正的目的是用一定的行动来考验我们对门罗主义的忠诚度和投入程度。我们进一步认为，在委内瑞拉争端中，英国给德国带来一些启发。所以整体来说，我们认为，在撤出委内瑞拉时，德国获得了比英国更多的赔款和更好的名声。

美国政府应努力让德国接受我们的外交政策。我们不愿同德意志人发生争执。我们爱德意志人，因为他们造就了优

---

① 《芝加哥论坛报》，1903年2月刊印。——原注

秀的美国公民①；我们爱他们，因为他们勤奋、节俭、热爱家园，并且对自己的种族充满自豪感。

英国值得称赞的地方在于，英国政治家和人民对其在委内瑞拉争端中起到的微不足道的作用感到由衷羞愧。

意大利啊，你也一样，想要吞噬自己的后代！尼俄柏②为你的后代哭泣，他们离开了使祖先伟大的贤惠的萨宾(Sabine)女人来到这个半球，同原住民的女性通婚，受原住民同化。

贝尔福先生建议，"如果能更积极地参与世界事务，就能避免欧洲国家和南美洲某些国家不断出现的纷争"。

委内瑞拉争端中有一个值得关注的情况，就在冲突发生时，三个欧洲国家纷纷对美国表示出了友好和善意，但是给人的印象就是它们总是抗议，它们的声明也总是显得假惺惺，就连它们国家中花园里围墙上的鲜花也是假的。委婉的外交辞令十分适合此处。官场礼仪的欢颜巧语虽然"难能可贵"，但想让人们远离它们内心的执念和偏见，我们需要更实质性的而非表面性的东西。

美国的公共舆论由人民塑造而非由公务员塑造。公务员也是人民中的一员，无论他履行的是邮局搬运工的辛苦劳作还是总统的高尚职责，公务员和普通人影响和控制公共舆论的能力

---

① 美国人中一部分是德意志移民的后裔。——译者注
② 尼俄柏(Niobe)，古希腊神话中的女性人物之一，父亲为坦塔罗斯。尼俄柏曾多次吹嘘其子女，后因为阿波罗杀了她的孩子，她悲痛欲绝化为石头。——译者注

并没有区别。美西战争显然证明了这一点。人们迫使麦金莱总统和美国政府卷入一场有违意愿的战争。英国政治家十分了解这种状况，但德国政治家对这一事实的了解和他们的祖先在五个世纪之前对美洲大陆的了解一样无知。并不是因为德意志人没有英国人聪明，其实他们很聪明，只是他们完全专注于考虑欧洲问题和经济问题，而英国几个世纪来一直在处理美洲问题，同美国打交道也有一个多世纪。英国发起的两场战争和其他险些发生的战争，告诉它要关注有血有肉的君王和那个叫"公共舆论"的暴君之间的区别。对于"公共舆论"这个暴君来说，无人敢触碰它的发起人，无人敢挑战它的权威，无人敢违背它的命令。因此，德国如果想同美国达成友好协议，就要了解"公共舆论"这个暴君的性格特点，因为这个暴君的观点和偏见来自大众，而不是来自其他君主和法庭对其仆人的赞美之词。①

---

① 本章使用的材料主要取自委内瑞拉与德国、英国和意大利联军之间发生纠纷时和纠纷结束后各家日报发表的文章。——原注

第 30 章

派系仲裁、联邦制与破产管理

前文指出，1899年的《海牙公约》和1903年1月在墨西哥城签订的《墨西哥公约》没有产生深远影响，无法确保和维持拉丁美洲共和国的内部和平。

自说西班牙语的美洲共和国脱离西班牙独立以来，革命和无政府主义一直存在，这表明美国可以在遵守不干涉政策的前提下尽可能施加影响，去阻止革命和无政府主义状态的持续。出于人类文明和人道主义需要，我们干涉了古巴国内事务。高度的责任感要求我们采取行动，为这些共和国人民的生命与财产、和平与秩序提供安全保障，给政府带去稳定。

美国每隔一两年也会发生革命，但美国的革命是利用投票箱进行的和平与不流血的革命，正是这些令人满意的无害的革命能让我们保持警惕，这就是自由所付出的代价。在说西班牙语的美洲，落败的政客会纠集军队，攻击政府或邻国。而美国的政客只在竞选活动开始时放下部分生活的重担，在落败后就会重新肩负起自己的责任，若无其事地继续工作，并且决心打造平静与祥和的生活环境。美国落败的政客要么完全放弃政治，要么耐心等待瞬息万变的局势朝着有利于他的方向发展。在美国，落败的政客可能会成为流浪汉，但永远不会成为革命的领导者，因为他不会有任何追随者。说西班牙语的美洲国家似乎完全缺乏像美国那样的可以让政治变化如此和谐、欢乐、无害的组织纪律模式。

除了墨西哥、阿根廷、智利，这些共和国已经享受了近八十年的自由，但现在似乎陷入较以往更严重的无政府状态与

革命动乱中。

美国政府对门罗主义的主张迫使其承担起相应的责任，想出防止这些国家爆发革命、内讧和战争的办法。如果不是门罗主义阻止它们将自己置于一个或多个欧洲君主制国家的保护下，它们就难以从苦难中解脱出来。美国不能坐视不管，看着它们毁灭，看着那里的人民被南美洲和中美洲大陆上每年或每半年发生的革命迫害。因此，这是落在美国身上的可怕责任，美国必须谨慎又勇敢地履行。

美国政府不应介入这些战争和冲突，不应支持其中的任何一方。美国必须把自己放在更高、更好的位置上，而不是成为革命的一方。

过去的七十五年里，困扰政府的大多数内乱都源于无足轻重的原因。人民的意志在选举中被胁迫和舞弊击败，这是引发革命的众多原因之一。在很大程度上，革命是由那些个人野心超过爱国之情的人发起的。革命结束时，我们发现人类自由、公民和宗教自由在多数情况下非但没有得到发展，反而大踏步倒退。自治的人民应该通过选票而不是武力，和平地实现变革。当邪恶获得压倒性优势时，应对之策当是教育，而非武器。

共和国不会因没有选择最优秀的人来治理国家而灭亡，而是最优秀的人根本不治理国家。美国就是由国内的普通人来管理，一切井然有序。除了在政府面临考验和危险时，通常情况下，最优秀的人很少参与政府事务，对政府没什么贡献。

人民的自由不会因为不法分子统治共和国而遭到破坏。因为在此时，选民心中已义愤填膺，并有埋葬不法分子统治的愿望。

革命时期，人民的自由总处于危难当中，并且时常遭破坏。革命骚动需要多年才会平息下来，回归到自然有序的生活。同时，这个时期也是个人放荡和公共道德滑坡的喧嚣期。

采取措施防止革命和内乱是必要的，但可能很难制定具体方法，也更难实施。

美国有责任意识到，门罗主义不应成为保护说西班牙语的共和国内部无政府主义或军事专政的盾牌。

仲裁很可能适用于发生内乱的国家。如果能进行自由公正的选举，就可以有解决国内冲突的具体措施。

如果仲裁这种方式在未来取得长足发展，说西班牙语的共和国会设立国家间的法庭，将有权裁决选举是否自由和公平以及判定对行政长官的统治存在争议的地方。

那些在说西班牙语的共和国掌权的政党，会对支持变革的总统和政策施加不正当的影响，结果便是军事独裁。如果借助仲裁或其他方式将说西班牙语的共和国从军事独裁中解放出来，它们就会朝镇压国内动乱和革命前进一大步。

拉丁美洲成功实现民主统治的最大障碍是人民缺少同质性，以及他们缺少行使主权的能力。只要大致看一下这些共和国人口的组成特点，很多人会明白由混合种族组成的国家根本不能实现自治。混合种族的性格特点有助于解释上述观点。

玻利维亚的人口由不同种族构成，主要是西班牙人和印第安人，还有一部分由黑人奴隶后代构成，他们同时与印第安人混居在一起。

1857年，哥伦比亚有一百多万人口，五十二万七千人是白人和混血儿，四十四万七千人是以印第安血统为主的混血儿，九万非洲人，四万四千人是印第安人和黑人的混血儿。

墨西哥人口不足一千万，具体划分如下：

第一类，五百万名纯血统的印第安人。

第二类，三百万名梅斯蒂索人（Mestizoes，印第安人和白人的混血儿）。

第三类，十万五千名克里奥尔人（Creoles，西班牙白人后裔）。

第四类，五万名古楚普尼人（Gotchupines，出生在西班牙）。

第五类，其他十万名来自其他欧洲和美洲国家的人。

第六类，一万名纯血统的黑人。

第七类，四万五千名桑博人（Zambos，印第安人和非洲人的混血儿）。

第八类，五千名穆拉托人（Mulattoes）。

根据1886年1月1日官方统计，委内瑞拉人口为二百一十九万零三百二十人。据统计，白种人只占总人口的百分之一，其他

●一个梅斯蒂索孩子与他的白人父亲和原住民母亲。米格尔·卡布雷拉(Miguel Cabrera,1695—1768)绘

的是黑人、印第安人、穆拉托人和桑博人。

根据1846年部分人口普查的结果计算，尼加拉瓜人口为三十万人，其中，大约十万人为纯血统印第安人，十五万人为混血儿、梅斯蒂索人、桑博人和穆拉托人，两万名黑人和三万名白人。但在一个多世纪内，白人人口数量呈下降趋势。

危地马拉大约有一百二十万人，其中，七十二万人为印第安人，三十万人为拉迪诺人（Ladinos），十八万人为白人，还有大约一千人是外国人。

洪都拉斯的人口基本是印第安人。在某些方面，很难判断一个人是不是白人，因为不知道是白人的生活水平已退化到印第安人的水平，还是印第安人已将自己的生活水平提升至白人的水平。洪都拉斯一些沿岸地区的人口由桑博人构成。

萨尔瓦多五分之一人口是白人或以白人血统为主的人，三分之一是纯血统的印第安人，剩下的是白人和印第安人的混血儿。黑人和穆拉托人只占很小的比例。

哥斯达黎加的人口由欧洲人与印第安人或黑人的混血儿构成，只有很少的纯西班牙血统的家庭还生活在那里。

上述关于拉丁共和国（Latin Republics）人口的详细信息，或多或少能说明所有存在的问题。这些拉丁共和国组成联邦的计划可以建立在以下基础上：各个共和国为了共同或各自的目的联合在一起，防止针对当局的起义和革命。例如，曾组成中美洲联邦共和国的五个小共和国可以根据协议，安排某种形式的仲裁，从而避免起义和革命。五个小共和国也可以采取合作与协助的方式制定相应规则，以防止革命团体的出现，因为革命团体不会将分歧提交到仲裁法庭，或者服从仲裁法庭的判决。选举是否合法是革命不断爆发的主要原因。仲裁法庭可以决定总统和副总统的选举，以及其他选举的合法性，并且按照仲裁协议制定有效执行裁决的方式。

建立有限的共和国联盟将大大促进美洲共和国间的和平，这与海牙国际和平会议和第二次美洲国家会议提出的国际仲裁法庭有很大关系。

最先组成中美洲联邦共和国的五个小共和国可以组成联盟。与此同时，虽然现在独立的几个小共和国曾在玻利瓦尔领导的大哥伦比亚共和国的统治下，但现在可组建成另一个联盟。同理，所有拉丁美洲共和国可以自行组成四个或五个联盟，互相防范起义和革命。有限的国家联盟可以自然而然地发展成亲密关系。借此，这些小共和国还可能为了政府的共同目标结成联盟，使国力强盛，变得具有影响力。

另一个类似于1901年10月22日在墨西哥城召开的会议，可能会进行讨论，并为建立联盟奠定基础。

有人或许会对这些联盟提出异议，理由是当地人的嫉妒心和竞争关系会使国家联盟做出的裁定或判决存在偏见或歧视。如果允许不属于国家联盟的中立共和国来仲裁争端，就可以避免此顾虑。同时规定，只要做出裁定，所有结盟共和国都应执行判决或裁决。

实际上，在海牙和墨西哥城签订的公约已成功建立起世界

同盟,而实现拉丁美洲共和国联盟的新条约会结束各国的起义和革命。

所有拉丁美洲共和国还要处理棘手的种族问题。白人、印第安人和黑人等种族构成了这些国家人口主体。这些不同的种族不仅分散而居,而且相互之间又组合成不同程度的混血儿。

美国国父们没有将印第安人或黑人当作美国人民的一部分,他们驱赶印第安人,并且奴役黑人。国父们决定所有人生来平等,但当代历史证明他们指的生来平等只针对白人男性。

印第安人和黑人在拉丁美洲的军事和内政事务中起重要作用。这些国家爆发的很多争斗都源自种族主义,这可能也是无政府主义和军事独裁交替发生的最主要和最根本的原因。

拉丁美洲被迫用最坏的方式去处理种族问题。这些共和国中的白人、黑人和印第安人三个种族没有像曾各自为政的恺撒、庞培和克拉苏①那样,实现协调一致。不过,那时罗马共和国并没有政党。

拉丁美洲共和体制内的白人、黑人和印第安人组成的种族"三巨人"并不会比野心勃勃、追求自我的罗马共和国政治三巨头取得更多成就。政治三巨头中的每个人为了共同的利益,可以相对容易地将私利暂时搁置。但对种族三巨头来说,确保种族间的相互克制,或者压制种族竞争,甚至平息派

---

① 公元前60年,恺撒(Caesar)、庞培(Pompey)和克拉苏(Crassus)组成政治联盟,史称"前三头同盟"。——译者注

系间的竞争等都是不可能的。

这些处于革命状态中的共和国就会被迫拖欠偿还当前的债务，包括公共债务利息。

既然建立和平解决国际争端的法庭已成为国际法的一部分，剩下的只是赋予法庭执行法律的必要权力。在深陷革命时，委内瑞拉没有偿还英国、德国、意大利王国、美国、法国及其他欧洲国家的债务，出现违约情况。所以在多数情况下，拉丁美洲国家要任命破产管理人解决债务问题，并且镇压反叛。

破产管理本身成为调解的一种形式，类似于国际法确定的调解形式。作为中立第三方，破产管理人会对交战双方进行调解。在大多数情况下，破产管理人会很快带来和平。如果任命的破产管理人没有立刻带来和平，债权国将有足够力量以非常快速的方式确保和平。

如果委内瑞拉政府在开始拖欠债务时就求助破产管理，可能会立刻恢复和平。破产管理人可以一直接管委内瑞拉事务，直到动乱平息，商业、种植业和生产企业得到恢复。然后，破产管理人可以在实现完全和平后举行大选，将政府机构移交给人民自由选择的新任官员。

很多案例证明，拖欠债务发生前就该任命破产管理人，将其作为终结革命的一种简单方式非常合适。

如果能召开第三次美洲国家会议，这将会是一件好事，不仅能够保障对党派纷争的仲裁，同时可以根据一个或多个债权

国提出的公正且充足的理由，赋予仲裁法庭权力。任命破产管理人临时负责共和国事务，并且履行偿还债务的责任，恢复国内和平与秩序，然后在一定期限内将政府移交给人民在宪法和法律模式下选择的新任官员。

即使其他时候，任命破产管理人对维护和平也会起到巨大作用。多数情况下，现任的行政机构会利用权力确保自己挑选的继任者当选。掌握整个政府机构的行政部门对选举的干涉一般都非常有力且肆无忌惮，导致人们发现选举结果与民众的选举意愿相违背。

在人民组织良好、能够击败政府的州和地区，管理政府机构的官员会传播本就没有发生革命的虚假信息，然后为向这些地区派遣军队找借口，而真正的目的是要通过强制投票或虚假选举来挫败人民的意愿。所有暴政和欺诈的后果就是革命。

如果能让破产管理人接管即将进行总统选举的政府，防止滥用权力，确保公正选举，此举可消灭拉丁美洲共和国的革命。

可以采取某种计划，由少数几个共和国决定何时发生危机，何时应采取接管措施。如果将这种权力赋予美国、墨西哥、阿根廷、智利和巴西，来接管中美洲共和国和委内瑞拉、哥伦比亚、厄瓜多尔、秘鲁、玻利维亚，那么革命就没有什么立足之地了。

上述分类可以通过举例的方式说明。其他共和国可以有相似的计划安排。毫无疑问，在多数情况下，这些国家的行政机构乐意在美国的建议下接受破产管理，并且设计出以下方案——行政机构可以光荣又恰当地暂时放弃对国内事务的管理。

革命运动的开始阶段，一个或几个中立国，特别是按上述方式结成联盟的国家有责任按照调解国家争端的《海牙公约》规定的方式，为争端各方进行公正的调解和斡旋。调解员无法解决的争端应提交至美洲法庭来解决。

共和派和革命派之间从未提出过调解办法，更不用说提出仲裁计划。但人们发现，只要开始执行调解和仲裁，这些方法和计划就会变得极具吸引力，与解决国际争端的《海牙公约》一样具有可行性。

各共和国为推进调解和仲裁计划而进行的立法，将消除许多目前看来难以克服的障碍。

美国在委内瑞拉和欧洲联军的争端中起到的作用，揭示出美国政府以适当的方式向我们南方的共和国表明：美国人民真诚地希望这个半球的共和国政府都取得成功，我们的目的不是征服，而是同情、合作与援助。

这些共和国长期存在一种误解，认为不知道什么时候它们就会被美国占领，成为美国领土的一部分。因此，它们的格言是"今天先让我们吃喝玩乐，因为明天我们就成为美国的殖民地了"。

美国、墨西哥、智利、阿根廷和巴西会在破产管理方面通力合作，将部分或所有拉丁美洲共和国置于破产管理人的手

中，直到这五个国家同意解除代管为止。这样的合作会很快结束革命。

如果曾经组成中美洲联邦共和国的五个小共和国长期处于破产管理人手中，它们就有机会恢复国家活力，重建信用体系，以及降低对外贷款利率。采取这些措施可以将这五个小共和国重新带回到"中美洲联邦共和国"的联盟中。

目前这五个小共和国的行政机构似乎无法采取最初的步骤，实现重新统一。但在更强大的具有监督力的共和国指导下，破产管理人可以采取最初的步骤进行代管。破产管理人也可以这样做：虽然现在独立的几个小共和国曾在玻利瓦尔统治下的大哥伦比亚共和国，但它们现在可组成另一个联盟。

拉丁美洲形成联盟后，破产管理人会结束对这些国家的代管。联盟不仅能带来强大的共和国，还会使许多专业解放者（professional liberators）无事可做。

实施破产管理和国家联盟是弱小共和国走向和平与繁荣的最直接方式。美国在推动上述措施方面，处于有利地位。我们向证明无法实现自治的共和国建议实施破产管理制度，目的不在于让这些国家引进统治者和官员。我们不希望拉丁美洲出现任何用刺刀压迫人民、投机取巧的政府，否则少得可怜的重建工作将在贫穷的国家里无法推进。

我们发现，每个共和国境内都有很多人品正直、兼具修养和才能的人会事无巨细地参与政府事务。品格高尚的纳税人应被选为破产管理人，在坚实和持久的基础上重建自治政府。在破产管理制度下，可以启动选票改革和选举制度监管。同时，类似海牙国际仲裁法庭的共和国间的法庭可以用司法方式处理派系争端，这样会增加破产管理制度的有效性。

第 31 章

对门罗主义的总体评价

只有在特定的情况下，门罗主义才会得到美国政府的维护，在其他情况下，它则被完全忽略。

地理学家以格林尼治（Greenwich）以西20°的经线为界，将地球分割成东西两个半球。这样一来，整个欧洲和非洲，以及亚洲大部分都被划入东半球（Eastern Hemisphere）。

西半球包括美洲大陆、格陵兰岛（Greenland）、冰岛（Iceland）的一部分、堪察加（Kamschatka）部分区域在内的西伯利亚（Siberia）的一部分，以及两个极地区域（polar regions）的一半。西半球还包括众多岛屿，如距离我们很近的西印度群岛中的部分岛屿，其他岛屿则分散在各处。

西半球离美国本土较远的岛屿有佛得角（Cape Verde）、南设得兰群岛（South Shetland）、萨摩亚群岛（Samoan group）、夏威夷群岛（Hawaiian group）、斐济群岛和新西兰岛。现在摆在美国公民和政治家面前的问题是，如果将门罗主义用于上述偏僻岛屿和区域的殖民地和政府，美国政府的职责是什么？一些冰封区域地处荒凉，在经济上毫无价值，我国政府根本不感兴趣。西半球有些岛屿离海上交通线如此遥远，我们的船根本不会到达那里。现在的问题是，如果欧洲各国政府去殖民居住着食人族和赤身裸体野蛮人的区域，或者欧洲各国政府控制和管理当地的野蛮人，让他们归信基督教，让整个区域得到发展，美国政府需不需要向这些区域推行门罗主义？如果是为了推行门罗主义，有没有必要同整个欧洲开战？答案是否定的。

我们将简要提及美国政府在这个问题上的做法。但为避免

党派成见，我们会解释民主党和共和党不同做法的原因。

1840年范布伦执政时期的新西兰岛和1871年格兰特执政期的斐济群岛都归英国控制。当时，这些岛上还居住着食人族，但英国将它们变为了殖民地，现在它们是工业和文明的发源地。

这两个引人注目的例子体现了在民主和共和两个政党治理下的美国政府以同样的方式构建了门罗主义。英国的两次殖民行为似乎没有引起我们政府的关注，甚至都没有引发抗议。法国被赶出墨西哥才四年时间，英国便将斐济群岛归到自己统治之下。

很多欧洲人定居美国，所以大多数美国人是欧洲移民的后裔。没过几年，美国西北部很多州有了驻在纽约领取薪水的代理人，他们的职责是在克林顿城堡（Castle Garden）迎接欧洲移民，并且劝诱欧洲移民定居在他们代表的州。美国各州公民多样性的身份相应代表着他们的欧洲母国，特别是在有些州，来自某个欧洲国家的人数可达数万人。美国官僚也能很好地代表他们的欧洲母国。成为美国公民的欧洲人保留着所有对祖国的宝贵记忆。我们鼓励欧洲移民这样做，他们的举止和风俗习惯中一切美好和迷人的东西，以及一切陋习均得到了美国人的接纳。

如果欧洲人想了解美国人和美国文明的特点，就必须钻研我们的早期历史。

1492年，哥伦布（Columbus）发现了美洲。尽管南美洲大陆很快住满了寻找金子和探险的欧洲人，但北美洲大陆除佛罗里达的一小块殖民地外，一个多世纪来这里依旧只居住着印第安人。

1620年12月，"五月花"号上的朝圣者在普利茅斯岩（Plymouth Rock）登陆。英国人曾在詹姆斯敦（Jamestown）有一小块殖民地，但这块殖民地后来遭到遗弃。一部分殖民者回到英格兰，另一部分去了其他地方。除此之外，普利茅斯岩算得上是英国在美洲的第一块殖民地。

临近16世纪末期，一群可怜的清教徒为了宗教信仰聚集在英格兰北部，主要是诺丁汉郡（Nottingham）、林肯郡（Lincoln）和约克郡（York）。虽然他们在政治上是爱国者，但在宗教上却是英格兰教会的反叛者。清教徒的反叛行为体现在宗教宣言中，他们认为每个人有权借助自己的理性和良知去发现和应用《圣经》揭示的真理，不再依靠权威来对其进行解读。这样的信条同英格兰教会的教义背道而驰。伊丽莎白女王（Queen Elizabeth）宣布清教徒的信条颠覆了君主制奉行的原则；詹姆斯一世（James I）同样缺乏宽容，他本人还有暴力倾向，经常迫害清教徒。

由于在国内无法获得安宁，清教徒决定走向自我放逐之路，去另一块土地上寻找被祖国剥夺的宗教信仰自由。他们首先去了荷兰，但遭人尾随，并被带回英格兰，投入监狱。重获自由后，他们在林肯郡遭遇黑死病。1608年春，他们动身前往亨伯河（Humber）。他们安全抵达阿姆斯特丹（Amsterdam），就在那里度过了冬季。随后，他们又迁往莱顿（Leyden），在那里

生活了十年。清教徒从不情不愿的詹姆斯一世那里得到不会干涉他们在美洲自由的非正式承诺后，他们带好日常用品，登上"五月花"号，前往新世界。最后，清教徒在新英格兰建立了普利茅斯岩殖民地。在猛烈的雨夹雪中，清教徒从"五月花"号上下来登上美洲大陆，在荒野中建立居所，由此奠定了美国公民和宗教自由的第一块基石。

1623年，荷兰在曼哈顿岛（Manhattan Island，即现在的纽约市）建立了殖民地。殖民者是来自佛兰德、比利时和荷兰的基督教新教难民，他们同法国的胡格诺派有着共同的宗教信仰，后者来美洲也是为了摆脱国内的宗教迫害。这些移民是恺撒都难以征服的民族的后裔，他们将容易被海水淹没的分散的潟湖和浅滩沼泽地变成肥沃的农田和草地。

1682年，威廉·佩恩（William Penn）创建了自己的殖民地。

1598年，法国国王亨利四世（Henry Ⅳ），被称为纳瓦拉的亨利（Henry of Navarre），发布了《南特敕令》（Edict of Nantes）。据此，胡格诺派（Huguenots）受到宗教信仰自由的保护。这条保护宗教权利的法令维持了八十七年。1685年10月22日，法国国王路易十四废除了《南特敕令》，紧接着便是最残酷的宗教迫害。法国为防止胡格诺派出逃，关闭了各个港口。虽然严防死守，但仍有五十万名法国最优秀的人才逃往他国。在东半球，从波罗的海（Baltic Sea）到好望角（Cape of Good Hope）到处都有胡格诺派的身影。在北美洲，胡格诺派分布在从缅因（Maine）到佛罗里达的区域。在所有北美殖民地中，南卡罗来纳接收了

● "五月花"号来到普利茅斯湾。威廉·哈尔索尔(William Halsall,1841—1919)绘

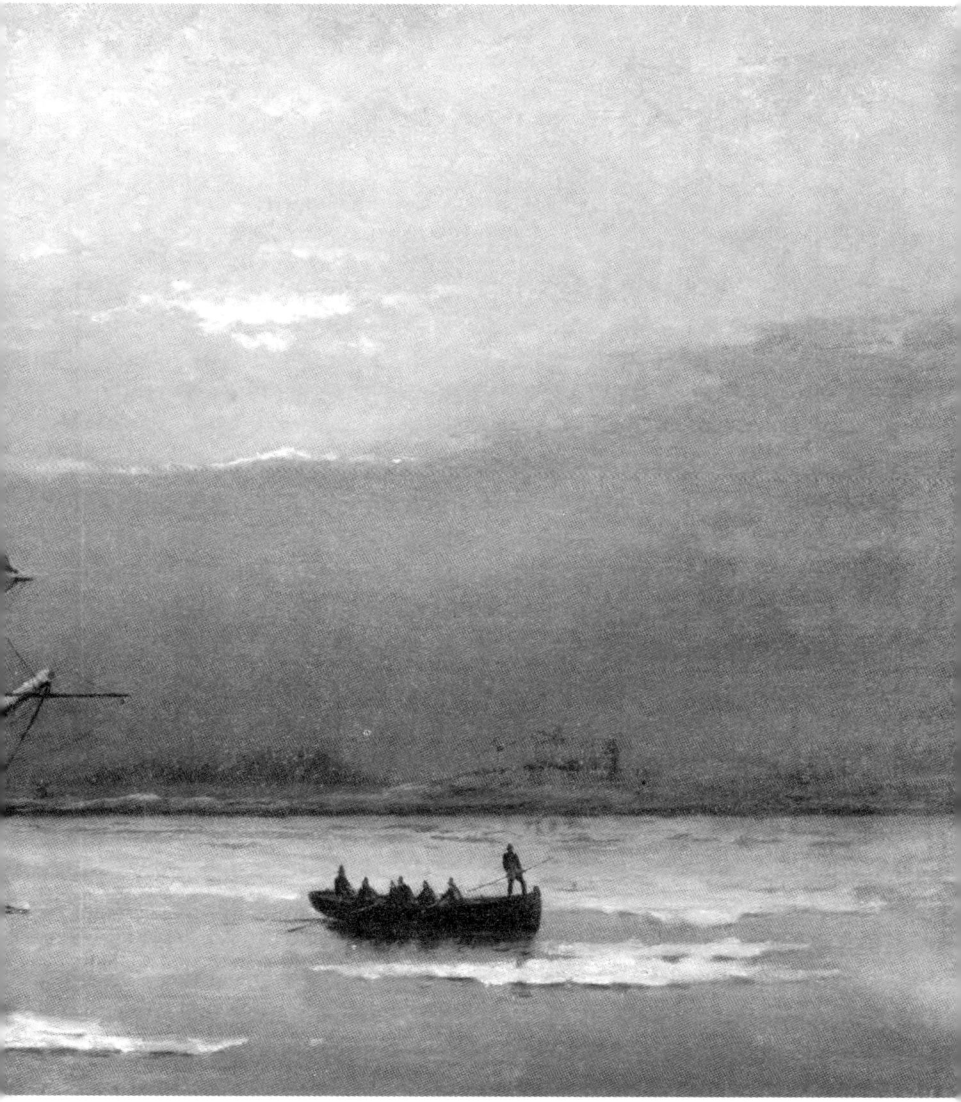

人数最多的法国难民。

从普利茅斯殖民地、荷兰殖民地、威廉·佩恩的殖民地到法国人的殖民地，这些殖民地播下的种子孕育了公民自由和宗教自由的原则，这些原则是控制我们国家生活的力量。一个半世纪来，我们的祖先始终享有宗教自由，并且通过1776年的独立战争取得了公民自由。

从我们独立之日起到现在，美国人的爱国热情以及对公民自由和宗教自由的献身，不断激励着美国各州人民。随着时间推移，关于哪些方法能最好地维持公民自由和宗教自由的原则出现了不同看法。

美国政府的形式类似"双层圣坛"，一层是州，另一层是联邦政府。两层"圣坛"组合在一起构成了美国人的忠诚和公民身份。在这里，我们只能照搬美国最高法院在这个问题上的论断，具体内容如下：

> 美国的公民身份与州的公民身份的区别已得到明确承认和确立。美国公民一定要居住在州的境内，才能成为州的公民。一个人不必成为州的公民就可以成为美国公民，但需要满足一个重要条件才能把前者转变为后者，即他必须在美国出生或加入美国国籍。
>
> 很明显，美国公民身份和州的公民身份彼此是不同的。

这是美国最高法院在裁决法律界人士称为"屠宰场案件"①时表明的态度。美国"国中之国"的政府形式导致了1861年至1865年的内战。

很多美国人认为，美国公民对联邦政府的忠诚度要高于对州政府的忠诚度，但另一些人并不这么认为。持第二种意见的美国人同其他美国人一样爱国，一样投身于公民自由和宗教自由的原则当中。

持有这种相反意见的公民并没有像一般的政治党派那样混杂在一起，而是被地区界线分开了。在这种情况下，争论决定权必须提交给武力仲裁者。法庭做出了联邦政府拥有至高无上主权的可怕裁决，这一结果直到美国男子气概中大部分的辉煌和骄傲因这个不幸的裁决而消失殆尽后才得以实现。

美国的情况使我们想到了说西班牙语的美洲共和国。自独立以来，它们就处在美国主张的门罗主义的保护下，一直平安无事。几乎所有说西班牙语的美洲国家都照搬了美国宪法，对其稍做调整就确定为自己的宪法。拉丁美洲共和国也应接受我们以效忠联邦政府为最高权力的解决方式作为替代提议，而与之相反的解决方案只会将联邦变成一盘散沙。拉丁美洲共和国脱离西班牙实现独立时，大多数美国公民认为州有权脱离联盟，美国几个紧邻说西班牙语的美洲共和国的州的人民将其作

---

① 美国最高法院认为，《美国宪法》第十四条修正案的特权或豁免权只保护与联邦公民身份相关的合法权利，而不是与州公民身份相关的权利。——译者注

为普遍信条，这些国家采纳了同样观点，却遭到了叛乱和革命带来的痛苦。它们如果把对联邦的忠诚度看得比对州、省或地区的忠诚度要高，就会朝着拥有一个令人满意的、稳定的政府迈出一大步。

说西班牙语的美洲共和国频繁的内战有破坏州权的趋势，因为发生内战时，州权总是处于危险之中。一系列漫长的内战会破坏州权，使权力向联邦政府集中。

尽管历史比较短，但可以坦诚地说，美国没有政党或政治派系支持推翻州权。美国的州权和联邦政府的权利都受到宪法和先例判决的限制，所以现在它们各自所属机构的摩擦和冲突非常少。联邦政府不可能主动出击，削弱或粉碎州权。有限的联邦权力主要施加于人民，而不是各州。联邦政府的司法系统、国家税务系统及警察系统等单个系统，或全部系统直接对人民行使职能。因此，在联邦政府和州之间，以及各州之间，对联邦政府的忠诚或服从问题，几乎不存在争议。类似州与州之间的矛盾冲突，也会发生在荷兰和瑞士下属各州之间。如果联邦政府管理不善，灾祸就会落在美国绝大多数人民身上，而非各州之上。美国各州总是在推动和维护自己与联邦政府关系的和谐，与之相反的政策对它们没有好处。

说西班牙语的共和国没有确立类似美国最终实现联邦政府与州之间美妙平衡的方法，但这不是阻碍说西班牙语的美洲共和国取得类似美国人民自治能力的原因。它们并不拥有宗教自由。最初，所有说西班牙语的美洲共和国实行政教合一。最近

几年才有部分共和国保障宗教自由。即使说西班牙语的美洲共和国没有将自己从教会中脱离出来，在不远的将来，教会也会从共和国分离出来以便实现一种更高的精神生活，这种精神生活是教会与政治家交往时无法达到的。如果宗教自由这项措施具有可行性，在人们要求投票前，从枢机主教到普通信徒，无疑都会投反对票。

当这些国家给予联邦政府至高无上的忠诚度，维护了州权，从而解决了双重政府问题，以及实现了宗教自由和宽容时，它们仍有一件事情亟待解决，才能提升到和美国一样的高度。那里的人们需要获得美国人所拥有的种族自豪感，禁止他们在社会平等的条件下同低等种族混在一起。而这几乎是绝大多数（如果不是全部）说西班牙语的美洲共和国正在发生的情况。那些定居在北美大陆的清教徒、荷兰人以及其他欧洲人保留了他们的种族优越性和纯洁性。拉丁美洲殖民地最早的定居者却反其道行之，他们与原住民混居在一起，受到了原住民的同化。混血儿就是白人、印第安人和黑人通婚的结果。种族混杂对共和制是持久的威胁。派系之间的争斗可能会暂时平息，但劣等种族的喧嚣会持续下去。

一个自治民族有必要对这些问题进行公正和正确的认知和鉴别，不要带有任何形式的人类关怀和情感投入。一个民族长期接受政府事务上的训练会使其具备行使政治权力的能力，这是低等种族无法企及的。

训练狼的同类成为羊群守护者的遗传基因和长期训练的原

则同样适用于人类种族。低等种族的统治者挥舞刽子手的斧头，而高等种族的统治只会十分温柔，让低等种族不会感到铁腕政策，同时这种统治还会十分人道，即使无情的正义鞭打也不会流血，不会留下伤疤。

美国政府要行使无法逃避的职责，不仅为了自己，也为了这些苦苦挣扎的共和国。门罗主义就是完美表达这项职责的信条。弱小、脆弱、没有防御能力的拉丁美洲共和国盲目地组织起来，共同渡过暗无天日的时光。此时，它们必须得到保护，直到在黑暗中触碰上帝的右手①，将自己提升至同美国一样稳定和有序的水平。

欧洲人一开始认为，美国人的生活违反了禁止贪婪的戒律，该戒律也适用于我们的邻国。

罗马人崇拜一个叫特米努斯（Terminus）的神，他是罗马边界和边疆的神，也是私有财产的神。"特米努斯节"每年举行一次，被罗马人称为"Teminalia"。人们认为，这个神的一个特征就是要永远前进、绝不后退。在这种信仰下，罗马共和国和罗马帝国都崇拜这个神。数世纪来的历史事件似乎证明了信仰特米努斯是正确的：特米努斯总是向前进，扩大罗马的版图。然而，罗马帝国最终还是分崩离析了。

亚历山大（Alexander）是特米努斯的崇拜者。他的热情在于统治世界，其帝国的版图从马其顿（Macedonia）一直延伸到幼发

---

① 上帝的右手，是对上帝全能的一种隐喻。在《圣经》中，位于右侧"将被认定为处于特殊的荣誉之地"。——译者注

拉底河（Euphrates）以东。他的帝国本来要永存于世，但在他死后不久，帝国就分裂了。

西班牙王国曾将祭品放在特米努斯的祭坛上。几个世纪以来，太阳从未在西班牙王国的统治范围内落下。衰落降临到西班牙王国，就像曾降临到罗马帝国、亚历山大和拿破仑身上一样。曾统治西半球绝大部分土地的西班牙王国如今在西半球已没有了立足之地。征服者的战马已被关入教堂和宫殿的马厩中，高塔也已被常青藤吞噬。

欧洲人将美国人看作渴望征服领土的人，这是严重的误解。的确，我们有时会收购领土，但每次进行土地收购的理由都很正当，容易在公共政策和道德制高点上得到支持。

但我们是一个扩张中的国家，没人能够预测我们未来边境的性质和范围。在告别演说中，华盛顿提到"未来联邦在大西洋一侧的海上实力"。华盛顿的措辞表明，他没想把我们的领土扩大到将太平洋沿岸也包含在内。华盛顿最大的梦想就是将来控制密西西比河。因为我们收购了菲律宾群岛（Philippines），将边境延伸到东半球，所以有人对此提出异议，认为我们已经对门罗主义产生动摇，将其搁置。凭借这样的假定不能得出上述结论，二者之间不存在任何关系。这个结论不合乎逻辑。

美国已壮大成为世界强国，并且得到了国际社会的承认，但美国没有必要抛弃自己曾取得巨大成就的光荣、防御性的生存方式和外交政策。美国现在是世界政治运动中不可忽视的因素,同时已成为具有世界普遍利益和影响力的一切形式的外交活动的必要一方。

英国、俄国及其他欧洲国家愿意信任美国,接受门罗主义,但我们不会因欧洲国家违反国际法规则而继续保留同它们的友谊。履行对南方各共和国的"老大哥"的职责时,我们不能废除或无视欧洲人民的权利,要按照国际法规则保障他们的权利。至于卡尔沃主义,它就是异端邪说,美国政府应明确且毫不犹豫地否定它。